Gregory Szanto

Die Hochzeit von Himmel und Erde

Gregory Szanto

Die Hochzeit von Himmel und Erde

Eine Philosophie des Wassermann-Zeitalters

edition
PHÖNIX

CIP-Titelaufnahme der Deutschen Bibliothek

Szanto, Gregory:
Die Hochzeit von Himmel und Erde : e. Philosophie d.
Wassermann-Zeitalters / Gregory Szanto. [Ins Dt. übertr.
von Sybille Greiling]. – Freiburg im Breisgau : Bauer, 1988.
(Edition Phönix)
Einheitssacht.: The marriage of heaven and earth <dt.>
ISBN 3-7626-9504-0

Die englische Originalausgabe erschien 1985 unter dem Titel
The Marriage of Heaven and Earth
im Arcana Verlag, London.

Ins Deutsche übertragen von Sybille Greiling.

Die »edition phönix« erscheint im
Verlag Hermann Bauer, Freiburg im Breisgau.

1988
ISBN 3-7626-9504-0

Schutzumschlag: Fred Weidmann, München.
Gesamtherstellung: Ebner Ulm.
Printed in Germany.

Ich widme dieses Buch allen, die Astrologie lieben,
insbesondere Clare, Dominic und Samantha.

Da auf diese Weise der Mensch wie Erde und
Himmel wird,
kommt er nicht in Konflikt mit ihnen.
Seine Weisheit umfaßt alle Dinge,
und sein Tao bringt Ordnung in die ganze Welt,
und deshalb irrt er nicht.

I Ging

Ich danke Faber & Faber Ltd. sowie Harcourt Brace Jovanovich Inc. für die freundliche Genehmigung, Auszüge aus T. S. Eliots *Collected Poems 1909–1962* veröffentlichen zu dürfen.
Ebenso danke ich meiner Frau, ohne deren Liebe, Geduld und Unterstützung dieses Buch nicht zustande gekommen wäre, und meinen Kindern, die mir eine Inspiration für die Zukunft waren.

Gregory Szanto

Inhalt

Kapitel 1

Was ist Wahrheit? Auf der Suche nach Sinn

»Was ist Wahrheit?« fragte Pilatus scherzend – und wartete nicht auf die Antwort. Francis Bacon

Dieses Buch beabsichtigt, die Bedeutung der Astrologie zu erklären. Obwohl Astrologie seit Beginn der Zivilisation von einigen der größten Geister studiert und ausgeübt wurde, hat es bisher keinen zusammenhängenden Versuch gegeben, ihre wesentlichen Prinzipien zu formulieren. Die Prämisse, von der die Astrologie ausgeht, daß Himmelskörper mit Ereignissen auf der Erde in Zusammenhang stehen, wird anerkannt. Warum und wie diese Wechselbeziehung jedoch existiert, bleibt ein Geheimnis.

Wir leben in einer gespaltenen Welt; einer Welt, die wir nur durch unsere Sinne wahrnehmen können und die von uns getrennt existiert. Die Wissenschaft hat uns gelehrt, daß nur diese äußere Welt die Wirklichkeit darstellt. Aber diese Welt, die die Wissenschaft uns zu akzeptieren gelehrt hat, befriedigt uns nicht. Wir wissen, daß es hinter dem Materiellen eine andere Ebene der Wirklichkeit gibt. Eine, die wir erfahren können, ohne fähig zu sein, sie zu erklären.

Für den Mystiker, Künstler, Dichter und Magier stellt die innere Welt die Wirklichkeit dar. Die physische Welt ist eine Illusion. Sie ist etwas, was wir mit unserem Geist selbst erschaffen. Auf dieser Ebene herrscht Einheit. Die äußere Welt ist nur eine Manifestation unseres inneren Selbst, welches wir im Universum gespiegelt sehen.

Leben wir in einer schizophrenen Welt, wo zwischen dem Standpunkt des Wissenschaftlers und dem eines Mystikers keine Verbindung besteht? Sicherlich gibt es zwei Arten, die Welt zu sehen. Daraus jedoch zu folgern, daß zwei sich einander ausschließende Welten existieren, ist ein Irrtum. Beide Standpunkte sind gleichermaßen gültig und wahr. Jeder stellt einen Aspekt des Ganzen dar.

Die Astrologie ist ideal dazu geeignet, beide Wirklichkeitsebenen zu versöhnen, denn die Welt des Astrologen umfaßt sowohl die physische als auch die geistige Welt. Der Astrologe tut nichts anderes, als in den weltlichen, physischen Phänomenen die innere Bedeutung zu suchen, die sich in ihnen symbolisiert. Die beiden Ebenen treffen und vereinigen sich in dem Zeitmoment, welches das Horoskop darstellt.

Eine Philosophie für die Astrologie

Die Astrologie ist wahr, aber die Astrologen können es nicht erklären.
George Herbert

Die These dieses Buches ist, daß die Astrologie ein symbolischer Weg ist, die Wirklichkeit als ein Ganzes zu verstehen. Die körperlichen und geistigen Ebenen, die zusammen das Ganze bilden, sind in uns enthalten und in dem Universum, von dem wir ein wesentlicher Bestandteil sind. Um jedoch ganzheitlich zu sehen und das Ganze in den Teilen zu erkennen, müssen wir die beiden Ebenen in uns selbst vereinigen.

Dies ist die Voraussetzung. Der Schwerpunkt liegt von Anfang an darin, *wie* wir die Dinge sehen, nicht *was* wir sehen. Was wir sehen, ist nur eine Widerspiegelung unserer selbst. Was George Herbert sagt, trifft zu, denn obwohl Astrologie zu der Vereinigung führen kann, die die Menschheit so dringend braucht, müssen die Astrologen zu diesem Zweck erst selbst lernen, ganzheitlich zu sehen. Andernfalls reflektieren sie lediglich erneut die Trennung, die in der Welt um sie herum üblich ist.

Unter den Astrologen gibt es solche, die ihren Gegenstand als Wissenschaft betrachten, und andere, die darin eine geheiligte Kunst sehen. Erstere neigen dazu, anhand ihrer rationalen Fähigkeiten zu analysieren, was sie sehen. Die anderen hingegen setzen ihre Intuition ein, um die jeweilige innere Bedeutung zu verstehen. Dies ist völlig normal, und die Schwierigkeiten, die im Kombinieren der beiden Faktoren bestehen, sollten nicht unterschätzt werden.

Um zu einer ganzheitlichen Sicht zu gelangen, müssen wir erkennen, daß die »äußere« und die »innere« Welt identisch sind. Die Welt, die der Wissenschaftler sieht, die Welt, die der Magier erfährt, die Welt, die der Psychologe wahrnimmt, ist dieselbe Welt. Jeder benutzt sein eigenes Schema, um zu beschreiben, was er sieht. Jeder glaubt, daß er eine andere Welt vor sich hat.

Der Unterschied liegt jedoch nur in diesem Schema. Die Wirklichkeit dahinter ist dieselbe. Wir können in einem Sandkorn die Welt erblicken oder nur den Sand. Der Astrologe und der Astronom beobachten beide den Umlauf der Planeten am Himmel. Der Astrologe sieht oder sollte sehen, wie die Qualität eines Zeitmoments alles symbolisiert, was zu dieser Zeit geboren ist. Der Astronom sieht nur die Planetenumläufe.

Es ist falsch, wenn der Astrologe seine Methode der des Wissenschaftlers angleicht, dessen Aufgabe lediglich darin besteht, die physischen Phänomene zu erklären, die er wahrnimmt. Ebenso ist es falsch, wenn der Astrologe als Mystiker verfährt, denn für den Mystiker ist nur die direkte Erfahrung entscheidend. Der Astrologe sucht nach der inneren Bedeutung in der äußeren Form, die der Wissenschaftler wahrnimmt. Auf diese Weise kann er die beiden Ebenen kombinieren, die in derselben Form enthalten sind.

Die Aufgabe der Astrologie besteht daher darin zu erfahren, zu verstehen und dann zu erklären. Die Aufgabe ist ebenso schwierig wie faszinierend, denn sie erfordert ein Erkennen des Wesens der physischen Welt, der spirituellen Existenzebene und ein Wissen um die menschliche Psyche. Es ist aber auch eine Aufgabe, die in sich selbst eine Erfüllung darstellt, ist ihr Ziel doch die Vereinigung des Menschen mit seinem Ursprung.

Die astrologische Verbindung

Wie also sollen wir an ein Horoskop herangehen? Schauen wir uns zu Beginn das Horoskop in Abbildung 1 (siehe Seite 17) an. Was stellt es dar? Der Astronom würde sagen, es ist ein Diagramm der am 15. Juli 1944 um 7.18 Uhr von der Erde aus sichtbaren Planetenkonstellation. Der Astrologe würde sagen, daß es eine symbolische Darstellung all dessen ist, was zu diesem Zeitmoment ins Dasein gelangte, sei es die Geburt eines Kindes, ein Schiff, das vom Stapel gelassen oder eine Frage, die gestellt wurde.

Vom rationalen, weltlichen Standpunkt aus ist es die Darstellung gewisser Planetenstellungen zu einem gewissen Zeitpunkt. Was nun ist der Zusammenhang zwischen diesen Stellungen und der Geburt des Kindes, dem Stapellauf des Schiffes und der gestellten Frage?

Wenn wir den Zusammenhang verstehen wollen, ist es nötig, daß wir uns erst einmal der tieferen Bedeutung dessen bewußt werden, was im Horoskop zu sehen ist. So können wir dann beginnen, die wesentlichen Punkte zu definieren und mit einem gewissen Grad an Objektivität an die Möglichkeiten heranzugehen. Dr. Rudolf Tomaschek hat vor einiger Zeit vier Hypothesen aufgestellt, die die Alternativen recht genau zeigen.[1]*

Die erste Hypothese ist, daß Himmelskörper Einfluß auf irdische Ereignisse haben. Dies stellt einen direkten Kausalzusammenhang dar. Die zweite ist, daß Himmelskörper Ereignisse beschleunigen, die reif sind, sich zu manifestieren. Die dritte, daß Ereignisse am Himmel synchron mit Ereignissen auf der Erde stattfinden. Die vierte besagt, daß Himmelskörper organische, kosmische Kräfte mobilisieren, welche qualitative Funktionen von Raum und Zeit sind.

Nehmen wir das hier abgebildete Horoskop als Geburtskonstellation und untersuchen wir, wie die Auswirkungen mit diesen Alternativen zusammenpassen. Zunächst erkennt der Astrologe beim Betrachten der Planetenstellung die psychologische Veranlagung des Neugeborenen. Er kann beispielsweise sehen, daß es mit Sonne im Krebs im Inneren emotional und sensibel sein wird. Mit Aszendent Löwe wird es sich jedoch nach außen stolz und extravertiert geben.

Sodann kann der Astrologe den Einfluß anderer auf das Kind erkennen, den seiner Eltern und seiner Umgebung. Mit Mond im Stier im Quadrat zu Jupiter und Sextil zu Sonne und Venus wird dies Kind seine Mutter als fest und optimistisch erleben, bis hin zu allzu großen Erwartungen ihr gegenüber. Die Beziehung des Kindes zu seinen Eltern wird oft auch später das Grundmuster seiner Beziehungen sein, das bereits zum Zeitpunkt der Geburt festgelegt ist.

Schließlich kann der Astrologe beim Betrachten zukünftiger Planetenstellungen in Beziehung zum Horoskop auch sehen, welche Ereignisse wahrscheinlich in der Zukunft stattfinden werden. Was passiert dabei tatsächlich? Der Astrologe sagt, daß die Stellung eines Planeten, der sich in dem Himmelssektor befindet, in dem sich zur Zeit der Geburt ein Planet oder ein anderer Faktor mit Einfluß befanden, Auswirkungen für die betreffende Person haben wird.

Die Sonne in Abbildung 1 befand sich in dem als 22 Grad

* Die hochgestellten Ziffern verweisen auf die Anmerkungen, die kapitelweise ab Seite 209 zusammengestellt sind.

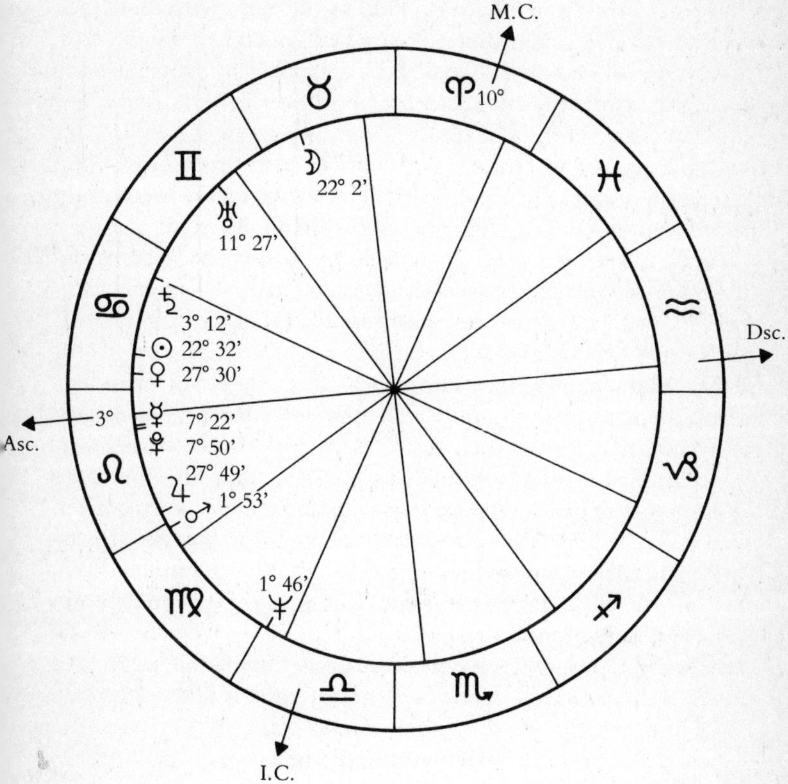

Abbildung 1: Horoskop für den 15. Juli 1944, 7.18 Uhr.

Krebs bekannten Himmelssektor. Wenn Jupiter am 5. September 1954 an derselben Stelle gestanden hätte, so hätte dies einen Einfluß auf den Eigner des Horoskops gehabt, selbst dann, wenn sich die Sonne selbst schon längst von diesem Punkt entfernt hätte. Tatsächlich geht das, was der Astrologe sagt, noch einen Schritt weiter. Wenn sich ein Planet in einem Himmelssektor befindet, wo er eine ganz bestimmte Entfernung von der Stelle hat, an der ein Planet zum Zeitpunkt der Geburt stand, dann wird dies einen Einfluß auf das Leben dieses Menschen haben. Als Pluto am 5. November 1980 auf 22 Grad Waage stand, hätte das demnach mit einem fundamentalen Wechsel in seinem Leben zusammenfallen müssen.

Wenn wir dieses Horoskop nun als Antwort auf eine zu einer bestimmten Zeit gestellten Frage nehmen, mit anderen Worten als ein Beispiel für Stundenastrologie, sind die Auswirkungen sogar noch tiefgehender. Hier ist die Antwort ganz buchstäblich in der Frage enthalten. Natürlich ist das auch eine nette Art zu illustrieren, welche Bedeutung es hat, das Horoskop auf die richtige Weise zu betrachten.

Wir können in jedem Horoskop ein Beispiel für Stundenastrologie sehen. Statt beim Betrachten eines Horoskops danach zu fragen, wie der Mensch die Wesenszüge, die er mitbekommen hat, nutzen kann, können wir das Horoskop als eine Frage betrachten und danach forschen, warum jemand genau zu diesem Zeitpunkt geboren wurde und was das Leben von ihm erwartet.

Je gründlicher wir die tieferen Zusammenhänge untersuchen, desto klarer wird, daß es für die wechselseitige Beziehung keine einfache Antwort gibt. Wir sollten uns allerdings vor der Versuchung hüten, unsere Rückschlüsse auf vage Analogien zu stützen. Das haben leider viele Astrologen getan, indem sie direkte Kausalzusammenhänge als mögliche Lösung betrachteten. Diese Art von Astrologen richtet ihre Aufmerksamkeit auf die meßbare Einwirkung von Sonne und Mond auf die Gezeiten sowie die Strahlen, von denen die Erde durch die Sonne bombardiert wird.

Es wird nicht zu erklären versucht, auf welche Weise die Stellung Merkurs in einem bestimmten Bereich der Ekliptik direkt die geistigen Fähigkeiten eines Menschen beeinflussen kann, oder wie allein schon die Tatsache, daß der Mond zum Zeitpunkt der Geburt in einer bestimmten Entfernung vom Jupiter steht, die Haltung der Mutter gegenüber beeinflussen kann, oder wie man es im Leben zu spüren bekommt, wenn ein Planet zu der Stelle gelangt, wo zehn Jahre zuvor die Sonne stand.

Direkter Kausalzusammenhang mag eine Antwort sein. Synchronizität mag eine Antwort sein. Die Wirklichkeit ist vielleicht nur ein Symbol. Diese Alternativen sind völlig berechtigt. Es ist nicht überraschend, daß die Hypothesen mehr Fragen aufwerfen als sie beantworten. Beim Versuch, eine Antwort zu finden, müssen wir der Bedeutung der physischen Wirklichkeit und der von Raum und Zeit nachgehen. Wir müssen uns von Anfang an der Alternativen gewahr bleiben, so daß unser Vorgehen offen und unparteiisch ist.

Die historische Grundlage der Astrologie

Ein Volk ohne Geschichte
Ist nicht von der Zeit erlöst,
Denn Geschichte ist ein Muster
Zeitloser Augenblicke. T. S. Eliot: *Little Gidding*

Als C. G. Jung die Pueblo-Indianer in Neu-Mexiko besuchte, entdeckte er, daß sie jeden Tag ein religiöses Ritual ausführten, um der Sonne beim Aufgehen zu helfen. Ein Indianer erzählte ihm:

»Wir sind ein Volk, das auf dem Dach der Welt lebt; wir sind die Söhne von Vater Sonne, und mit unserer Religion helfen wir unserem Vater täglich, den Himmel zu überqueren. Wir tun dies nicht nur für uns selbst, sondern für die ganze Welt. Wenn wir aufhören würden, unsere Religion zu praktizieren, würde in zehn Jahren die Sonne nicht mehr aufgehen. Dann wäre es für immer Nacht.[2]«

Gehen wir zurück und sehen wir uns an, was der Mensch der Frühzeit zu tun versuchte, als er die ersten Prinzipien der Astrologie zu formulieren begann. Der Mensch der Frühzeit akzeptierte sich als festen Bestandteil der Natur. Es gab keinen Unterschied zwischen der äußeren Welt und seinem eigenen Innern. So spiegelte die eine zwangsläufig die andere wider.

Es ging nicht darum, ob etwas in der äußeren etwas in der inneren Welt geschehen ließ, denn es gab nur eine Welt. Der alte Spruch »Wie oben so unten« bedeutete nicht, daß die Geschehnisse der Außenwelt mit inneren Ereignissen in einem Kausalzusammenhang stehen, sondern er bedeutete lediglich, daß man beim Betrachten der äußeren Phänomene die Zeitqualität in der

Natur als ein Ganzes sehen konnte, da äußere und innere Welt identisch waren.

Wenn Uranus und Mars zusammentrafen, so war das nicht die Ursache eines Unfalls. Es war lediglich eine äußere Manifestation dessen, was zu jener Zeit im Universum als Ganzem passierte. Unsere Ahnen betrachteten einst alles, was in der Natur geschah, um die grundlegende Struktur des Augenblicks zu erkennen. Als die Babylonier begannen, ihre Kunst auszuüben, betrachteten sie die Sterne genauso wie den Rest der Natur. Ihr Ziel war, in Verbindung mit der Zeit zu sein. Sie wußten, daß die Bedeutung eines bestimmten Zeitmoments ihnen dann klar wurde, wenn sie allem offenstanden, was um sie herum vor sich ging.

In Mesopotamien wurde die Beobachtung des Tierverhaltens praktiziert. Man beobachtete den Vogelflug und zog Schlüsse aus dem Verhalten der Ameisen. Kämpften die Ameisen, so bedeutete das, daß der Feind im Anzug war. Oder man stellte dem Sonnengott eine Frage, schlachtete daraufhin ein Lamm und untersuchte dessen Eingeweide. So war die physische Erscheinungsform der Planeten und Himmelsphänomene ebenso wichtig wie etwa die Form der Leber. Die Alten beobachteten Kometen in Zusammenhang mit den Farbveränderungen des Mondes.

In diesem Stadium, ehe der Tierkreis entstand, war es dem Menschen wichtig, daß er die Dinge, die er erlebte, zu sich in Beziehung setzen konnte. Astrologie war subjektiv. Geschehnisse am Himmel hatten nur Bedeutung, wenn sie für den persönlichen Standpunkt des Beobachters aufschlußreich waren. So hatten Eklipsen nur Einfluß, wenn sie an einer bestimmten Stelle zu einem ganz bestimmten Zeitpunkt zu sehen waren. In einem der alten Texte heißt es beispielsweise: »In der Nacht näherte sich Saturn dem Mars. Saturn ist der ›Stern‹ der Sonne. Die Lösung ist: dem König winkt Heil, denn die Sonne ist der Stern des Königs.«

Man hat die Vermutung geäußert, daß Astrologie, so wie wir sie heute kennen, eine Mischung aus zwei verschiedenen Systemen ist. Die ursprünglichen Prophezeiungstechniken der Babylonier sollen von der rational verständlichen Mythologie der Griechen überlagert worden sein. Dies ist eine allzu vereinfachte Sicht. Es ist zwar richtig, daß die Griechen die rationalen Kräfte des Bewußtseins in größerem Maße entwickelten als ihre Vorläufer, doch auch die Babylonier hatten ihre Mythologie, wenn auch deren rationale Erklärung erst im Lauf der Zeit einsetzte.

Die ersten Astrologen wollten beim Betrachten der Welt, als

deren Teil sie sich empfanden, den Sinn herausfinden, der hinter den Erscheinungen lag und dadurch diesen Sinn umfassender erfahren. Sie suchten den Geist in der Natur und erkannten dabei, daß es gewisse Grundprinzipien im Universum gab, die ihre jahreszeitlichen und gezeitenmäßigen Rhythmen hatten. Sie fühlten intuitiv die Macht der Angst, der Liebe, der Freude, des Zorns, und sie wußten, daß diese Kräfte sowohl in ihnen selbst als auch im Universum existierten und in gewissen zeitlichen Rhythmen fluktuierten.

Es waren diese Prinzipien, aus denen dann die Götterbilder entstanden. Die archetypischen Kräfte, die die Babylonier und Ägypter intuitiv erkannten, wurden von den Griechen in Begriffe gefaßt und auf den Himmel projiziert. Die Sichtweisen sind nur geringfügig voneinander verschieden. Die Babylonier erblickten die Essenz der archetypischen Prinzipien des Universums um sich herum, einschließlich der Planeten. Die Griechen begannen, die Planetenkräfte von ihrem eigenen inneren Wesen zu trennen, was schließlich zu der Trennung zwischen Innen und Außen führte.

So projizierten sie ihre Mythologie nach außen auf die Konstellationen der Tierkreiszeichen als Verkörperungen der lebendigen Prinzipien der Götter, sowie auf Sonne, Mond und die Planeten, die man ursprünglich für die Körper hielt, in denen sich die Geheimnisse der Götter offenbarten.

Am besten läßt sich das allmähliche Entstehen der Götterbilder im alten Rom verfolgen. Manchmal wurde nur das Prinzip anerkannt und auf eine Personifizierung verzichtet. Fides, Salus und Spes etwa wurden nur als Prinzipien anerkannt. Tellus, die Macht der Erde, wurde ebenfalls nie personifiziert, jedoch auf einer höheren Stufe verehrt. Der Tellus-Kult wurde in alljährlichen Opferhandlungen vom obersten Priester und den Vestalinnen in einem eigens diesen Kräften geweihten Tempel aufrechterhalten. Das Endstadium dieser Entwicklung bringt dann eine personifizierte, mythische Gestalt hervor. Mars etwa stellte das Prinzip der Selbstbehauptung, der Aggressivität und des Zorns dar, welches in einem jeden vorhanden war. Aus der individuellen Kraft wurde die überindividuelle, allgemeingültige Gestalt des Gottes. Der Prozeß stellt daher eine Art Zwischenstadium dar zwischen dem Geist der Frühzeit und dem der Moderne. Dazu gehörte, daß das Bewußtsein eingesetzt wurde, um die Essenz der Grundprinzipien des Lebens in Form von Göttern und Göttinnen nach außen zu projizieren, worüber die Essenz selbst schließlich verlorenging.

In der Folgezeit begannen die Menschen, mit Hilfe ihrer rationalen Kräfte ein System von Entsprechungen zwischen Erscheinungen der äußeren Welt und persönlichen Ereignissen auszuarbeiten. So wuchs ein sorgfältiges System von Entsprechungen heran, in dem das, was oben war, widerspiegelte, was unten geschah. Die Astrologie wurde damit zu einem genau durchgeplanten System der Planetenstellungen, welche die Qualität der Zeitmomente widerspiegelte und eine Auswertung im vorhinein ermöglichte.

Die Gefahr, das Äußere vom Inneren zu trennen, ist natürlich die, daß man am Ende die Bedeutung beider nicht mehr erkennen kann. Das Ziel der Astrologie war, bewußter wahrzunehmen, was in der Natur vor sich ging. Das Bewußtsein ermöglicht uns, die Natur objektiv zu sehen. Wenn wir uns jedoch zu sehr auf diese Fähigkeit verlassen, riskieren wir, uns von unserem Ursprung zu entfernen. Zwar können wir dann die Natur *sehen*, aber *erleben* können wir sie nicht mehr.

Um die Astrologie richtig einzusetzen, müssen wir noch einmal zu unserem Ursprung zurückkehren, ohne dabei jedoch die Fähigkeiten unseres Bewußtseins aufzugeben. Das nächste Stadium unserer Entwicklung wird in einer Synthese von Bewußtem und Unbewußtem bestehen, einer Hochzeit zwischen Himmel und Erde. Dies ist der Schritt, den die Menschheit derzeit zu tun hat. Dann wird sie hoffentlich fähig sein, zu ihrem ursprünglichen inneren Wesen im vollsten Licht des Bewußtseins zurückzukehren.

Eine Philosophie für das Wassermann-Zeitalter

Niemandem ist es bisher gelungen, eine Philosophie zu erfinden, die sowohl glaubhaft als auch in sich selbst folgerichtig ist.

Bertrand Russell

Wenn ein Mensch ein guter Schuhmacher sein wolle, meinte Sokrates, müsse er erst einmal verstehen, was ein Schuh ist und welchem Zweck er dient. Die erlesensten Materialien auszusuchen und sich auszudenken, was man mit ihnen machen würde, sei sinnlos, solange man keine klare Vorstellung davon habe, was diese Schuhe, die da entstehen sollen, ihrem Wesen nach überhaupt sind.

Bis zu einem gewissen Punkt gilt diese Voraussetzung des Sokrates für den Schuster im alten Griechenland ebenso wie für den Astrologen unserer Zeit.

Auch der Astrologe muß eine klare Vorstellung von der Funktion und Bedeutung seines Gegenstandes haben. Die Astrologie hat die Funktion, Menschen zu helfen, sich selbst zu verstehen und ihnen damit zu ermöglichen, den Sinn ihres Lebens zu erkennen. Von der Schuhmacherei unterscheidet sich die Astrologie jedoch insofern, als sie Funktion und Bedeutung zugleich in sich trägt. Da man Bedeutung nur erfahren kann, sprengt die Astrologie den Rahmen der Philosophie im Sinne des spekulativen Denkens. Wenn wir nach dem Sinn unseres Lebens fragen, dann suchen wir nach einer inneren Bedeutung, die eher der Rolle des Mythos entspricht als der der Philosophie. Dieser Sinn kann nicht durch rationales oder spekulatives Denken entdeckt werden. Es kann nur in einer Weise erkannt werden, die am besten als spirituell zu bezeichnen ist.

Das Handwerk des Schusters hat keine spirituelle Dimension, zumindest nicht in dem Sinne, wie Sokrates sie beschreibt. Ebenso gibt es keine spirituelle Dimension in der Philosophie, wie Bertrand Russell sie begreift. Da die Philosophie – und das ist völlig legitim – sich auf den Versuch konzentriert, die Natur des Lebens oder eines bestimmten Aspektes davon rational zu begreifen, darf man sich nicht wundern, daß es ihr nicht gelungen ist, sowohl glaubhaft als auch in sich konsequent zu sein. Indem sie sich nämlich nur auf die rationalen Funktionen konzentriert, hat sie nur die materielle Ebene der Wirklichkeit zum Gegenstand, eine Ebene, die in sich selbst keine Bedeutung enthält. Dies ist der unterschwellige Mangel bei der philosophischen Methode. Sie versucht, auf eine Weise Sinn zu entdecken, die zwangsläufig Sinn ausschließt, da sie das Äußere vom Inneren trennt.

Für Russell ist die Wirklichkeit nur in der materiellen, objektiven Welt enthalten. Obwohl er begreift, daß das, was »da draußen« ist, von unseren Sinnen sowie von der Art, wie wir die objektive Welt sehen, beeinflußt wird, bleibt dennoch diese physische Welt die einzige Wirklichkeit. Wahrheit besteht nach Russell in allem, was zur objektiven Welt in Beziehung steht. So schrieb er in seinen *Problems of Philosophy*: »Wir kommen hier zurück auf die Beziehung zu Tatsachen, welche das Wesen der Wahrheit darstellt.«[3] Das grundlegende Gesetz, das er das Gesetz der Identität nannte, legt fest: Was ist, das ist. Dies entwickelte sich dann weiter zu seinem Gesetz des Widerspruchs, in dem es heißt, daß nichts gleichzeitig sein und nicht sein kann.

In gewissem Maße ist es ungerecht, Bertrand Russell als Beispiel für philosophisches Denken zu nehmen, aber er illustriert tatsächlich die besten und zugleich schlimmsten Extreme einer Philosophie, die auf Wissenschaftsideologie beruht. Wissenschaft und Religion versuchen natürlich beide Verschiedenes. Die Aufgabe der Wissenschaft besteht im Erklären, die der Religion hingegen darin, etwas zur Verfügung zu stellen, woran man glauben kann. Problematisch wird es, wenn eine von beiden für sich beansprucht, die gesamte Wahrheit zu enthalten. Jede kann zwar einen partiellen und äußerst nützlichen Einblick in das Ganze liefern, aber ohne die beiden zu kombinieren, ist ein tatsächliches Verstehen des Ganzen unmöglich. Hin und wieder treffen die beiden Sichtweisen bis zu einem gewissen Grad in einem Individuum zusammen. Teilhard de Chardin war ein Beispiel dafür. Er sagte:

> »Die Zeit ist gekommen zu erkennen, daß eine Interpretation des Universums – selbst eine positivistische – unbefriedigend bleibt, solange sie nicht das Innere der Dinge ebenso miteinbezieht wie das Äußere, Geist und Materie gleichermaßen berücksichtigt. Die wahre Physik ist die, der es eines Tages gelingen wird, den Menschen in seiner Gesamtheit in ein kohärentes Bild von der Welt mit einzubeziehen.«

Ich glaube, daß diese Zeit jetzt gekommen ist. Der Mensch braucht eine Philosophie, die ihm einen Sinn weisen kann. Er muß mit dem Kopf sowie durch eigene Erfahrung glauben und verstehen können. Bis zum heutigen Zeitpunkt konnten diese Bedürfnisse nie gemeinsam befriedigt werden. Die Wissenschaft war nicht in der Lage, zu erklären, was der Mystiker intuitiv verstand. Der Mensch entfernte sich immer mehr von seinem Ursprung. Und dem von der materiellen Welt abgewandten Mystiker waren wissenschaftliche Erklärungen egal.

Das Rad hat nun bald eine Drehung vollendet. Die Astrologie ist auf einzigartige Weise in der Lage, das Wissen um physische und spirituelle Wirklichkeitsebenen zu kombinieren, denn sie umfaßt beide. Mit Hilfe der Astrologie können die Menschen endlich lernen, auf eine neue Weise zu sehen.

Astrologie beschäftigt sich vor allem mit der Zeit. Angesichts dessen überrascht es, daß über all die Tausende von Jahren, in denen Astrologie praktiziert wurde, keine eigene Philosophie entstanden ist. Wir leben jedoch jetzt in einer Zeit, in der Wissenschaft und Geist zu einer lebendigen Synthese kommen müssen. Genau jetzt ist es soweit, daß in der Vereinigung beider eine Philosophie der Astrologie entworfen werden kann.

Wir alle wissen, daß wir uns derzeit im Übergang von einem großen Zeitalter zu einem anderen befinden. Wir sind an der Schwelle vom Fische- zum Wassermannzeitalter. Zeiten des Wechsels sind voll von Bewegung und Ungewißheit; in der Welt scheint es keine Führung und Richtung mehr zu geben. Aus dieser Verwirrung heraus werden wir jedoch entdecken, daß wir in der aufregendsten und wichtigsten Zeit leben, seit Christus vor 2000 Jahren die Welt mit seiner Botschaft in Aufruhr versetzte.

Wir befinden uns jetzt am Vorabend neuer Entdeckungen und kurz vor einem neuen Evolutionssprung. Jedes Zeitalter braucht seine eigene Philosophie, um seine Denkprozesse und Ideale widerzuspiegeln. Beim Eintritt in dies neue Zeitalter brauchen wir auch eine neue Philosophie. Für alles gibt es eine Zeit. Die Zeit, die Philosophie der Astrologie zu formulieren, ist jetzt zu Beginn dieses neuen Zeitalters gekommen, denn die Philosophie der Astrologie ist auch die Philosophie dieses Zeitalters.

Einheit und Trennung

> *Dies ist das Land, das ihr*
> *Durch Los verteilen sollt. Und weder Teilung noch Einheit*
> *spielen eine Rolle. Dies ist das Land. Wir haben unser Erbe.*
>
> T. S. Eliot: *Aschermittwoch*

Nach einem sumerischen Mythos gab es zu Beginn der Welt einen Berg namens Anki. Seine Spitze war An, der Himmel, und sein Fuß war Ki, die Erde. Dann ergriff Enlil, der Sohn von An und Ki, ein Schwert und schnitt den Berg in zwei Hälften. So entstand die Welt, wie wir sie kennen. Die Zeit wurde aus der Ewigkeit geboren, die Trennung aus der Einheit.

Aber obwohl der Berg in zwei Teile zerschnitten war, war er immer noch ein einheitlicher Berg. Oben und Unten waren im Ganzen enthalten. Trennung und Einheit existierten nebeneinander. Das ist unsere Welt. Eine Welt der Paradoxe, wo das, was existiert, nicht existiert, und das, was nicht existiert, existiert.

Wir können die Spaltung der Welt sehen: zwischen Geist und Materie, Bewußtem und Unbewußtem, Erklärungen und Verständnis, Wissenschaft und Kunst, Yang und Yin, Mann und Frau. Manchmal können wir auch eine Ahnung von der Einheit bekommen. Wenn dieser Augenblick für uns zur Ewigkeit wird, können wir die Welt als Einheit, als Ganzes sehen.

Das Ziel der Astrologie ist es, das Ganze in den Teilen zu erkennen. Der Schlüssel zum Verständnis der Astrologie liegt darin, die Einheit zu erkennen, die hinter den einzelnen Faktoren des Horoskops besteht: Zu sehen, daß unsere materielle Welt, die der Trennung und die von Raum und Zeit, identisch ist mit der spirituellen Welt der Einheit und Ewigkeit, und zu verstehen, daß die eine in der anderen enthalten ist.

Die Versuchung besteht darin, sich nur auf eine einzige Existenzebene zu beziehen, nämlich auf die Wirklichkeit der materiellen Welt und auf die Trennung, die im Universum und in uns selbst vorhanden ist, um dann, wie Bertrand Russell, zu glauben, daß dies die einzige Welt darstellt. Oder man nimmt den entgegengesetzten Standpunkt ein und sagt, daß diese materielle Welt eine Illusion ist und die einzige Wirklichkeit in der spirituellen Essenz hinter den physischen Erscheinungen liegt.

Das Ziel der Menschheit ist, die beiden wieder zu vereinen. Die Suche des Menschen nach einem Sinn ist das Verlangen nach Ganzheit. Indem die Astrologie beide Ebenen der Wirklichkeit symbolhaft erfaßt, hat sie die Kraft, die Gegensätze zu vereinen beziehungsweise zur Hochzeit zwischen Himmel und Erde zu führen.

Robert Browning sagte: »Die Wahrheit ist in uns selbst.« Die Wahrheit, die wir sehen, hängt jedoch in großem Maße davon ab, *wie* wir sehen. Die Antworten, die wir bekommen, hängen davon ab, wie wir fragen. Um auf Sokrates zurückzukommen: Der erste Schritt zum Erlangen von Wissen ist das Wissen um unsere Unwissenheit. Unser Geist muß frei von allen früheren Meinungen und Überzeugungen werden. Es liegt auf der Hand, daß völlige Offenheit nötig ist, und dennoch muß dieser geistige Geburtsprozeß ständig neu stattfinden.

Dies ist die Fähigkeit des passiven Akzeptierens oder das »Nicht-Wissen« Meister Eckeharts. Mit den Worten Bertrand Russells:

> »Der freie Intellekt wird erkennen, wie Gott möglicherweise erkennt – ohne ein Hier und Jetzt, ohne Hoffnungen und Ängste, ohne die Fesseln üblicher Glaubensvorstellungen und traditioneller Vorurteile, ruhig, ohne Leidenschaften, einzig

und allein mit dem Verlangen nach Wissen, einem Wissen, das so unpersönlich und kontemplativ ist, wie es dem Menschen nur möglich ist.«[4]

Wie Russell jedoch selbst klar zeigte, sind diese Fähigkeiten nicht genug. Auch wenn wir meinen, offen zu sein, können wir dennoch nicht damit rechnen, die Wahrheit zu sehen, solange wir nicht gelernt haben, richtig zu sehen. Die meisten Menschen haben Angst, Fragen zu stellen, weil sie wissen, daß sie vor dem Nichts stehen werden, wenn sie die Tür zur Wahrheit immer weiter aufstoßen.

Im Tarot und den Symbolen seiner großen Arkana beginnt die Suche nach Erkenntnis mit dem Narren. Dieser trägt zu Beginn seiner Reise all seinen Besitz auf dem Rücken, ein Fuß schwebt unsicher über dem Abgrund, der Leere. Seine Augen folgen dem Schmetterling, Symbol der Psyche oder des Geistes. Seine Zahl ist Null – Nichts und Ewigkeit.

Einer unserer besten modernen Astrologen, der verstorbene John Addey, sagte:

»Als letzter Ausweg wird es die idealistische Philosophie sein und eine Vision der spirituellen Gesetze, die unserem Wissen von all den vielfältigen Auswirkungen der Astrologie eine sichere Basis geben wird ...
Nur im Licht universeller spiritueller Gesetze können die Einzelheiten der astrologischen Wissenschaft vollständig formuliert werden.«

Der wahre Wissenschaftler sucht nach Wissen, wo immer es ihn hinführt. Wie der wahre Philosoph ist er nur an der Wahrheit interessiert. Die Wahrheit ist vor uns, wenn wir den Mut haben hinzusehen. Allzuoft sehen wir die Wahrheit nicht – nicht, weil sie nicht da ist, sondern weil wir sie nicht erkennen, wenn sie vor unseren Augen liegt.

Die Schönheit der Astrologie liegt darin, daß sie uns hilft, neu zu sehen. Mit Hilfe der astrologischen Symbole können wir unsere rationalen und intuitiven Fähigkeiten kombinieren und enger mit der Ganzheit in Berührung kommen, die in beiden enthalten ist. Der Weg, diese Einheit zu erreichen, ist das Wesen der Offenbarung, ein inneres Erwachen durch Allegorie, Parabel, Dichtung und Paradoxe, aber auch durch logische, rationale Erklärung und spekulatives Denken. Es ist nicht leicht, die beiden Seiten zu kombinieren, aber ich glaube, daß sich die Mühe lohnt.

»Wir werden nicht aufhören zu forschen,
Und am Ende all unseres Forschens
Werden wir da sein, wo wir angefangen haben –
Und diesen Platz zum ersten Mal richtig sehen.«

T. S. Eliot: *Little Gidding*

Kapitel 2

Die Beschaffenheit der physischen Wirklichkeit

Die Gattung Mensch kann nicht sehr viel Wirklichkeit vertragen. T. S. Eliot: *Burnt Norton*

Die Aufgabe der Astrologen ist es, die Verbindung zwischen Himmel und Erde zu finden. Der Bereich des Himmels gehört dem Magier; das werden wir im nächsten Kapitel untersuchen. Die physische Ebene ist die des Wissenschaftlers. Wir werden unsere Suche nach dem Sinn in diesem Kapitel damit beginnen, daß wir die Beschaffenheit der physischen Welt näher betrachten.

Was haben die Ereignisse, die auf der physischen Ebene stattfinden, für eine Bedeutung, und was ist die naturgesetzliche Beziehung zwischen den Planetenbewegungen und eben diesen Ereignissen?

Warum hatte die Person, die am 15. Juli 1944 um 7.18 Uhr geboren wurde, im Dezember 1972 einen schweren Autounfall, als Uranus auf 22 Grad Waage stand, 90 Grad von der Stelle entfernt, wo die Sonne zum Zeitpunkt der Geburt stand? Warum manifestieren sich andere Planetenkonstellationen auf psychologischer oder spiritueller Ebene? Warum entwickelte die Person, deren Horoskop in Abbildung 2 (siehe Seite 31) zu sehen ist, plötzlich ein tiefes und bleibendes Interesse an Alchemie, als Uranus im Juni 1936 15 Grad im Stier stand, haargenau dort, wo sich zum Zeitpunkt der Geburt der Mond befand?

Um diese Fragen zu beantworten, müssen wir das Wesen der physischen Wirklichkeit verstehen. Viele Grundsätze der Astrologie wie auch der Wissenschaft werden heute in Frage gestellt. Jahrhundertelang stand es fest, daß jemand mit Mond im Stier stabil und sinnlich auf die Welt reagiert. Die römischen Kaiser ließen sogar ihr Mondzeichen auf die Münzen prägen. Dank der statistischen Forschungen Michel Gauquelins und der Skepsis Geoffrey Deans[1] haben sich Zweifel erhoben, was die wirkliche Bedeutung von Mond im Stier angeht.

Jahrhundertelang wurde von Wissenschaftlern angenommen, daß die Welt »da draußen« getrennt war von denen, die sie beobachteten, und daß dieses objektive Universum ganz bestimmten Gesetzen gehorchte. Dank der Entdeckungen, die der Quantenrevolution folgten und dem Zusammenbruch des Paritätsgesetzes ist es nicht länger möglich, zu behaupten, daß es eine Welt »da draußen« gibt, oder gar zu wissen, woraus sie besteht.

Auf der Basis ihrer jeweiligen Überzeugungen haben sowohl Astrologen als auch Wissenschaftler ihr eigenes Weltbild entwikkelt. Ein Großteil der Krise, in der sich die Wissenschaft heute befindet, ist darauf zurückzuführen, daß die Welt, so wie sie sich der Wissenschaftler in seiner Vorstellung geschaffen hat, ein ebenso symbolhaftes Modell darstellt wie das Horoskop des Astrologen.

Nachdem sich heute all das, woran man einst so fest glaubte, als falsch erwiesen hat, die Physiker herausgefunden haben, daß die Bausteine der physischen Welt in keiner Weise physisch sind und die Trennungslinie zwischen innerer und äußerer Welt sich aufgelöst hat, ist es an der Zeit, die gesamte Grundlage der physischen Welt noch einmal neu zu überprüfen.

Die Wissenschaft beschäftigt sich mit der Oberfläche, mit der Ebene der Manifestation, wo die Dinge lediglich im materiellen Bereich geschehen und die Gesetze der Kausalität gelten. Beim Betrachten des Grundmodells der Astrologie, dem Kreis mit dem Punkt in der Mitte, lassen sich die Gesetze der Wissenschaft (die der physischen Welt und von Raum und Zeit) tatsächlich alle auf diesem Kreis erkennen.

Die Planeten bewegen sich ohne Unterlaß auf den ihnen vorherbestimmten Pfaden der Peripherie. Die Erde liegt in der Mitte. Um die Peripherie herum, »da draußen«, ist das Universum. Wir sind in der Mitte. Der ruhende Punkt dieser Mitte ist der Geist. Der Wissenschaftler sieht nur die Peripherie. Der Mystiker und der Dichter nur das Zentrum.

Der Astrologe kombiniert beides: Himmel und Erde. Wenn der Astrologe nur dem Pfad des äußeren Kreises folgt, wenn seine Kunst nur auf wissenschaftlicher Methodik basiert, verliert er den Kontakt mit seinem Zentrum. Wie viele wissenschaftliche Astrologen heute bringt er es nicht fertig, den Sinn seiner Kunst zu verstehen, da es ihm nicht gelingt, das Wesen der Wirklichkeit zu erfassen.

Es ist allerdings nötig, die Peripherie zu sehen, denn sie ist ein Teil des Ganzen. In diesem Kapitel werden wir deshalb untersuchen, wie die Wissenschaftler an die physische Welt herangegangen sind. Aber es ist den Wissenschaftlern nicht gelungen, den

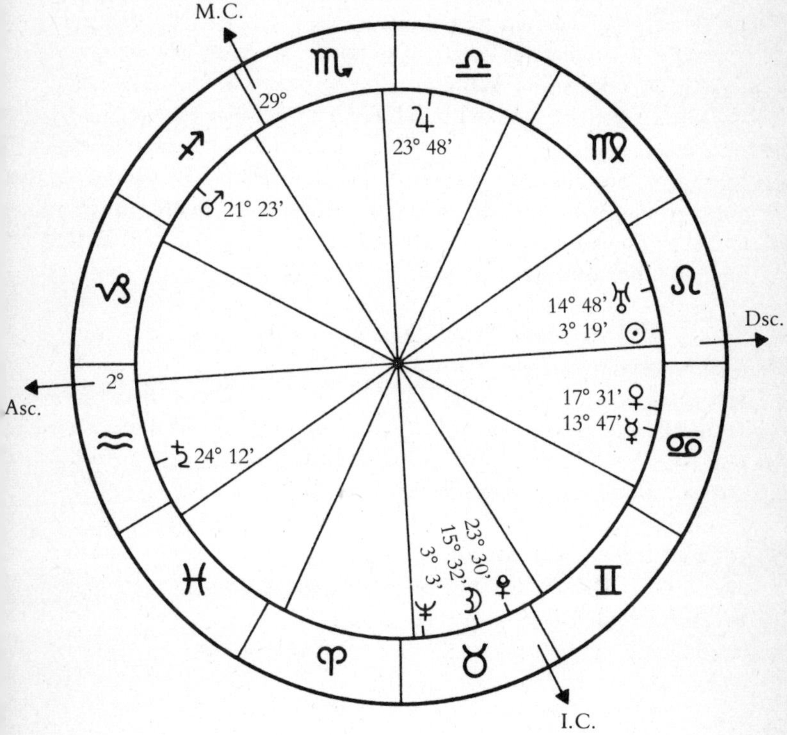

Abbildung 2: Horoskop für den 26. Juli 1875, 7.57 Uhr.

Sinn der physischen Welt zu verstehen, einfach deshalb, weil sie annahmen, daß diese allein wirklich ist. Auf diese Weise ist es ihnen gelungen, den Menschen der Natur zu entfremden.

Es ist völlig legitim, nach einer konkreten Verbindung zwischen der Stellung von Uranus und einem Autounfall hier auf der Erde zu suchen; es ist völlig natürlich, nach Kausalzusammenhängen zu forschen. Auch ist es legitim, nach der Bedeutung dieses Geschehens zu suchen. Dabei stellt der Wissenschaftler andere Fragen als der Astrologe.

Der Wissenschaftler fragt: »Wie ist die Welt ›da draußen‹ beschaffen?« und »Wie kann ich sie benutzen?« Der Astrologe fragt: »Auf welche Weise bin ich ein Teil der Welt?« und »Was für eine Rolle habe ich in der Welt?« Um diese Fragen zu beantworten, müssen beide die Welt in physikalischen Begriffen kennen. Das Ziel ist dann allerdings, die materielle Sphäre mit dem geistigen Zentrum zu verbinden und beide zu transzendieren, indem man beide hinter sich läßt.

Als die Wissenschaft ins Leben gerufen wurde, sollte sie dazu dienen, ein Universum zu erklären, das von den alten Astrologen intuitiv verstanden worden war. Der Wissenschaft ist es gelungen, erklären zu helfen, wie dieses Universum funktioniert. Um jedoch den dahinterliegenden Sinn offenbaren zu können, nach dem die Menschheit heute sucht, muß die Wissenschaft wieder zurück zu den spirituellen Wahrheiten finden, die in dem alten astrologischen Weltbild enthalten waren. Mit den Worten des Physikers Roger Jones: »Die große Lektion, die die Physik wieder von der Alchemie und der Astrologie lernen muß, besteht darin, das Menschliche ins Herz der Wissenschaft zurückzubringen.«[2]

Die Welt der klassischen Physik

> *Die Wissenschaft hat etwas Faszinierendes an sich. Für eine minimale Investition an Fakten erhält man massenweise Vermutungen.*
> Mark Twain

Astrologie ist keine exakte Wissenschaft. Aber auch die Wissenschaft ist keine exakte Wissenschaft. Die Entdeckungen der Wissenschaft sind aufgrund von Annahmen formuliert worden, nämlich, daß es ganz bestimmte Gesetze gibt, die der physischen

Welt zugrundeliegen. Es ist nicht allzulange her (1912), da konnte Bertrand Russell schreiben: »Die Aufgabe der Wissenschaft ist es, Übereinstimmungen zu finden wie beispielsweise die Bewegungsgesetze und das Gesetz von der Schwerkraft, für die es, soweit unsere Erfahrung reicht, keine Ausnahmen gibt.«[3]

Es leuchtet ein, daß man findet, wonach man sucht. Dennoch kann leicht übersehen werden, daß die Entdeckung fester, einheitlicher Gesetze bei den Wissenschaftlern sowohl das Ergebnis ihrer eigenen Vermutungen war als auch der darauffolgenden Auswahl dessen, was ihre Erwartungen bestätigte. Mit den Worten von Roger Jones: »Die Feuerprobe jeder wissenschaftlichen Theorie besteht zunächst darin festzustellen, ob sie mit den Tatsachen der physischen Welt übereinstimmt.«[4]

Dieses setzt gezwungenermaßen voraus, daß es objektive »Tatsachen« gibt, mit denen wissenschaftliche Theorien übereinstimmen können. Der Wunsch nach Gewißheit und einer objektiven Welt, die von ihren Beobachtern getrennt ist, reicht aber noch nicht aus, eine solche Welt auch tatsächlich zu schaffen. Um sich über die Basis wissenschaftlicher Entdeckungen im klaren zu sein, ist es wichtig, sich die fünf wesentlichen Vermutungen vor Augen zu halten, auf welche diese Entdeckungen gestützt wurden.

Zunächst einmal soll es gewisse Gesetze geben, denen immer gehorcht werden muß. Zweitens sei die Welt der Materie objektiv und somit von denen, die sie betrachten und mit ihr experimentieren, getrennt. Drittens soll es irgendeinen elementaren Baustein der Materie geben. Viertens habe die Welt irgendein greifbares Fundament, und fünftens könne ein Ding jeweils nur eines auf einmal sein.

Diese Annahmen lassen sich bis zu den rationalen und deduktiven Denkverfahren der alten Griechen zurückverfolgen, deren Versuch, abstrakte Prinzipien als Grundlage für wissenschaftliche Ideen zu definieren, von großem Nutzen war. Die Welt, die sie erschufen, war jedoch überidealisiert und notwendigerweise vollkommen.

Es wurde behauptet, daß die Griechen und jene, die ihren Methoden folgten, ihre niedriger entwickelten Vorfahren aus Aberglauben und Magie retteten. Diese Ansicht ist zugegebenermaßen sehr vereinfacht, dennoch ist etwas Wahres daran. Magie und Aberglauben standen im Geiste der Urmenschen an erster Stelle, und auch bei denen, welchen dann die Wissenschaftler der Aufklärung folgten. Trotz diametral entgegengesetzter Methoden versuchten sowohl Magier als auch Wissenschaftler, dasselbe Ziel zu erreichen. Beide waren gleichermaßen von einer Angst vor dem Unbekannten ergriffen. Der Unterschied lag darin, daß diejenigen, die den Griechen folgten, die Natur als etwas Fremdes ansahen, wohingegen die Magier die Natur, wenn sie auch deren Macht fürchteten, als Teil ihrer selbst empfanden. Beide versuchten, die Natur zu kontrollieren. Die Wissenschaftler durch Schaffen fester Gesetze, die ihnen helfen sollten, die Zukunft zu erkennen, die Magier durch den Versuch, die Bedeutung und Essenz Welt, in der sie lebten, zu erforschen. Was auch immer sie jeweils dachten, beide stützen ihre Überzeugungen auf den Glauben.

Das Ziel der Wissenschaft bestand darin, durch Lernen aus der Vergangenheit mehr über die Zukunft zu erfahren. Der Mathematiker Pierre Laplace faßte das Ziel der Entdeckungen eines Wissenschaftlers im Zeitalter der Klassik folgendermaßen zusammen:

> »Ein Intellekt, der zum gegebenen Zeitpunkt alle in der Natur tätigen Kräfte und die Anordnung aller Dinge, aus denen die Welt besteht, kennen würde – vorausgesetzt, dieser Intellekt wäre umfassend genug, diese Daten einer Analyse zu unterziehen –, könnte in ein und derselben Formel die Bewegungen der größten Himmelskörper wie auch der kleinsten Atome erfassen: Diesem Intellekt wäre nichts ungewiß, und Zukunft wie Vergangenheit lägen klar vor seinen Augen.«[5]

Mit einer solchen Vorstellung von der Welt als einer großen Maschine war es nur natürlich, daß die Wissenschaft sich zunehmend darauf konzentrierte, mehr und mehr mechanisches Wissen über das Funktionieren derselben anzuhäufen. Zwangsläufig wurden die Wissenschaftler mehr zu Mechanikern als zu Philosophen. Ende des 19. Jahrhunderts konnte der Wissenschaftler A. A. Michelson sagen, daß die Zukunft der Wissenschaft darin bestand »den bereits vorhandenen Ergebnissen einige Dezimalstellen hinzuzufügen.«[6] Diese prophetische Aussage fand 1894 statt.

Weder Freiheit noch Hoffnung herrschten in dieser Welt. Ihrer erbarmungslosen Logik war nicht zu entkommen. Jack Lindsay formulierte das so:

> »Die Wissenschaft erfand eine Welt der Symmetrie und Umkehrbarkeit und zwang sie der wirklichen, nicht umkehrbaren

und asymmetrischen Welt auf, indem sie feste Zustände als allein wirklich definierte und alles andere ignorierte, alle kritischen Veränderungspunkte, alle Aspekte qualitativer Entwicklung.

Die Grenzen der Nützlichkeit dieser Haltung sind nun grundsätzlich erreicht. Daher die allgemeine Krise in der Physik und den Nachbarbereichen, welche seit Einstein, der Quantenmechanik und den neuen, mit der Teilchenphysik entstandenen Problemen besteht. Allgemein betrachtet, waren die Wissenschaftler nach Galilei weitaus mehr mit Scheuklappen versehen als die Astrologen.«[7]

Einsteins Sprung ins Ungewisse

Einstein akzeptierte nicht, daß wissenschaftliche Entdeckungen der Vergangenheit angehörten. Er hatte keine Angst, den Sprung ins Ungewisse zu wagen, den Schritt über den Abgrund, wie der Narr des Tarot, und sich dabei auf sein intuitives Wissen um die Essenz der Welt zu verlassen. Einstein entwickelte ein Verständnis vom Wesen der Materie und des Universums, welches weit über die bestehenden Begrenzungen hinausging.

Bevor Einstein die anerkannten Vorstellungen seiner Zeit zerstörte, nahm man an, Materie sei eine greifbare Wirklichkeit. Man hatte als elementaren Baustein der Materie das Atom gefunden, und dieses war die Basis der physischen Wirklichkeit. Neu arrangiert, ein wenig damit herumgespielt, und schon ließ sich jede Art von Materie erschaffen.

Einstein zerstörte das Konzept von Materie als etwas Greifbarem. Und damit öffnete er einem völlig neuen Konzept physikalischer Wirklichkeit den Weg. Er war ein Pionier im besten Sinne des Wortes. Aber obwohl sein Geist weit genug war, viel von dem, was seine Wissenschaftskollegen ständig abgelehnt hatten, zu erfassen, konnte er die unumgänglichen Schlußfolgerungen aus seinen eigenen Vorstellungen dennoch nicht akzeptieren. Er konnte bis zu einem bestimmten Punkt gehen, aber nicht weiter.

Einstein trug zum Verständnis der Materie und deren Beschaffenheit auf zwei sehr bedeutende Weisen bei. Einmal mit seiner Relativitätstheorie, zum zweiten mit seiner Feldtheorie. Keines dieser Konzepte verfolgte er jedoch bis zum letzten Schluß. Dies soll keine Kritik sein an einem Mann, der aus eigenem Antrieb den Horizont des Erkennens wahrscheinlich mehr erweiterte als irgend jemand sonst seit Newton. Und ebenso, wie es ungerecht wäre, Newton dafür verantwortlich zu machen, nicht noch weiter gegangen zu sein, wäre es lächerlich, Einstein vorzuwerfen, nicht bis zu den letzten Grenzen der Erkenntnis vorgestoßen zu sein.

Einstein erkannte, daß Raum und Zeit nur relativ sind. Daß es daher kein universelles Jetzt gibt, und daß die Vergangenheit des einen die Zukunft des anderen sein kann. Seine »Spezielle Relativitätstheorie« von 1905 und die »Allgemeine Relativitätstheorie«, zehn Jahre später, veränderten sämtliche Vorstellungen, die sich der Mensch bis dahin von Raum und Zeit gemacht hatte. Dennoch war er durch seine Vorstellung von der Lichtgeschwindigkeit gefesselt. Er weigerte sich anzuerkennen, daß Menschen oder Gegenstände absolut zeitgleich kommunizieren können. Damit wäre die Lichtgeschwindigkeit übertroffen, und das war für Einstein nicht möglich.

Seine berühmte Gleichung $E = mc^2$ bedeutet, daß Materie und Energie umkehrbar sind. Was wir normalerweise unter Materie verstehen, ist Masse. Obwohl man lange vor Einstein erkannt hatte, daß Materie hauptsächlich aus leerem Raum besteht, in dem die Atome in den Molekülen nur relativ wenig Platz einnehmen, galt Materie damals trotzdem immer noch als etwas Greifbares. Mit Einstein begann die Materie dann allerdings völlig zu verschwinden.

Der Schluß, daß Materie grundsätzlich dasselbe ist wie Raum, ist in Einsteins Behauptungen mit enthalten. Es gelang ihm, eine Hypothese aufzustellen, in der das Wesen der physischen Wirklichkeit in einer »Feldtheorie« vereinigt wurde. Jeder Teil dieses Feldes bringt ein rhythmisches Energiemuster hervor. Wie Einstein es formulierte: »Wir können daher die Materie als etwas betrachten, das aus Raumbereichen besteht, in denen ein Feld extrem intensiv ist ... In dieser neuen Art von Physik gibt es keinen Raum für Feld und Materie gleichzeitig, denn das Feld ist die einzige Wirklichkeit.«[8]

Beim Aufstellen dieser einheitlichen Feldtheorie begab sich Einstein, ohne es zu wissen, aufs Glatteis. Seine Einsicht war tief; er hatte die Gabe, das Ganze in den Teilen zu sehen; er blickte nach oben, während andere nach unten schauten. Aber zu seinem Unglück weigerte er sich beim Nachobenschauen, das anzuerkennen, was da unten war – innerhalb des Atoms. So verschloß er sich ganz ausdrücklich den Entdeckungen seiner Kollegen, die sich der Erforschung der subatomaren Teilchen widmeten.

Obwohl Einstein nach einer einheitlichen Theorie von Wirklichkeit und Wahrheit suchte, war es unvermeidlich, daß es ihm mißlang, sein Ziel zu finden, da er es ablehnte, einen Teil der Welt anzuerkennen und hartnäckig an seinen Annahmen festhielt. Einer seiner blinden Flecken war die Quantentheorie, die das wissenschaftliche Verständnis von der Materie revolutionierte. Statt zu versuchen, deren Entdeckungen in seine eigenen Erkenntnisse zu integrieren, verwendete er sehr viel Energie auf den Versuch, sie zu widerlegen, und tat sie schließlich ab mit der Bemerkung: »Gott ist kein Würfelspieler«. Damit war es unvermeidbar, daß ihm die Aufstellung einer einheitlichen Theorie mißlang. Mit den Worten Bertrand Russells hatte eine solche »umfassend wie auch in sich selbst konsequent« zu sein.

Sein anderer blinder Fleck war die Lichtgeschwindigkeit. In seiner »Speziellen Relativitätstheorie« behauptete er, daß bei Lichtgeschwindigkeit ein Gegenstand verschwände, seine Masse unendlich würde und die Zeit anhielte. Obwohl einem Beobachter das so vorkam, würde für die Person selbst oder den Gegenstand, der sich mit Lichtgeschwindigkeit fortbewegte, alles wie zuvor bleiben. Geht man offen an diese Behauptungen heran, so sind zwei Schlußfolgerungen möglich. Einmal, daß man sich gar nicht mit Lichtgeschwindigkeit fortbewegen kann. Zum anderen, daß man es kann und dann verschwindet, unendlich wird und sich außerhalb der Zeit befindet. Beide Alternativen sind logisch.

Einstein hielt sich an die erstere, die zweite schien ihm unsinnig. Meiner Ansicht nach hat er durch die Ablehnung der zweiten Alternative die Gelegenheit verpaßt, einer der großen Wahrheiten der Existenz auf die Spur zu kommen. Da dieser große Geist sich davor verschloß, traten andere, weniger große Geister in seine Fußstapfen, etwa diejenigen, die nicht wagten, den Ansichten des Aristoteles und Ptolemäus zu widersprechen. Daß das Licht seiner Natur nach paradox ist, erklärt die Tatsache, daß es trotz einer genau begrenzten Geschwindigkeit von 300000 km/sec dennoch die Welt in einem einzigen Augenblick durchdringt. Aufgrund von Einsteins Scheuklappen ist die Natur des Lichts bis auf den heutigen Tag ein Geheimnis geblieben.

Nigel Calder faßte die Errungenschaften Einsteins folgendermaßen zusammen: »Durch Einsteins Gesetz wird das Universum erneut überschaubar und ordentlich.«[9] Dies Lob ist doppeldeutig. Denn wie groß auch immer Einsteins Geist und sein Beitrag zum

Verständnis der Welt waren, so hielt er doch an einer Sicht des Universums fest, die auf Sicherheit basierte, und wo die Gesetze der Ordnung und Struktur an oberster Stelle standen. Er war der letzte große Determinist. Es gelang ihm, die Fundamente der Welt Newtons zu ergänzen, aber er lehnte es ab, an die Freiheit der Materie zu glauben. Masse und Energie waren umkehrbar, aber seine Gleichung unterstrich nur die Gesetze von der Erhaltung der Energie, die bereits Newton formuliert hatte.

Einsteins Welt war symmetrisch, sicher und heil. Es war die fest umrissene, deterministische Welt Newtons und beschrieb, wie Newtons Welt, die Ebene der Materie ganz allgemein äußerst gut. In seinem eigenen Bereich war dies Weltbild bemerkenswert erfolgreich, war doch Einstein eines der bedeutendsten Genies, das die Welt gekannt hat, ähnlich wie Newton vor ihm. Es war unvermeidlich, daß es ihm nicht gelang, die einheitliche Feldtheorie aufzustellen, nach der er suchte, denn er wich davor zurück, jene anderen Ebenen der Existenz anzuerkennen, die wir im folgenden untersuchen wollen.

Die Quantenrevolution und der Zusammenbruch der Parität

Mit Einstein haben wir die Grenze der determinierten Welt erreicht. Auf diese sicheren Strukturen folgten zwei revolutionäre Entdeckungen. Zuerst die Quantentheorie. Dann der Zusammenbruch des Paritätsgesetzes. Jede dieser Entdeckungen veränderte auf ihre Weise dramatisch die Sicht des Menschen vom Universum und sein Verständnis vom Wesen der physischen Wirklichkeit.

Es wurde sehr viel über die Quantentheorie geschrieben – verständlich genug angesichts ihrer Verzweigungen. Die philosophischen Zusammenhänge sind meiner Ansicht nach sogar noch wichtiger als irgendwelche physikalischen Auswirkungen, und es ist hochwichtig, diese in Verbindung mit der Wirklichkeit als einem Ganzen zu sehen, wenn wir verstehen wollen, wie und warum das Universum funktioniert. Über den Umsturz der Parität wurde weniger geschrieben, aber die Hintergründe dieser Entdeckung sind ebenfalls von großer Bedeutung, um die Wirklichkeit der physischen Existenz zu erkennen.

Die Quantentheorie hatte zwei wichtige praktische Auswirkungen. Einmal fand man heraus, daß auf subatomarer Ebene

Veränderungen nur im Verhältnis ganzer Zahlen stattfinden. Deshalb ist die Natur auf dieser Ebene unstetig und sprunghaft. Zweitens ist die Natur auf subatomarer Ebene nicht genau festgelegt. Ihre Welt besteht nicht aus eindeutigen Gesetzen. Auf dieser Ebene kann die Zukunft nicht aus einer Kenntnis bestehender Kräfte vorhergesagt werden, wie Pierre Laplace postuliert hatte. Auch läßt sich hier die Wissenschaft nicht darauf beschränken, einheitliche Gesetze zu entdecken, für die es keine Ausnahmen gibt, wie Bertrand Russell behauptet hatte. Das Universum war plötzlich zum Leben erwacht, es war zu einem lebendigen Prozeß geworden, wo alles ein Teil von allem anderen war und die einzige Wirklichkeit in der Veränderung bestand – der ruhende Punkt einer sich drehenden Welt.

Einstein hatte in seiner berühmten Gleichung festgesetzt, daß Masse und Energie umkehrbar sind, daß also eins in das andere verwandelt werden kann. Was ihn betraf, stellte sich jedoch nicht die Frage, ob sie beides zugleich sein könnten. Und doch schien dies der Fall zu sein. Einmal benahm sich ein Elektron wie ein Teilchen, dann wieder wie eine Welle. Wie sollten die Wissenschaftler mit diesem offensichtlich unlösbaren Problem fertigwerden?

Da sich durch dies Dilemma die Ansichten der Wissenschaftler über das physische Universum schließlich entzweiten, lohnt es sich, die Einzelheiten etwas näher zu betrachten. Das Problem selbst wurde auf zweierlei Art beleuchtet. Einmal mit Hilfe des wohlbekannten Doppel-Spalt-Experiments. Bei diesem Experiment wird ein Elektronenstrahl durch eine Leinwand projiziert, die zwei schmale Löcher hat, welche gerade groß genug sind, daß jeweils ein Elektron hindurchgeht. Die Elektronen lassen sich dann, sobald sie auf eine zweite Leinwand treffen, ermitteln. Während die Elektronen einzeln durch die Löcher gehen, verhalten sie sich wie Teilchen, sobald sie jedoch alle zusammen auf die zweite Leinwand treffen, läßt sich ein Wellenmuster erkennen. So verhalten sich Elektronen gleichzeitig wie Teilchen und wie Wellen, was nach festgesetzten wissenschaftlichen Gesetzen und tatsächlich auch für den gesunden Menschenverstand unmöglich scheint.

Werner Heisenberg veranschaulichte zudem 1927 durch sein berühmtes Unschärfe-Prinzip, daß sich Bewegungsmoment und Position eines Elektrons nicht gleichzeitig messen lassen, und daß es deshalb unmöglich sei zu wissen, ob es sich um ein Teilchen oder eine Welle handelt. Ausschlaggebend dabei ist, daß beim Versuch, die Position zu messen, der Beobachter stärkeres Licht braucht, um die Elektronenimpulse zu verändern, wohingegen sich bei geringerem Licht die Position nicht genau messen läßt.

Es gab viele Auseinandersetzungen um das, was dieses Prinzip tatsächlich zeigt. Manche waren der Ansicht, daß es einfach zeigt, daß wir zwar nicht beides messen können, objektiv aber beides existiert. Andere vertreten den Standpunkt, daß der Meßversuch allein schon den Zustand des Elektrons verändert und deshalb alles, was wir auf dieser Ebene betrachten, bereits durch das Betrachten verändert wird. Nach Bohr und anderen muß daraus der Schluß gezogen werden, daß alles, was nicht meßbar ist, keine Wirklichkeit haben kann. Heisenberg selbst konnte nicht verstehen, wie ein subatomares Gebilde zugleich die Eigenschaften einer Welle und eines Teilchens haben kann. Nachdem er bis spät in die Nacht mit Bohr diskutiert hatte, fragte er: »Kann die Natur tatsächlich so absurd sein, wie es aufgrund dieser Atomexperimente scheint?«

Heisenbergs Prinzip wurde auch das Prinzip des Indeterminismus genannt, weil – was auch immer sonst es zeigte – klar wurde, daß auf subatomarer Ebene die von den Physikern angenommenen fest abgrenzbaren Strukturen nicht existieren. Das objektive Universum »da draußen« stellte keine Wirklichkeit mehr dar. Vom philosophischen Standpunkt her ist wichtig, daß ein genaues Wissen über zukünftige Zustände nicht genau erfaßt werden können und es keinen Grund gibt zu glauben, daß Geschehnisse auf atomarer Ebene im vorhinein festgelegt sind.

Was hatten die Wissenschaftler also auf der subatomaren Ebene entdeckt? Sie nannten die »Bits« im Innern »Elementarteilchen«, und diese haben sich zahlenmäßig so vermehrt, daß sie schließlich sogar die Anzahl der bekannten Elemente übertrafen. Statt die Einheit und Einfachheit zu finden, nach der sie suchten, gerieten die Wissenschaftler ob der Vielfalt noch mehr in Verwirrung. Sind diese »Bits« allerdings etwas Konkretes? Sind es faßbare, tatsächlich existierende Dinge oder nur bequeme Modelle.

Heisenberg sagte: »Angesichts der Quantentheorie sind Elementarteilchen nicht im selben Sinne wirklich wie Gegenstände des täglichen Lebens, Bäume oder Steine.«[10] Henry Stapp meinte: »Ein Elementarteilchen existiert nicht als unabhängiges, unanalysierbares Gebilde. Seiner Essenz nach ist es ein Aggregat von Beziehungen, die auf andere Dinge ausstrahlen.«[11]

Die Quantentheorie hat eine Welt der Paradoxe geschaffen. Wo die Erscheinungen verschiedene Eigenschaften zu haben scheinen. Wo es schwierig ist zu sagen, etwas ist oder ist nicht. Statt einer Welt der Kontinuität und des Fließens haben wir hier Teilchen vor uns, die von Stelle zu Stelle springen. Die Welt ist nicht mehr objektiv und vom Beobachter getrennt, das »da draußen« existiert nicht mehr unabhängig für sich. Die alte Ordnung des Universums existiert nicht mehr als solche, sondern beinhaltet Veränderung und Vielfalt – ein völlig neues Konzept der Wirklichkeit ist entstanden.

Die andere wichtige Entdeckung dieses Jahrhunderts war der Zusammenbruch der Parität. Als diese 1956 entdeckt wurde, verbreitete sich die Schlagzeile »Schwache Wechselwirkung verletzt die Bewahrung der Parität« in der Welt der Physiker wie ein Lauffeuer. Es war etwas, wovon man nie geträumt hatte und was die Fundamente der physikalischen Welt veränderte. Bis zu diesem Jahr hatte man angenommen und für einen der festesten Grundsätze des wissenschaftlichen Denkens gehalten, daß die Welt symmetrisch sei; daß jede Tat eine bestimmte Reaktion hervorrufe und daß, obwohl sich Masse in Energie verwandeln ließe und umgekehrt, die Endsumme von Masse und Energie im Universum immer gleich bleibe.

Dieses Gesetz der »Symmetrie« oder der Glaube daran war die Basis aller wissenschaftlichen Voraussagen. Wenn die Gesamtsumme der Energie in der Welt erhalten blieb, dann konnte die Zukunft im Prinzip festgelegt werden. Die Welt würde somit zu einem Platz, wo alles im vorhinein bestimmt ist. Wenn es jedoch Abweichungen von der Norm gab, dann kam die Möglichkeit der Freiheit mit ins Spiel. Es würde nicht mehr möglich sein, herauszufinden – auch theoretisch nicht –, welche Reaktionen bestimmte Taten oder Experimente hervorrufen würden. Schon Louis Pasteur hatte entdeckt, daß organisches Leben nicht physikalisch symmetrisch ist und daß darin der grundlegende Unterschied zwischen lebender und toter Materie besteht.

Nun entdeckten zwei chinesische Physiker, Chen Nin Yang und Tsung Dao Lee, daß es bei schwachen Wechselwirkungen keinen Nachweis für die Bewahrung der Parität gab. Frau Chien-Shiung, Professorin für Physik an der Columbia-Universität, erklärte sich bereit, diese Hypothese anhand eines Experiments auf die Probe zu stellen.

Sie führte einen Beta-Zerfall von Kobalt 60 durch. Bei der schwachen Wechselwirkung wurden Beta-Teilchen von den

Nord- und Südenden der Kerne ausgesandt. Man erwartete, daß kein Unterschied zwischen der durchschnittlichen Anzahl der Teilchen, die von dem einen oder anderen Ende herausgestoßen wurden, bestehen würde. Wolfgang Pauli, der eifrig auf die Ergebnisse wartete, formulierte die Erwartungen der wissenschaftlichen Gemeinde folgendermaßen: »Ich glaube nicht, daß Gott ein Linkshänder ist, und ich bin bereit, um sehr viel Geld zu wetten, daß die Experimente symmetrische Ergebnisse zeigen werden.«[12] Professor Pauli verlor seine Wette, als man sah, daß die meisten Teilchen vom Südende ausgestoßen wurden.

Diese Entdeckung war sowohl von allgemeiner als auch von besonderer Bedeutung. Die besondere Bedeutung lag in der Tatsache, daß es zum ersten Mal möglich war, zwischen Nord- und Südenden zu unterscheiden. Die allgemeine Bedeutung lag in der fundamentalen Erkenntnis, daß die Welt kein völlig symmetrischer Platz ist.

Es gab eine Tendenz, zu behaupten, daß diese allgemeine Bedeutung nicht von großem Belang sei. Jetzt, wo die anfängliche Erregung vorüber ist, hat der Schock, den die Entdekkung ursprünglich hervorrief, nachgelassen. Die Wissenschaftler weisen ganz zu Recht darauf hin, daß die schwache Wechselwirkung das ist, wovon wir am wenigsten wissen, und wahrscheinlich ist sie die am wenigsten wichtige der vier derzeit bekannten elementaren Kräfte. Es kann durchaus sein, daß die Entdeckung, abgesehen davon, daß der Unterschied zwischen Nord- und Südpol festgelegt werden konnte, keine weitere praktische Bedeutung hatte.

Das bedeutet jedoch gewiß, das Wesentliche nicht erkannt zu haben. Was die allgemeine Bedeutung der Entdeckung betrifft, so geht es im wesentlichen darum, daß man für die bisher übliche Ansicht, die Welt sei ein total symmetrischer Platz, eine Ausnahme gefunden hatte. Vom philosophischen Standpunkt aus ist es klar, daß die Welt nun nicht mehr so ist, wie man sie sich vor dieser Entdeckung vorgestellt hatte. Die Sicht der Wirklichkeit hat sich für uns verändert. Die Bedeutung liegt darin, daß auf der physikalischen Ebene ein Element der Freiheit mit ins Spiel gekommen ist. Diese Tatsache ist von allergrößter Wichtigkeit, wenn man das Wesen der Materie und die Welt, in der wir leben, verstehen will.

Das magische Universum – die Leere

Nachdem wir einen kurzen Blick auf die Entdeckungen der Wissenschaft geworfen haben, können wir nun zu dem kommen, was sich daraus folgern läßt. Woraus bestehen die physikalische Welt, der Mond, den wir am Himmel sehen, unser eigener menschlicher Körper und die Erde, auf der wir leben? Und was ist mit den Annahmen geschehen, unter denen sich die Wissenschaftler auf die Suche gemacht hatten?

Die Annahme, daß es eine Art fundamentalen Baustein gibt, aus dem das Universum geschaffen ist, besteht weiter. Aus der Sicht und Erkenntnis der Quantenphysiker mag an dieser Annahme gezweifelt werden, doch herrscht hier unter den Wissenschaftlern allgemein Uneinigkeit. Der Streit, ob das Atom und somit die Materie insgesamt aus Teilchen oder aus Wellen besteht, macht diese Spaltung zum großen Teil anschaulich.

Sobald man entdeckt hatte, daß das Atom selbst nicht der letzte Bestandteil der Materie war, wurde bei einigen Wissenschaftlern die Versuchung immer stärker, die Ebene des Bausteins noch weiter zu differenzieren. Es war vielleicht nicht unvernünftig, die Protonen und Elektronen als winzige Materieteilchen zu betrachten, weil Elektronen sich hin und wieder eher als Teilchen denn als Wellen verhalten. Nun, da das Atom in die sogenannten Elementarteilchen gespalten worden ist, veranschaulicht bereits der Name dieser Gebilde, daß sie für Materie gehalten werden.

In einem Bericht, der vor einiger Zeit in der Zeitschrift »Nature« erschien, war zu lesen:

> »Eines der aufreibendsten Experimente, das von den Teilchenphysikern durchgeführt wurde, endete mit der Entdeckung eines der winzigsten Bausteine der Materie. Es heißt das sechste Quark. Unsere Welt läßt sich jetzt anhand der Quark-Familie als einer Gruppe von Elementarteilchen und der Leptonen-Familie als einer anderen erklären.«[13]

Andere Wissenschaftler sehen das Atom lieber als ein elektronisches Muster, das aus positiven und negativen Ladungen besteht. Danach besteht das Universum sozusagen aus Elektrizität oder elektromagnetischen Wellen. Das war die Auffassung von Sir James Jeans, der feststellte: »Wir leben in einem Universum von Wellen und nichts als Wellen.«

Ob man die Basis der Materie als Teilchen oder Wellen sieht, die Vorstellung von einem fundamentalen Baustein bleibt. In letzterem Fall war dies Elementarteilchen eine elektromagnetische Welle, die sich mit konstanter Geschwindigkeit fortbewegt. Diese Sicht enthält auch die Quantentheorie, wobei die Quantenenergie aus ganzen Zahlen mal die Wellenlänge besteht. Die Geschwindigkeit der Wellen ist dieselbe, die Frequenz jedoch variiert je nach dem Wert der ganzen Zahlen. Die Materie besteht hier aus dem Wellenmuster, welches das Atom bildet. Im elektromagnetischen Spektrum, welches unabhängig von uns existiert, ist das Grundmuster des Universums enthalten. Physikalische Phänomene, so wie wir sie sehen, existieren aufgrund wechselseitiger Einflüsse zwischen uns und diesem Muster. Einen Teil von ihnen sehen wir, einen anderen hören wir – je nachdem, auf welche Schwingung wir eingestellt sind.

Bei all diesen unterschiedlichen Auffassungen und Standpunkten haben sich die Wissenschaftler schließlich von einer ihrer Annahmen getrennt. Daß die Materie eine greifbare Basis hat, wird nicht mehr von allen Wissenschaftlern anerkannt. Wie wir gesehen haben, verwarf Einstein diese Idee in seiner Feldtheorie, als er feststellte, daß für Feld und Materie zugleich kein Raum war.

Die Vorstellung von einem fundamentalen Baustein wurde mit einigem Bedenken aufrechterhalten, wenngleich sie sich seit der Atomspaltung auf wackeligem Boden befand. Auf der subatomaren Ebene verschwindet die Annahme völlig, daß das Universum festen Gesetzen unterliegt, denn es ist klar, daß die Elementarteilchen, wenn sie wirklich existieren, dies nicht infolge festgelegter Regeln tun. Wie Norbert Wiener sagte: »So wurde der Zufall zugelassen, nicht nur als mathematisches Instrument für die Physik, sondern als Teil ihres Gewebes.«[14]

Hier jedoch ist ein Kompromiß möglich. Obwohl es auf subatomarer Ebene keine Gewißheit mehr gibt, läßt sich auf der Alltagsebene ein Muster erkennen. Die Strukur bleibt intakt, wenn auch das Individuum seinen eigenen Weg geht. Dies brachte Wissenschaftler wie Willard Gibbs zum Entwurf eines weder determinierten noch undeterminierten, zufallsbedingten Universums, das nur innerhalb statistischer Grenzen vorhersehbar ist.

Nicht alle Wissenschaftler sind allerdings bereit gewesen, ihre vorgefaßten Ideen so ohne weiteres fallenzulassen. Insbesondere die Idee der Unschärfe auf der Quantenebene brachte Einstein dazu zu behaupten, daß die Quantentheorie falsch sein müsse, da sie gegen die Annahme des Determinismus verstieß.

Die Annahme, daß ein Ding nur eines auf einmal sein kann, hat sich so fest im wissenschaftlichen Geist verankert, daß er dadurch blockiert wurde. Die Schlußfolgerung, daß die Welt der Materie objektiv ist, hat sich als noch heimtückischer erwiesen. Die Trennung zwischen der Welt »da draußen« und denen, die sie beobachteten, galt als einer der absoluten Grundsätze wissenschaftlicher Forschung.

Mit dem Erscheinen der Quantenphysik wurde diese Einstellung nicht länger haltbar. Der Beobachter wurde nun zu einem Teil der Welt, die er beobachtete, zum Teilnehmenden. Wenn dieses Prinzip auch nach außen hin anerkannt scheint, so ist doch deutlich, daß darunter immer noch an eine Trennung geglaubt wird, und genau das hat sich als eines der schwierigsten Hindernisse erwiesen.

Dieses war ein weiteres Prinzip, das Einstein nicht aufgeben wollte, und es wurde in einem Experiment klar, mit dem er beweisen wollte, daß die Quantentheorie falsch sei. Dieses Experiment führt auch zum Ursprung des Dilemmas zwischen Kausalzusammenhang und Synchronizität. Wenn nämlich ein Ding durch ein anderes verursacht wird, muß es automatisch eine Trennung geben. Ein Autofahrer kann nur dann einen Unfall herbeiführen und einen Menschen verletzen, wenn dieser Mensch und der Autofahrer zwei getrennte Wesen sind.

1953 arbeitete Einstein mit Nathan Rosen und Boris Podolsky an einem Projekt zusammen, das später als Einstein-Rosen-Podolsky-Paradox oder einfach E-R-P-Paradox bekannt wurde. Man ging bei diesem Experiment davon aus, daß ein Atom bei seinem Zerfall zwei Photonen gleichzeitig zu zwei parallelen Polarisatoren senden würde.

Sobald man an einem Photon etwas beobachten konnte, war auch am anderen ein ähnlicher Wert zu registrieren. Von einem Photon zum anderen schien daher ein direktes Signal zu bestehen. Man kann die Polarisatoren in beliebig weite Entfernung voneinander stellen, sogar Lichtjahre entfernt. Stets wird ein Polarisator sofort den Wert des anderen übernehmen. Dies scheint zu bedeuten, daß die Kommunikation von einem Photon zum anderen schneller ist als die Lichtgeschwindigkeit, was unmöglich ist, weil es die Gesetze Einsteins von der Relativität verletzt. Nicht nur gibt es keinen Kausalzusammenhang zwischen den beiden Photonen, sondern das gesamte Kausalitätsprinzip ist bedroht. Das eine Photon könnte nämlich beobachtet werden, nachdem das andere sein Ziel erreicht hätte, und der Zeitzeiger würde so in umgekehrte Richtung gehen. Gemäß den anerkannten Kausalitätsprinzipien würde die Beobachtung eines Photons etwas verursachen, was bereits geschehen ist. Einstein hatte die Absicht zu beweisen, daß die Quantentheorie Unsinn sei. Wenn man offen und vorurteilslos an die Situation herangeht, könnte man jedoch ebenso behaupten, daß die Quantentheorie richtig sei und Einsteins Vermutungen falsch.

Es ist tatsächlich nicht einfach zu verstehen, wie die Beobachtung eines Gegenstands einen anderen Gegenstand beeinflussen kann, nachdem dieser schon auf bestimmte Weise gehandelt hat. Das liegt aber einfach an der Vermutung, daß die Verbindung zwischen den beiden Gegenständen eine kausale ist, was wiederum Trennung voraussetzt.

Viele Wissenschaftler haben sich ihr Bild von der Wirklichkeit nach dem Grundmuster der einzelnen Teilchen geformt. Paul Davies hat die Theorie aufgestellt, daß, so wie jedes Musikinstrument einen charakteristischen Ton hervorbringt, jedes Atom ein charakteristisches Lichtspektrum schafft. Er sagte: »Deshalb können wir das Lichtspektrum eines Atoms mit dem Klangmuster eines Musikinstruments vergleichen ... In beiden Fällen herrscht ein tiefer Zusammenhang zwischen den inneren Schwingungen (schwingenden Membranen, wellenförmigen Elektronenschwingungen) und den äußeren Wellen (Klang, Licht).«[15]

Auf dem Gebiet der Biologie wurde dieselbe Idee vor einiger Zeit von Dr. Rupert Sheldrake formuliert. Seiner Ansicht nach gibt es eine physikalische Feldstruktur, die die ganze Welt verbindet. Wenn bei einer Spezies also eine neue Entwicklung oder Evolutionslinie auftaucht, wird in der Welt insgesamt eine Struktur geschaffen. Je häufiger sich diese physikalische Verhaltensstruktur wiederholt, desto stärker wird die Resonanz. Er sagt: »Die Fortdauer materieller Formen hängt von einer ständig wiederholten Aktualisierung des Systems unter dem Einfluß seines morphogenetischen Feldes ab; zu gleicher Zeit wird das morphogenetische Feld ständig durch die morphische Resonanz ähnlicher früherer Formen neu erschaffen.«[16] Natürlich wird hier mehr eine streng physikalische Struktur betont als ein zugrundeliegendes Wellenmuster, das Grundprinzip ist jedoch dasselbe.

Auf ähnliche Weise formuliert David Bohm seine Vorstellung von einer Struktur:

»Es ist eine neue Vorstellung im Entstehen. Die einer ungebrochenen Einheit, welche die klassische Vorstellung von der

Analysierbarkeit der Welt in getrennte und unabhängig voneinander existierende Teile verwirft ... Wir haben die gängige klassische Vorstellung revidiert, daß die unabhängigen ›Elementarteilchen‹ der Welt die fundamentale Wirklichkeit sind und daß die verschiedenen Systeme nur spezielle, zufallsbedingte Formen und Anordnungen dieser Teile sind. Vielmehr sagen wir, daß eine untrennbare Quantenverkettung des gesamten Universums die fundamentale Wirklichkeit ist und daß Teilchen, die sich relativ unabhängig voneinander verhalten, nur spezielle und zufallsbedingte Formen innerhalb dieses Ganzen sind.«[17]

Werner Heisenberg machte bei der Beschreibung des Atoms den Versuch, sowohl auf das Modell der physikalischen Teilchen als auch auf das der Wellenmuster zu verzichten. Er beschrieb die Energieebene oder die Elektronenumlaufbahnen einfach anhand von Zahlen. Aber obwohl seine Arbeit 1932 mit dem Nobelpreis für Physik ausgezeichnet wurde, gelang es seiner Theorie der Matrizenmechanik nicht, den Vorrang vor den graphischen Beschreibungen zu erlangen.

Zu Beginn dieses Kapitels machte ich eine Anspielung auf das ursprüngliche Symbol der Astrologie, den Kreis mit dem Punkt in der Mitte. Wissenschaftler neigten immer dazu, die Welt von außen, vom Kreis her zu betrachten. Und das ist völlig legitim, denn die Wissenschaft beschäftigt sich mit der materiellen Welt.

Da sie nun keine greifbare Basis für die Welt finden konnten, folgerten diese Wissenschaftler daraus, daß die Welt eine Illusion sei, und versuchten, die Physik mit der Mystik auf die gleiche Stufe zu stellen. Zwischen der Sehweite des Mystikers und der des Physikers besteht jedoch ein wesentlicher Unterschied.

Der Physiker glaubt nur an die greifbare Wirklichkeit, und wenn er entdeckt, daß die Basis der Materie ohne Substanz ist, glaubt er, daß die Welt nicht existiert. Der Mystiker hingegen glaubt, daß das Unfaßbare alles ist. Beide suchen sie nach der Leere, doch für den Wissenschaftler ist sie das Ende, für den Mystiker der Anfang.

Wieder andere erkennen zwar an, daß es in der subatomaren Welt Gesetze gibt, die anders sind als die der Alltagsebene, doch sie machen keinen Versuch, die beiden Welten auszugleichen oder zu integrieren. So leben sie in einem Zustand der Gespaltenheit, in dem das Zentrum stets von der Peripherie getrennt bleibt. Sie gehen an der grundlegenden Wahrheit vorbei, daß die Welt nämlich aus beiden Ebenen besteht.

Wie gefährlich es ist, wenn der Astrologe seine Ansichten auf die des Wissenschaftlers gründet, sollte jetzt klar sein. Wenn Astrologen dieselben Vermutungen anstellen wie Wissenschaftler, dann werden sie unvermeidlich in dieselbe Sackgasse geraten. Dies bedeutet nicht, daß die Wissenschaft an sich in Zweifel gezogen werden soll. Was die Wissenschaftler mit ihrer Arbeit und durch ihre Entdeckungen geleistet haben, ist ebenso faszinierend wie notwendig. Und nur die Wissenschaft kann es ermöglichen, das Fundament aller physikalischen Erscheinungen zu entdecken.

Die Wissenschaft entstand ursprünglich, weil man ihre Methoden brauchte. Sie werden noch immer gebraucht. Doch werden sie nicht isoliert gebraucht, sondern in Verbindung mit einem umfassenderen Verständnis, und es ist falsch zu denken, daß die Wissenschaft auf objektiven Tatsachen basiert. Dazu meinte Karl Popper in *The logic of scientific discovery*: »Wissenschaftliche Entdeckungen sind unmöglich ohne den Glauben an Vorstellungen rein spekulativer und manchmal sogar nebelhafter Natur; ein Glaube, der aus der Sicht der Wissenschaft völlig ungerechtferigt und in diesem Umfang ›metaphysisch‹ ist.«

Kapitel 3

Himmel und Erde – Die Welt des Magiers

Himmel und Erde werden vergehen, aber meine Worte werden nicht vergehen. Markus 13.31

Im vorhergehenden Kapitel haben wir die Welt mit den Augen des Wissenschaftlers betrachtet. In diesem Kapitel werden wir sie mit den Augen des Magiers oder Okkultisten betrachten. Weg von der Oberfläche nähern wir uns nun mehr dem Zentrum, und vom Zentrum können wir das, was als Oberfläche erschien, auf neue Weise sehen.

Niels Bohr definierte die Wirklichkeit als alles, was gewogen oder gemessen werden kann. Damit schnitt er sich vom Zentrum und von der Hälfte der Wirklichkeit ab. Wie wir gesehen haben, wurde diese Ansicht von vielen seiner Wissenschaftskollegen nicht geteilt, denn sie erkannten, daß sie sich in Zusammenhang mit einer Art ganzheitlichen Wirklichkeitssicht zu definieren hatten. Der Wissenschaftler als Beobachter einer objektiven Welt war tot. Statt dessen war er zu einem wesentlichen Bestandteil des Universums geworden und hatte an ihm teil.

Die Wissenschaftler haben inzwischen erkannt, daß die Materie vom Geist beeinflußt wird. Den Magiern war schon immer klar, daß Materie Geist ist. Himmel und Erde sind nur zwei Aspekte derselben Welt. Nur weil unser Geist auf bestimmte Weise erzogen ist, sehen wir die beiden getrennt voneinander.

Der Astrologe befindet sich daher in einer einzigartigen Lage, denn er – und fast nur er – kann beide Welten sehen – getrennt und dennoch vereint. Um jedoch beide zu erkennen, muß der Astrologe selbst lernen, sowohl als Wissenschaftler als auch als Magier zu sehen. Er muß die Modelle beider als Grundlage seiner Kunst verwenden.

Die spirituelle Welt

Wahr sind die Träume der Götter, sanft verbringen sie ihre Freuden in einem langen, unsterblichen Traum. John Keats

Klären wir zunächst einmal, was wir unter spirituellen Welten verstehen. Der Bequemlichkeit halber habe ich bisher von zwei Welten gesprochen – der materiellen und der spirituellen. Diese Einteilung ist jedoch nicht vollständig, denn die spirituelle Ebene sollte wirklich nur auf einen Teil dessen beschränkt werden, was hinter dem Materiellen liegt.

Die Welten des Magiers sind vier an der Zahl – die materielle, die astrale, die höhere mentale und die spirituelle – in dieser Reihenfolge von der Erde zum Himmel aufsteigend. Diese vier Welten sind voneinander getrennt, so wie die subatomare Welt von der stofflichen Welt getrennt ist, und ebenso sind auf die verschiedenen Ebenen unterschiedliche Gesetze anwendbar.

Ebenso wie die subatomare und die stoffliche Welt bilden sie jedoch ein und dieselbe Schöpfung. Es ist nicht einfach, die drei Ebenen gleichzeitig zu betrachten, denn man hat uns beigebracht, nur dreidimensional zu sehen. Nichtsdestotrotz existieren die vier Ebenen nebeneinander, so wie ein Tisch gleichzeitig ein materieller Gegenstand ist und eine unendliche Anzahl miteinander in Beziehung stehender Teilchen, die sich auf eine andere Ebene hin fortsetzen.

Die Ebene, mit der wir am leichtesten in Kontakt sind, ist die physikalische Welt. Ebenso wie die Welt der Materie – wie wir sie kennen – schließt diese Ebene auch die ätherische Welt mit ein. Das Ätherische stellte ein Spiegelbild des Physischen auf einer subtileren Ebene dar. Alle lebenden Organismen besitzen einen ätherischen Körper, der wie eine leuchtende Umhüllung mit einer bestimmten Frequenz pulsiert, die das Energiefeld des Organismus darstellt.

Okkultisten nennen die Ätherkörper auch Aura. Da sie den physischen Körper reflektiert, können Geistheiler sie auch zur Diagnose von Krankheiten benutzen. Dr. Harold Saxton Burr von der »Yale Iniversity School of Medicine« nannte diese elektrodynamischen Felder, die die Struktur der Lebewesen zu organisieren scheinen, »L-Felder«. Diese »L-Felder« stellen den Entwurf des Organismus dar. Während die jeweilige Materie sich verändert, erhalten sie das grundlegende Muster aufrecht. So enthält jeder Teil des L-Feldes den gesamten Plan des Organismus. Wenn sich die Zellen im Embryo teilen, wird sich deshalb jede Hälfte in einen vollständig gebildeten Organismus entwickeln.

Da die ätherische Welt um so vieles subtiler ist als die physische, wird sie oft fälschlicherweise mit der Astralebene in Verbindung gebracht. Oft werden die Begriffe »Astralreisen« und »Astralkörper« auf das bezogen, was in Wirklichkeit Ätherreise und Ätherkörper sind.

Bei der Ätherreise wird das Spiegel-Bild vom physischen Körper getrennt und das Bewußtsein auf den Ätherkörper übertragen. Es ist diese Form, in die wir, ohne es zu wissen, beim Träumen schlüpfen. Diese Entität ist auch der »Geist«, der manchmal übrigbleibt, wenn der physische Körper stirbt.

Der Ätherkörper kann mit unseren normalen fünf Sinnen wie auch mit dem »sechsten Sinn« als Atmosphäre wahrgenommen werden, aber gewöhnlich muß jemand sehr fein eingestellte Sinne haben, um ihn zu sehen. Die ätherische Ebene insgesamt kann man sich als ein Kraftnetz vorstellen, dessen Grundstruktur die physische Welt, so wie wir sie kennen, zusammenhält, oder wie ein riesiges Spinnennetz, das das Universum durchzieht, für diejenigen, deren Sehvermögen nicht geschärft ist, jedoch unsichtbar ist.

Die nächste Ebene ist die Astralwelt. Dies ist die Ebene der Vorstellungen, auf der sich der Großteil magischer Arbeit vollzieht, und sie ist ein Teil der Welt des Geistes, welche recht verschieden von der physischen Welt ist. Beim Betrachten von Abbildung 3 auf Seite 53 können wir die Mentalebene sehen, die aus dem Astralen und höheren Mentalen besteht, die ihrerseits zwischen dem Spirituellen und Physischen vermitteln.

Die Trennungslinie zwischen dem Physischen und dem Astralen ist das, was sich die Materialisten als Trennung zwischen Wirklichkeit und Phantasie vorstellen. Was natürlich davon abhängt, wie man Wirklichkeit definiert. Folgt man der Definition von Niels Bohr, nach der nur das, was wieg- und meßbar ist, Wirklichkeit besitzt, dann muß man die Astralebene ausschließen.

Die Astralebene ist das, was die Menschen durch ihre Gedanken aufbauen – seien diese bewußt oder unbewußt. Denn jeder Gedanke, der vom menschlichen Geist ausgeht, prägt sich im Astralen ein und wird in die Akasha-Chronik aufgenommen. Die meisten dieser Gedanken sind so schwach, daß ihre Wirkung unbedeutend ist. Manche sind so mächtig, daß sie große Kräfte auf den Plan rufen. Auf diese Weise sind die Götterbilder geformt und von Gruppenseelen genährt worden, und so wurde die Macht der Planetenenergien geschaffen. Jeder kann eine persönliche Astralform erschaffen, indem er seine kreative Energie benutzt.

Diese Form wird zum Astralkörper, der eine Widerspiegelung der Wünsche des einzelnen darstellt. Deshalb wurde er auch Wunschkörper genannt. Der Unterschied zwischen Ätherkörper und Astralleib läßt sich jetzt ohne weiteres erkennen. Der Astralleib kann bewußt oder unbewußt jede Gestalt annehmen, die der Mensch will, wohingegen der Ätherkörper immer seiner physischen Form ähneln wird.

Da auf die Astralebene Gedanken projiziert werden, sind bestimmte Orte von Stimmungen durchdrungen, die der Imaginationskraft entsprechen, die jeweils am Werk ist. Wo Männer und Frauen über längere Zeit religiöse Praktiken abgehalten haben, ist die Atmosphäre besonders stark. Die Aura des Ortes wird durch die Verehrung eines ganz bestimmten Gottes, den der Geist dieser Menschen evoziert hat, immer weiter aufrechterhalten. »Wo zwei oder drei in meinem Namen versammelt sind, bin ich mitten unter ihnen.«[1]

Normalerweise bewegt sich der Astralkörper nur auf der Astralebene, der geübte Okkultist jedoch kann ihn auf der materiellen Ebene manifestieren, ebenso wie die Götter auf der physischen Ebene sichtbar gemacht werden können. In diesem Fall muß es für den astralen oder den Gott-Körper einen Vermittler geben. Gedanken sind dann wirklich, obwohl sie nicht materiell sind. Gedanke ist Energie, und durch die psychokinetische Forschung und das Geistheilen ist mehr und mehr bewiesen worden, daß die Verbindung zwischen Geist und Materie nicht länger ignoriert werden kann.

Die höhere Mentalwelt ist zusammen mit der Astralebene Teil der Ebene des Geistes. Die Rolle des Geistes ist auf dieser Ebene jedoch anders als auf der Astralebene, denn der höhere Geist ist mehr mit dem östlichen Denken verwandt und sucht eine direkte Verbindung zum Spirituellen in Form von Mystik und Meditation, während das Astrale sich auf Imagination und kreatives Denken konzentiert und deshalb mehr für die westliche Mentalität geeignet ist.

Schließlich kommen wir zur spirituellen Welt. Dies ist die Ebene der Archetypen, der grundlegenden Prinzipien. Die Welt des Absoluten, die Welt Gottes. Während dieser Inkarnation ist

Abbildung 3: Die vier Existenzebenen

es nicht möglich, mit dieser Ebene direkt in Verbindung zu treten. Das Höchste, was wir erreichen können, ist das Astrale oder das höhere Mentale. Die beiden Mentalebenen sind fernerhin die Seelenebenen, die vom Mond beherrscht werden, und sie befinden sich auf halbem Wege zwischen Himmel und Erde.

Wir müssen die Seelenebene hinter uns lassen, um zu Höherem zu gelangen. Während wir auf der Erde sind, können wir uns dem Spirituellen nur über einen Mittler nähern, denn niemand kann das Antlitz Gottes sehen und leben. »Ich bin der Weg, die Wahrheit und das Leben: niemand kommt zum Vater denn durch mich.«[2] Es ist deshalb wichtig, die Seele nicht mit dem Geist zu verwechseln. Das Astrale sollte das Spirituelle reflektieren, so wie der Mond die Sonne reflektiert.

Meister Eckehart drückt es folgendermaßen aus:

> »Die Meister sagen, daß, um etwas wissen zu können, es mir vollkommen gegenwärtig und wie mein eigenes Verstehen sein muß. Die Heiligen sagen, die Potentialität ist im Vater, die Gestalt im Sohn und die Einheit im Heiligen Geist. Da deshalb der Vater völlig gegenwärtig ist im Sohn und der Sohn ihm völlig gleicht, kennt niemand den Vater außer dem Sohn.«[3]

Das Prinzip arbeitet auf beiderlei Art. Statt Gott oder unsere spirituelle Natur zu reflektieren, können wir nur die Reflektion unseres eigenen Geistes sehen und halten das dann irrtümlicherweise für Gott. Das ist es, was mit so vielen Fanatikern und Fundamentalisten geschieht, die glauben, daß sie Gott sehen, während sie in Wirklichkeit nur die Inflation ihres eigenen Egos sehen.

Wenn der Wahrsager, sei er Astrologe, Tarotleger oder Ritualmagier, in die Zukunft zu blicken versucht, so ist das, womit er in Verbindung tritt, die Astral- oder höhere Mentalebe und nicht die spirituelle Ebene. Daß es nicht gelingt, diesen essentiellen Punkt zu erkennen, ist die Ursache dafür, daß gegenüber dem Phänomen der Weissagung eine weitverbreitete Ohnmacht herrscht. Wir werden dies Problem ausführlich in Kapitel 5 behandeln.

Das Modell des Magiers – die Kabbala

Wer überwindet, dem will ich zu essen geben von dem Baum des Lebens, das im Paradies Gottes ist. Offenbarung 2.7[4]

So wie die Wissenschaft Modelle benutzt, tut das auch die Magie. Obwohl ihre Modelle anders eingesetzt werden, ist deren Zweck derselbe. Er liegt darin, die Wirklichkeit hinter den äußeren Erscheinungen zu erkennen. Die Wissenschaft benutzt ihre Modelle, indem sie den bewußten Geist einschaltet. Die Modelle sind Zeichen und werden dazu benutzt, schneller mit dem Intellekt in Verbindung zu kommen als durch schriftliche Erklärungen.

Die Magie benutzt ihre Modelle, um zum Unbewußten vorzustoßen. Sie verwendet Symbole, die eine tiefere Bedeutung als die wissenschaftlichen Zeichen haben und nicht allein durch rationale Analyse verstanden werden können. Sie sind auch viel verständnisvoller als wissenschaftliche Modelle. Das Urmodell westlicher Magie, die Kabbala, ist ein Modell der Wirklichkeit als einem Ganzen, des gesamten Universums auf jeder Ebene.

Weil die Kabbala ein universelles symbolisches System ist, ist sie ideal für den westlichen Geist. In den vergangenen Jahren hat man sich im Westen mehr und mehr östliches Gedankengut angeeignet. Viele Einsichten wurden auf diesem Weg gewonnen. In ihrer Funktionsweise sind westlicher und östlicher Geist jedoch grundlegend verschieden.

Die Wirklichkeit hinter beiden ist dieselbe. Die Götter der westlichen Pantheons finden Entsprechungen im Osten. Die großen universalen Wahrheiten der Mythologie sind überall in der Welt dieselben. Lediglich die Methoden variieren. Der östliche Geist bevorzugt den Weg der direkten Vereinigung und neigt zu Abstraktion. Im Westen ist man mehr auf materielle Formen eingestellt und arbeitet besser mit sichtbaren Symbolen und Riten. Deshalb ist für den Magier des Westens die Astralebene geeigneter, während für den Osten der Zugang von der höheren Mentalebene geeigneter scheint. Selbstverständlich ist weder die Astral- noch die höhere Mentalebene in irgendeiner Weise besser oder »höher« als die andere. Wo ein horizontales Modell benutzt wird, ist es unvermeidlich, daß das eine höher als das andere situiert ist. Um dies noch einmal zu veranschaulichen, habe ich in Abbildung 3 auf Seite 53 die beiden Ebenen parallel zueinander dargestellt.

Das Grundmodell im System der Kabbala ist der Baum des Lebens. In der Schöpfungsgeschichte wird von Adam und Eva berichtet, dem ersten menschlichen Paar, daß sie vom Baume der Erkenntnis von Gut und Böse aßen. Dadurch, daß es stets um diesen einen Baum geht, ist meist übersehen worden, daß es noch einen anderen Baum in dem Garten gab. »Und aus der Erde schuf Gott der Herr jeden Baum, der die Augen erfreut und Nahrung bietet, sowie den Baum des Lebens in der Mitte des Gartens und den Baum der Erkenntnis von Gut und Böse.«[5]

Nachdem Adam und Eva die Frucht eines Baumes genossen hatten, sorgte der Herr dafür, daß sie nicht in der Lage sein würden, die des anderen zu versuchen.

> Und Gott der Herr sprach: Siehe, Adam ist geworden wie unsereiner und weiß, was gut und böse ist. Nun aber, daß er nicht ausstrecke seine Hand und breche auch von dem Baum des Lebens und esse und lebe ewiglich! Da wies ihn Gott der Herr aus dem Garten Eden. 1. Mose 3.22

David Conway hat den Baum des Lebens »eine mystische Vision der letzten Wirklichkeit hinter der Welt der Formen«[7] genannt. Er besteht aus einer Reihe von Emanationen, aus zehn Prinzipien, die zusammen die vier Welten des Okkultisten darstellen, die ich im letzten Abschnitt beschrieben habe. Diese zehn Prinzipien heißen Sephiroth und werden von Zahlen dargestellt, die den hebräischen Buchstaben entsprechen.

Es gibt zwei Prinzipien, die hier wirksam werden. Zunächst die Sephirot selbst, die bestimmte Arten von Energie darstellen, recht ähnlich den Planetenkräften in der Astrologie. Zweitens gibt es die vier Ebenen, die in jedem Sephirot in Kraft treten. Jedes Sephira ist also auf den vier Ebenen tätig, die wir im letzten Abschnitt beschrieben haben.

So enthält jedes Sephira auf seiner höchsten Ebene die Welt von Atziluth, die spirituelle Ebene, die göttliche oder archetypische Welt der Emanationen. Dann Briah, die höhere mentale oder schöpferische Welt. Dann Yetzirah, die der Astralebene entspricht oder der Welt der Bilderkräfte. Schließlich ist Assiah erreicht, die physische Ebene oder die Welt der Tat.

Die vier Welten sind in jedem Prinzip wirksam. Um ein Beispiel zu geben: Als dieses Buch entstand, gab es erst die ursprüngliche Saat, die Idee auf der Atziluth-Ebene. Dann kam das Ausarbeiten der schöpferischen Idee in der Vorstellung, dann die Gestaltung in Struktur und Form und schließlich das vollendete, veröffentlichte Buch.

Die Sephirot selbst sollten sowohl als getrennte Prinzipien als auch in Verbindung zueinander gesehen werden. Der Baum des Lebens ist der ideale Mensch, Adam Kadmon oder irgend etwas anderes in seinem idealen Aspekt – das Universum oder Gott. Er ist die Grundstruktur oder das Grundmodell des Lebens, und jede Form von Existenz wird nach seinem Vorbild aufgebaut.

Man kann mit dem Baum arbeiten, indem man oben oder unten anfängt, ebenso wie man beim Betrachten des menschlichen Körpers beim Kopf oder den Füßen anfangen kann. Schließlich lernen wir, den Körper als ein Ganzes zu sehen, genauso wie den Baum. Während der Körper dabei durch Knochen, Muskeln und Gewebe zusammengehalten wird, ist der Baum durch seine jeweiligen Bahnen mit jedem seiner Teile verbunden.

Die Kombination von Getrenntheit und Ganzheit läßt sich am leichtesten erkennen, wenn man die Prinzipien auf ihrer elementarsten Ebene betrachtet, nämlich als Zahlen. Jede Zahl hat ihre eigene Bedeutung, wobei die niedrigeren Zahlen auch in den höheren enthalten sind. So hat die Zwei eine Bedeutung als Zwei, enthält aber auch die Eins und deren Bedeutung. So wird der Baum immer vielfältiger, je weiter man ihn nach unten verfolgt. Bei der Zehn angekommen, haben wir die höchste Komplexität erreicht, alle vorhergehenden Zahlen sind in ihr enthalten.

Die Beziehung zwischen den Prinzipien kann leichter visualisiert werden, da sich ein jedes auf einem der drei Pfeiler befindet und durch eine der 22 Bahnen miteinander verbunden ist. Diese Bahnen entsprechen den Hauptarkanen des Tarot, wie in Abbildung 4 auf Seite 59 zu sehen ist. Genaugenommen gibt es nur zwei Pfeiler, den linken und den rechten. Sie formen die Welt der Dualität, wie wir sie kennen, und stellen die gegensätzlichen Kräfte von positiv und negativ, männlich und weiblich, yang und yin, zerstörerisch und aufbauend dar. Der Mittelpfeiler stellt das Gleichgewicht zwischen beiden her beziehungsweise stellte das Prinzip des Ausgleichs dar.

Ein eigenes Buch wäre nötig, um die Prinzipien der Kabbala im einzelnen zu beschreiben, und viele ausgezeichnete Bücher sind zu diesem Thema bereits erschienen. Ich werde hier kurz die grundlegende Bedeutung der Sephirot und deren astrologische Entsprechung umreißen.

Das erste Sephira ist Kether, die Krone; es hat die Zahl Eins. Es ist das Absolute, die Gottheit und hat keine astrologischen Entsprechungen. Hinter diesem Sephira steht jedoch ein anderes Prinzip. Ehe etwas da sein kann, muß nichts da sein. Hierin ist das gesamte Problem der materiellen Schöpfung und physischen Wirklichkeit enthalten. Wie ist dies Nicht-Ding, das wir Nichts nennen, beschaffen? Ist es tatsächlich nichts oder ist es etwas?

Die Wissenschaft hat keine Antwort auf diese lebenswichtige Frage. Da die Wissenschaft der Ansicht ist, daß die Welt eine greifbare Basis hat, kann sie nicht weiter zurück als bis zur Zahl Eins gehen. Hinter dieser Zahl hört die materielle Existenz, so wie wir sie kennen, auf. Der Wissenschaftler ist dann vor die Wahl gestellt, die materielle Welt entweder als Illusion zu verwerfen oder sich an die greifbaren Erscheinungen zu klammern.

Der Okkultist und der Mystiker wissen jedoch, daß hinter der Manifestation das Unmanifestierte ist. Hinter dem Schleier der Existenz, vertreten durch die Zahl Eins, ist die Leere, dargestellt durch die Null. Diese Ebene, die weit davon entfernt ist, nichts zu sein, teilt der Kabbalist in drei Abschnitte. Ain, Dunkelheit, Ain Soph, unbegrenztes Licht und schließlich Ain Soph Aur, begrenztes Licht. »Alle Dinge werden aus dem Nichts erschaffen«, sagte Meister Eckehart. »Deshalb ist ihre wahre Quelle das Nichts.«[8]

Kether befindet sich am obersten Punkt des Zentralpfeilers und bildet die Spitze des gesamten Baums. Hier herrscht Einheit, Ewigkeit, Vollkommenheit. Der ruhende Punkt in der Mitte der wirbelnden Welt. Wenn Gott, das Absolute, sich selbst ansieht, wenn Er über Seine Vollkommenheit nachdenkt, wird das Prinzip der Dualität geboren, und die Vollkommenheit selbst hat ein Ende. Das Universum, so wie wir es kennen, ist entstanden. Gegensätze und Paradoxe sind geschaffen. Das zweite Sephira, Hochma, wird mit dem Rad der Tierkreiszeichen in Verbindung gebracht oder der Sphäre der Fixsterne. Um noch einmal David Conway zu zitieren: »Durch das Universum hindurch nimmt sich Gott selbst wahr.« Enlil hatte den Berg in zwei Teile geschnitten.

Bina, das dritte Sephira, entspricht Saturn, der Großen Mutter des Universums, und Ama, der Mutter der Sorgen. Es steht an der Spitze des linken Pfeilers, so wie Hochma an der Spitze des rechten. Diese ersten drei Sephirot bilden das obere Dreieck, die Basis des Geistes. Gott beherrscht die Welt mit Christus zu seiner Rechten und Satan zu seiner Linken. Diese Sphäre kann nur erreicht werden, wenn der Abgrund des unsichtbaren Sephira namens Daath überquert wird.

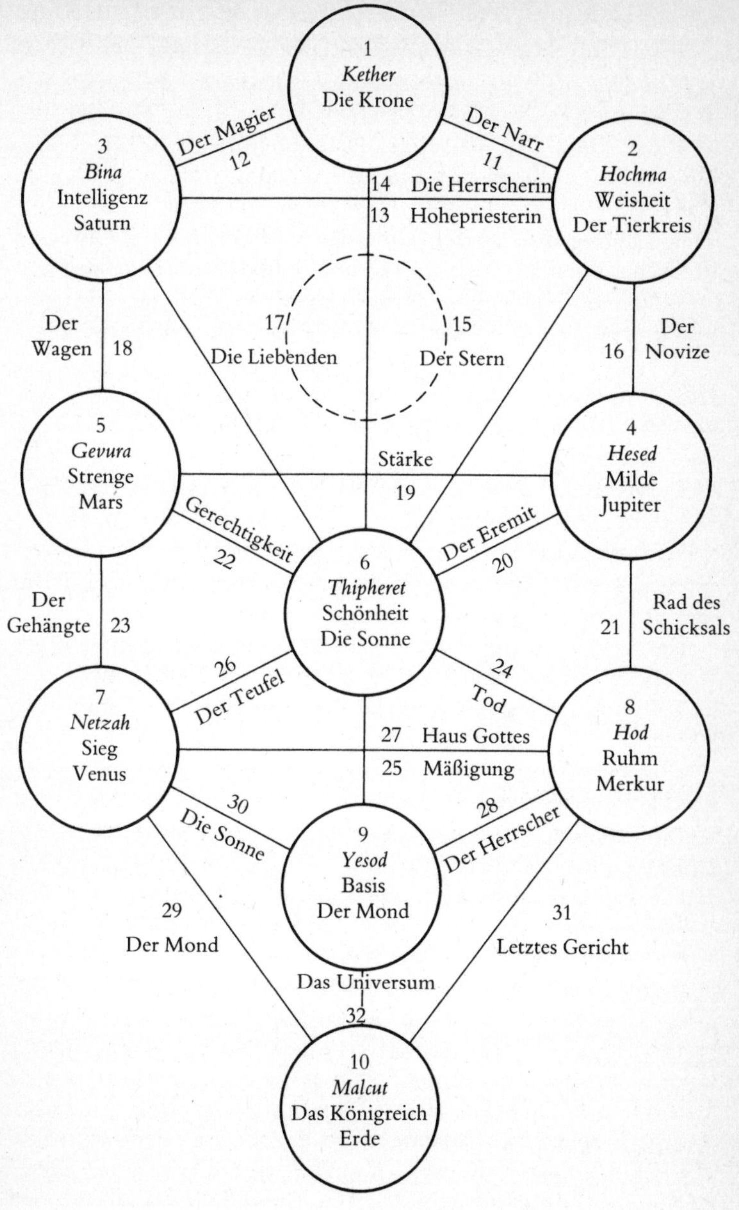

Abbildung 4: Der Baum des Lebens mit den Sephiroth und den großen Arkanen des Tarot auf den Bahnen.

Chesed, das Jupiter entspricht, ist das nächste Sephira und befindet sich unterhalb von Hochma auf dem Pfeiler des Erbarmens. Ihm gegenüber befindet sich als Gegengewicht Gevura, die Kraft, die von Mars ausgeht. Das sechste Sephira, Tipheret, die Sonne, ist das Zentrum des gesamten Baumes und befindet sich in der Mitte des Hauptpfeilers. Zwischen Kether und Yesod stellt es das Bindeglied dar zwischen Geist und Seele.

Die Sonne ist auch der Sohn, der Mittler zwischen Gott und Mensch. »Niemand ist zum Himmel emporgestiegen denn der, welcher vom Himmel herabkam, der Menschensohn selbst, der im Himmel ist.«[9] Und weil wir die geistige Welt nicht direkt erreichen können, brauchen wir den Sohn, um den Vater zu sehen. »Ihr werdet mich suchen, und ihr werdet mich nicht finden, und wo ich weile, dorthin könnt ihr nicht gelangen.«[10]

Das siebte Sephira ist Netzah. Es entspricht Venus und steht Hod, Merkur, gegenüber, dem praktischen oder niederen Geist. Mit dem neunten Sephira, Yesod, dem Mond auf dem Hauptpfeiler, wird das Dreieck gebildet, das der Astralebene entspricht. Diese drei Prinzipien sind es, die besonders wichtig sind, wenn man es mit magischen Techniken zu tun hat.

Das letzte Sephira, Malcut, stellte die Erde, die physische Welt, dar und bildet auf natürliche Weise die Basis des Baumes. Da es zu keinem astrologischen Faktor direkt in Beziehung steht – es sei denn, man zieht den Tageskreis in Betracht – dient es dazu, uns daran zu erinnern, daß die physische Ebene sehr stark ein Teil der Wirklichkeit insgesamt ist. Müssen wir doch beim Betrachten der spirituellen Ebene und anderer Zwischenebenen die Beine stets fest auf der Erde haben.

Durch diesen kurzen Überblick sollte klar geworden sein, daß Astrologie und Kabbala eng miteinander verknüpft sind. Sie sind zwei Aspekte desselben Systems und sollten benutzt werden, um einander zu ergänzen. Anhand des Baumes können wir den Universalmenschen erkennen, im Horoskop das Individuum. Wollen wir beispielsweise das Mars-Prinzip erkennen, müssen wir Gevura am Baum betrachten – als Prinzip an sich und auch in Verbindung zu den anderen Sephirot, die alle irgendeinem astrologischen Faktor entsprechen.

Nachdem wir dann Mars als allgemeines Attribut in Zusammenhang mit der Psyche insgesamt verstanden haben, können wir das Horoskop zur Hand nehmen und sehen, wie sich dieses Prinzip auf individueller Ebene manifestieren wird, ähnlich dem

Arzt, der den menschlichen Körper erst einmal rein anatomisch kennen muß, ehe er einen Patienten untersuchen kann.

Geist – das fehlende Glied

Wir haben die Erde betrachtet und den Himmel. Der Wissenschaftler sagt, daß Wirklichkeit nur auf der materiellen Ebene existiert. Die spirituelle Welt ist nicht wirklich. Entweder existiert sie übehaupt nicht, oder sie existiert nur in der Vorstellung, was auf dasselbe hinausläuft.

Der Mystiker nimmt den entgegengesetzten Standpunkt ein – für ihn ist die physische Welt unwirklich. Sie ist Maya, Illusion. Die wirkliche Welt ist die des Geistes. Wir sind nicht unser Körper, nicht einmal unser Geist. Wir können durch Meditieren von unserem Körper und unserem diesseitsbezogenen Geist wegkommen. Dann, wenn wir unsere spirituelle Ebene erreichen, erfahren wir die echte Wirklichkeit.

Der Magier bezieht beide Ebenen mit ein. In seinem Daseinsmodell sind sowohl Körper als auch Geist als wesentliche Bestandteile ein und derselben Wirklichkeit enthalten. Wenn wir uns die erste Karte der Hauptarkane des Tarot ansehen, die Zahl Eins, sehen wir den Magier, wie er mit der einen Hand zum Himmel zeigt, mit der anderen zur Erde. Der Magier ist Merkur und symbolisiert den Geist, und aus seinem Geist erschafft er die Welt. Er steht in der Mitte des magischen Kreises, dem Mittelpunkt des Horoskops, und ersinnt die Peripherie der materiellen Existenz. In gewissem Sinne ist unsere Welt eine Illusion, sie ist Maya. Ihr Bestehen hängt von uns ab, und sie verändert sich in jedem Augenblick. Sie ist die Projektion unseres Geistes.

In einem anderen Sinn ist die Welt, in der wir leben, wirklich. So sehr sie sich verändert, bleibt sie doch immer unsere Welt. Der Magier ist auch der Magus, der Weise, der kam, um das Jesuskind anzubeten. Wie die Zahl Eins ist er Gott, das Absolute. Wie Dion Fortune geschrieben hat: »Das Universum ist eigentlich ein Gedankengebilde, das der Geist Gottes projiziert hat.«[11]

Die Vorstellung von der Welt als einer Manifestation des Geistes Gottes durch das gesprochene Wort kommt in den meisten alten Mythologien häufig vor, denn die Macht des Magiers ist das Wort. »Am Anfang war das Wort, und das Wort war bei Gott, und Gott war das Wort.«[12]

Nach Auffassung der alten Ägypter wurde die Welt von einer dynamischen Macht geschaffen, die Hike hieß oder Magie, auch Thota benannt, Ausdruck für ihren obersten Gott Thot, der dem Merkur entsprach. Nach angelsächsischem Glauben waren die Götter selbst durch die Macht des Wyrd gefesselt, in dem zugleich die Macht des Wortes und der Magie enthalten war. Dies Prinzip, welches dem Schicksal oder der Notwendigkeit entspricht, wurde von den Nornen bestimmt.

Für den Magier ist sowohl der Himmel als auch die Erde Wirklichkeit. Sie sind beide nur zwei Aspekte derselben Essenz. Das Problem, dem der Wissenschaftler gegenübersteht, ist, daß er, indem er die physische Ebene als allein wirklich anerkennt, nicht verstehen kann, welche Auswirkungen sie auf der darunterliegenden Ebene hat, die er selbst durch die Quantenmechanik erreicht hat. In der Quantenphysik kann man die Auswirkungen der Produktion virtueller Teilchen sehen. Feste Teilchen entstehen aus der Leere zwischen den Teilchen und verschwinden dann wieder in die Leere. Dinge, materielle Dinge, werden so offensichtlich aus dem Nichts erschaffen. Es sollte den Wissenschaftlern nun klar sein, so wie es den Okkultisten immer klar gewesen ist, daß es so etwas wie das Nichts nicht gibt.

Es gibt nur das Manifestierte und das Unmanifestierte – das Ain Soph und Kether. Die physische Wirklichkeit wird nicht aus dem Nichts erschaffen. Sie ist ein Teil dessen, was wir als Nichts bezeichnen. Aber dieses »Nichts« ist so wirklich wie die Materie, die aus ihm auftaucht. Im Osten nennt man es »ch'i« – die potentielle Energie, aus der alles gebildet wird.

So ist die Schöpfung auf der materiellen Ebene die Aktualisierung des Potentials, welche im »ch'i« oder Ain Soph enthalten ist. Die archetypische Ebene, die Essenz, der Geist oder die Saat auf der Atziluth-Ebene materialisieren sich durch die Stadien der Manifestation in das Assiah oder die materielle Ebene.

Die Macht des Geists zu entwerten, bedeutet, die Wirklichkeit nicht sehen zu wollen. Alles, was auf der materiellen Ebene existiert, begann sein Dasein auf der mentalen Ebene. Hinter der Tat steht die Idee. Die Visionen von Napoleon, Hitler oder Lawrence von Arabien waren ursprünglich in deren Geist vorhanden. Die Gedanken des Sohnes eines Dorfschreiners in einer unbekannten Gegend des Vorderen Orients veränderten das Antlitz der Welt.

In Indien gehen Fakire auf glühenden Kohlen, deren Oberflächentemperatur mehr als 800° Celsius beträgt, die Innentemperatur mehr als 2400° Celsius. Yogis sitzen in Winternächten nackt in den Bergen und trocknen in Eiswasser getränkte Tücher allein mit Hilfe der Hitze, die sie durch ihre geistigen Übungen erzeugen.

Sowohl der Okkultist als auch der Wissenschaftler benutzt seinen Geist – allerdings auf verschiedene Weise. Der Wissenschaftler setzt die Fähigkeiten seines Verstandes ein, der Okkultist arbeitet mit seinem Unterbewußtsein. Allmählich werden sich jedoch auch die Wissenschaftler der tieferen Ebenen ihres Geistes bewußt. Wie Max Planck sagte: »Wissenschaft ... bedeutet unaufhörliches Bemühen und kontinuierlichen Fortschritt auf ein Ziel hin, das die Intuition des Dichters erfassen mag, der Intellekt jedoch nie voll begreifen kann.«[13]

Der Magier sieht das Universum als eine Vielzahl von Linien, die einander kreuzen und ein großes Muster formen, das einem gigantischen Spinnennetz gleicht. Die vier Ebenen, die spirituelle, schöpferische, formgebende und materielle, koexistieren innerhalb dieses Gewebes, und der Magier transponiert eine auf die andere.

Wenn er in seinem Ätherkörper reist, benutzt er die Kräfte, die im Äther existieren. Wenn er in seinem Astralkörper reist, benutzt er seine kreative Imagination, die Macht seines Geistes. Er erschafft jedoch nichts aus dem Nichts. Um etwas zu erschaffen, eine Idee oder ein Wesen, setzt er sich mit der höchsten Ebene in Verbindung – der Ebene von Atziluth, der archetypischen Essenz.

In bezug auf die menschliche Psyche entspricht die Astralebene dem kollektiven Unterbewußtsein, um Jungs Terminologie zu benutzen, und die spirituelle Ebene den Archetypen. Heutzutage haben die Psychologen viel von der Arbeit des Magiers übernommen. Der Unterschied liegt darin, daß der Magier die verschiedenen Faktoren in Form von Göttern personifiziert hat, wobei er zum Beispiel das Prinzip der Anmaßung und Wut als Mars bezeichnet und das der Struktur und Isolation als Saturn. Wie Israel Regardie schrieb:

> »Magie beschäftigt sich hauptsächlich mit der Welt der modernen Psychologie, das heißt mit dem Bereich der Psyche, dessen wir uns normalerweise nicht bewußt sind, der jedoch einen gewaltigen Einfluß auf unser Leben ausübt. Magie ist eine Reihe psychologischer Techniken, die dazu bestimmt sind, uns zu helfen, tiefer in uns einzudringen.«[14]

Der Magier erschafft eine Form, indem er sich mit der Atziluth-Ebene in Verbindung setzt und auf der Astralebene arbeitet.

Dann bringt er die Form entweder auf die materielle Ebene, oder er läßt sie mit den geistigen Prozessen derer in Verbindung treten, die ihm nachfolgen und das gleiche Verfahren benutzen. So sind aus dem kollektiven Unterbewußtsein durch telesmatische Bilder die Formen der Tierkreiszeichen und die Planeten auf Konstellationen am Himmel projiziert worden. All diese sind mit einer Kollektivkraft erfüllt, die es anderen möglich macht, mit ihrer Essenz in Berührung zu kommen.

Die symbolische Vereinigung – Der Astrologe als Magier

Eine Kenntnis der Götter geht Hand in Hand mit einer Kenntnis unserer selbst. Iamblichus

So wie die materielle und die spirituelle Ebene durch den Geist vereint sind, werden Wissenschaft und Magie in der Astrologie vereint. Das Dilemma, in dem sich die Astrologie heute befindet, ist, daß sie entweder die Wissenschaft oder das Okkulte als ihre Basis zu wählen hat. Dieses Problem löst sich von allein, sobald man erkennt, daß Wissenschaftler wie auch Okkultisten im Grunde genau dieselbe Welt betrachten und nur eine unterschiedliche Terminologie benutzen.

Unsere Welt ist im wahrsten Sinne des Wortes eine magische Welt. Die Wissenschaft von einst betrachtete nur die Peripherie, die Welt der klassischen Physik die materielle Ebene. Heute ist die Wissenschaft durch das Erscheinen der Quantenphysik auch zum Zentrum gelangt, dem ruhenden Punkt, wo das Dasein zu einem Tanz der Energie wird.

Daß einige der progressiveren Wissenschaftler jetzt beginnen anzuerkennen, daß die Welt, die sie sehen, dieselbe ist, die auch von anderen Disziplinen erforscht wird, geht aus Feststellungen wie folgender hervor: »Es besteht ein tiefer, grundlegender Zusammenhang zwischen den Bereichen der Physik, der Mathematik, der Philosophie – einschließlich der Metaphysik, Epistemologie und Ethik – und denen der Astrologie, Kunst, Religion, Psychologie, Mythologie und Sprache.«[15]

Was das jeweilige Schema angeht, so unterscheiden sich Wissenschaft und Astrologie. Die Welt, die ihre Modelle jedoch beschreiben, ist dieselbe. Der Zugang zu dieser Wirklichkeit ist unterschiedlich, denn Wissenschaft und Magie benutzen den Geist auf unterschiedliche Weise. Die Wissenschaft verläßt sich in ihren Erklärungen hauptsächlich auf die rationalen Fähigkeiten, die Magie setzt die Intution ein, um zu verstehen.

Auch hier versucht der Astrologe, die Wirklichkeit als ein Ganzes zu sehen, indem er nämlich seine rationalen und intuitiven Fähigkeiten gleichzeitig einsetzt. Dies ist bei weitem keine einfache Aufgabe, aber sie ist notwendig, wenn wir sowohl die spirituelle als auch die materielle Ebene erklären und erfahren wollen, denn beide Ebenen sind in uns enthalten.

Wir sind aus dem Geist geformt, aber in der Welt. Um ganzheitliche Menschen zu sein, müssen wir auf beiden Ebenen gleichzeitig leben. Wenn wir in unserer Mitte ruhen, sind wir auch mit unserer spirituellen Natur in Verbindung. Dann sind wir im Tao, in einem Zustand der Gnade, und müssen nur auf die feine Stimme in unserer Mitte hören, um alle Dinge zu erkennen. Dann verbinden sich Wissenschaft, Magie und Astrologie zu dem einen Ganzen, das sie sind, und werden in ihren Erklärungen verständlich. Dann können wir auch Innen und Außen gleichzeitig erfahren. Mit den Worten von Gareth Knight ist »Magie ... die konkrete, wissenschaftliche Erfahrung einer inneren Natur«.[16] Die vier Ebenen, die wir beschrieben haben, müssen erfahren werden, ansonsten erscheinen sie uns als voneinander getrennte physische Orte und nicht als das, was sie sind, nämlich koexistierende Seinszustände. Deshalb werden Symbole benutzt, denn Symbole stellen eine graphische Beschreibung dar, die uns hilft, mit unserer Intuition den hinter den äußeren Formen liegenden Sinn zu erkennen.

Beginnen wir mit der Erklärung. Wir haben gesehen, daß vom Standpunkt des Wissenschaftlers die Wirklichkeit auf subatomarer Ebene aus elektrischen Wellen besteht, welche Teil des elektromagnetischen Spektrums sind. Diese Wellen unterliegen bestimmten Quantenzahlen. Wir haben hier ein riesiges Wellenmuster vor uns, das das Universum durchstrahlt und durchdringt. Jede Welle breitet sich dabei zur nächsten hin aus. Diese Wellen reisen alle mit derselben Geschwindigkeit, 300 000 km/sec, und ihre Frequenz verändert sich je nachdem, wieviel Energie sie enthalten.

Auch die Welt des Okkultisten ist nach einem Kräftemuster aufgebaut. Diese Kräfte sind mit Straßenbahnschienen zu vergleichen und bauen sowohl die ätherische als auch die astrale Ebene auf. Damit es zu einer Manifestation kommt, muß das kondensierte Unterbewußtsein in einen der Kanäle gelangen, der mit einer spezifischen Zahl zusammenhängt. Dies ist der Fall, wenn der Wissenschaftler die subatomaren Teilchen sehen kann und wenn der Magier eine Kraft zur Manifestation bringt.

Jedes Ding und jedes Element in der Natur hat eine bestimmte Schwingungsfrequenz, und die Kunst des Magiers besteht darin, sich auf diese bestimmte Schwingung mit Hilfe des richtigen Klanges oder Mantras einzustellen. Die Anwendung dieser Klangschwingung ist es, durch die das Wort entstand, das ursprünglich die Welt erschuf. So, wie ein Ton Glas zum Zerspringen bringen kann und eine Violine Muster im Sand erzeugen kann, so benutzt der Magier seine Kraft, um die plastische Substanz des Astrallichts oder Akasha in verschiedene Formen und Gestalten einfließen zu lassen. Dion Fortune schrieb: »Die Kunst des Magiers besteht darin, sich nach der kosmischen Kraft auszurichten, damit das, was er realisieren will, als ein Teil des Wirkens der kosmischen Kräfte stattfindet.«[17]

Auf der subatomaren Ebene gibt es Materie, so wie wir sie kennen, nicht mehr. Weil man sie nicht mehr sehen oder berühren kann, leugnen viele Wissenschaftler ihre Existenz. Ob man sie als »wirklich« betrachtet oder nicht, die Natur auf der Quantenebene entspricht der Astralebene und dem Unterbewußtsein. Auch sie ist eher ein Zustand als ein physischer Ort.

Wir können die innere Welt nicht direkt erkennen. Manchmal erahnen wir etwas von ihr, aber je älter wir werden und je mehr wir unsere Unschuld verlieren, desto mehr kommt uns auch die Einfachheit des Blickes abhanden. Wenn auch einige Mystiker und Dichter sie sich erhalten haben. Wie der heilige Paulus sagte: »Als ich ein Kind war, verstand ich als ein Kind; als ich jedoch zum Mann wurde, fiel alles Kindliche von mir ab. Jetzt sehen wir nur wie durch ein trübes Glas, einst jedoch werden wir von Angesicht zu Angesicht sehen: Jetzt weiß ich nur bruchstückhaft, doch einst werde ich wissen, ebenso, wie ich gewußt werde.«[18]

Weil wir nicht direkt in die inneren Welten Einblick haben können, brauchen wir irgendeine bildhafte Darstellung. Der reine Geist, der Archetyp, ist für unseren Geist unzugänglich. Deshalb erschaffen wir eine emotional aufgeladene Darstellung in Form eines Symbols, so daß wir zu der abstrakten Quelle zurückgeführt werden und der begrenzte Geist sich mit dem Unendlichen vereinigt. So enthüllt das Symbol die innere Bedeutung, indem es das Abstrakte in Form eines Bildes in eine konkrete Gestalt bringt.

Es ist egal, welches Symbol wir benutzen, solange es für uns

Bedeutung hat. Natürlich werden verschiedene Symbole verschiedene Temperamente ansprechen. Ein Symbol ist auf das Innere gerichtet, wie die Sprache. Wie bei der Sprache, ist der Sinn von Bedeutung, nicht ob man sich in Französisch, Deutsch oder Ungarisch ausdrückt. Wie Jung sagte: »Ob man das Prinzip der Existenz ›Gott‹, ›Materie‹, ›Energie‹ oder sonstwie nennt, man hat dadurch nichts erschaffen, sondern lediglich das Symbol verändert.«

Aus diesem Grund glaubten die Alten, daß die Götter die Konstellationen waren. Die Planeten waren ihnen Führer und Interpreten dieser Götter. So sind Symbole die Sprache der Mythologie, der Magie, ebenso wie der Psychologie und der Wissenschaft, denn die materielle Welt ist ebensosehr ein Symbol wie die offensichtlicheren Formen des Kreuzes und Horoskops. »Man könnte sagen, daß der Archetyp als solcher konzentrierte psychische Energie ist«, schreibt Whitmont. »Aber«, so weiter, »daß das Symbol die Art der Manifestation liefert, durch welche der Archetyp erkennbar wird.«[19]

Ein Hauptgrund dafür, daß die Wirklichkeit nicht verstanden wird, liegt darin, daß die Menschen nur ihren Verstand benutzen. Aus diesem Grund gelingt es den Wissenschaftlern nicht, den Sinn des Universums zu erkennen. Da sie nicht anerkennen, daß die Materie ein Symbol ist, stellen sie die falschen Fragen und können keine Antwort finden.

Dies ist auch der Grund, warum es vielen Astrologen nicht gelingt, den tieferen Sinn hinter einem Horoskop zu erkennen. Auch sie benutzen ihren Verstand, und ihr theoretisches, rationales Wissen verwendet das Bild als einen Ersatz für die wirkliche Erfahrung. Die Bilder sollten spontan aus dem Unterbewußtsein auftauchen, denn nur dort ist ihr Sinngehalt zu finden.

Dies ist eine wahre Falle für den Astrologen. Die Symbole, die in der Astrologie benutzt werden, sind eine Tür, um zum Unterbewußtsein, zur inneren Welt zu gelangen. Sie stammen aus der Mythologie und besitzen eine gewaltige Kraft, denn ihre Bilder sind von Generationen von Geistern über Jahrtausende hinweg telesmatisch aufgebaut worden. Für sich selbst gesehen bedeuten die Symbole nichts. Es ist die Kraft, die hinter ihnen steckt, welche zählt. Auch sind sie nicht notwendig. Der Mystiker erreicht die Vereinigung mit Gott auf direktere Weise über die höhere Mentalebene. Er beschreitet den Weg der Mitte statt den Serpentinenpfad. Der östliche Geist zieht auch den direkten Pfad der Meditation vor. Wenn man vorhat, Symbole zu benutzen – und sie entsprechen dem westlichen Geist eher –, so müssen sie richtig benutzt werden.

Wie Oswald Wirth schrieb: »Ihrer Natur nach müssen die Symbole flexibel, unbestimmt und vieldeutig bleiben, ganz so wie ein Orakelspruch. Ihre Rolle besteht darin, Geheimnisse zu enthüllen und dem Geist dabei all seine Freiheit zu lassen.« Der Astrologe benutzt dieselben Symbole wie der Magier, und tatsächlich sind beide ein Teil desselben Systems.

Mit den Worten von Dion Fortune:

> »Lebensbaum, Astrologie und Tarot stellen nicht drei mystische Systeme dar, sondern sind drei Aspekte ein und desselben Systems. Keiner ist ohne die anderen zu verstehen. Nur wenn wir Astrologie auf der Grundlage des Baumes studieren, haben wir ein philosophisches System.«[20]

Im Geburtshoroskop können wir die Kräfte sehen, die in einem Individuum wirken. Wir können etwa sehen, wie bei einem Menschen Mars in Funktion treten wird und wie er sich zu den anderen Energien verhält, die in diesem Menschen wirksam sind. Wir können sagen, ob diese Kraft in diesem Menschen potentiell frustriert ist, und wenn ja, warum und wie. Wir können die Methode erkennen, die am besten geeignet ist, diese Kraft zu nutzen. Dies ist die essentielle Diagnose des Wesens eines Menschen. Astrologie ist für den Menschen eine unschätzbare Hilfe, sich selbst zu verstehen.

Aber es gibt zwei Dinge, die die Astrologie allein nicht vermag, und hier wird sie von Kabbala und Tarot ergänzt. Der Lebensbaum zeigt uns, wie das Marsprinzip als eine Kraft in völlig natürlicher Verbindung mit den anderen Kräften des Baumes wirksam ist. So macht er es uns möglich, die Energie, die von Mars symbolisiert wird, als einen wesentlichen Bestandteil der ganzen Person zu verstehen. Im Geburtshoroskop hingegen sind die Faktoren gezwungenermaßen getrennt, da wir es mit einem Einzelwesen zu tun haben.

Ein Problem, mit dem der Astrologe ständig konfrontiert wird, besteht darin, zu sagen, auf welcher Ebene eine Planetenkraft sich manifestieren wird. Wie wir gesehen haben, kann ein Uranus-Transit sich auf der physischen Ebene als Autounfall manifestieren oder auf mentaler Ebene als ein Interesse an Alchemie.

Das nächste, was man durch Magie erreichen kann, ist zu wissen, wie man mit den spezifischen Problemen, die im Horoskop eines Menschen vorgezeichnet sind, umgehen kann. Das Ziel der Magie ist, zu den Göttern vorzustoßen und in Berührung mit dem Unterbewußtsein zu gelangen. Indem die Götter durch Magie evoziert werden, wird das Unterbewußtsein stimuliert.

Um noch eimal Dion Fortune zu zitieren: »Zeremonielle und vor allem telesmatische Magie ist die wesentliche Ergänzung der Astrologie. Denn Astrologie ist die Diagnose des Problems, wohingegen Magie dessen Behandlung ist, mit Hilfe derer die widerstreitenden Kräfte in uns ins Gleichgewicht gebracht werden.«[21] Indem wir mit der Kraft, die Mars oder Gevura darstellen, in Verbindung kommen, können wir seine Wut in Stärke umwandeln, seine Angst in Kraft – wenn das Problem in dieser Richtung liegt.

Indem wir jedes Prinzip oder jede Sephira in Zusammenhang mit den anderen Sephirot betrachten, kann dieser Heilungsprozeß als Teil eines Gesamtwerkes erreicht werden. Gevura oder Mars werden nicht länger isoliert betrachtet, sondern in Verbindung zu ihrer Gegenkraft, Chesed oder Jupiter. Während wir anhand der Aspekte des Geburtshoroskops sehen können, wie die Planeten miteinander in Beziehung stehen, können wir die natürlichen Aspekte zwischen diesen Kräften in den 22 Pfaden der Hauptarkane des Tarot erkennen, die die zehn Sephirot miteinander verbinden. So stellt die Kabbala das innere Selbst dar, wohingegen das Geburtshoroskop die äußere Person und ihre Umgebung darstellt.

Kapitel 4

Das Geheimnis der Zeit

Und der Engel, den ich sah stehen auf dem Meer und auf der Erde, hob seine Hand auf gen Himmel und schwur bei dem Lebendigen von Ewigkeit zu Ewigkeit, der den Himmel geschaffen hat und was darin ist, und das Meer und was darin ist, daß hinfort keine Zeit mehr sein soll; sondern in den Tagen der Stimme des siebenten Engels, wenn er posaunen wird, soll vollendet werden das Geheimnis Gottes. Offenbarung 10.5

Michael Shallis, ein Astrophysiker, schrieb am Schluß eines vor kurzem erschienen Buches über die Zeit: »Physikalisch ist die Zeit immer noch nicht erklärt.«[1] Wissenschaftler können sich vielleicht darüber hinwegsetzen, daß es ihnen nicht gelingt, die Zeit zu verstehen. Astrologen können es nicht. Denn genau die Zeit ist die Basis der Astrologie. Die Ausgangsprämisse der Astrologie ist, daß die Stellung der Himmelskörper *zu einem bestimmen Zeitmoment* in wechselseitiger Beziehung zu Ereignissen auf der Erde ist. Die Tatsache, daß die Planeten genau zu *dieser Zeit* eine Konstellation bilden, ist die Grundlage der astrologischen Theorie. Versuchen wir also, das Geheimnis der Zeit zu ergründen. Beginnen wir damit herauszufinden, wieviel über dieses Phänomen überhaupt bekannt ist. Ein Problem mit der Zeit ist, daß sie, solange wir nicht über sie nachdenken, sehr einfach erscheint. Dann allerdings wird alles so kompliziert, daß wir aufgeben. Wir sind versucht, Charles Lamb recht zu geben, wenn er sagt: »Nichts beunruhigt mich mehr als Raum und Zeit: Und dennoch beunruhigt mich nichts weniger, denn ich denke nie darüber nach.«

Das andere Problem ist, daß wir offenbar mit zwei verschiedenen Arten von Zeit zu tun haben. Zeit, wie wir sie uns instinktiv vorstellen, scheint konstant zu sein. Wir leben unser Leben von einem Tag auf den anderen und von einem Jahr auf das andere, und wir können diese Zeit mit großer Genauigkeit nachmessen. Auf diese Weise haben die Wissenschaftler in der Vergangenheit die Zeit wahrgenommen. Es gibt jedoch auch die Zeit des Mystikers, des Künstlers und des Dichters. Eine Zeit, die ewig ist, die mehr einem Seinszustand gleicht als einer kontinuierlichen Bewegung.

Gibt es also zwei Arten von Zeit? Und wenn, wie stehen sie miteinander in Beziehung? Wie wir wissen, vertritt dieses Buch die These, daß die physische und die spirituelle Ebene ein und dieselbe sind, und daß im Horoskop symbolhaft der Schnittpunkt zwischen Zeit und Ewigkeit dargestellt ist. Das Horoskop ist im wahrsten Sinne des Wortes ein Zeitmoment, und dies Zeitmoment beschreibt zwei Dinge: die physische Struktur des Universums in ebendiesem Augenblick und das Leben eines menschlichen Wesens oder einer anderen Kreatur während der Gesamtheit ihrer jeweiligen Existenz.

Astrologie ist das Mittel, die physikalische und die spirituelle Zeit miteinander zu versöhnen. In der Symbolik des Horoskops können wir die Vereinigung beider erkennen. Wir sehen Zeit als ein Ganzes. Wir sehen, daß die Zeit, obwohl sie unter zwei Aspekten erscheint, in einem einheitlichen Ganzen enthalten ist. Um die beiden Aspekte miteinander in Einklang zu bringen, werden wir die Zeit nun zunächst einmal vom Standpunkt des Wissenschaftlers aus betrachten und anschließend von dem des Mystikers.

Zeit in der physischen Welt

Absolute, wahre und mathematische Zeit fließt aus sich selbst und ihrer eigenen Natur gleichmäßig und ohne Verbindung zu irgend etwas Äußerem. Isaac Newton

Zur Zeit Newtons, ehe die Wissenschaft kompliziert wurde und das Universum noch eine riesige Maschine war, gab es kein Problem, was das Verständnis der Zeit betraf. Die Zeit war linear. Sie hatte einen Anfang, eine Mitte und ein Ende. Es gab Vergangenheit, Gegenwart und Zukunft. Der wichtigste Aspekt der Zeit war ihre Gleichförmigkeit. Sie war die eine Konstante in der Natur. Sie bewegte sich immer mit derselben Geschwindigkeit.

Diese stark vereinfachte Sicht des Universums wurde von Einstein umgestürzt. Das Konzept von der Zeit als einer Konstante mußte fallengelassen werden, und Raum und Zeit waren von nun an untrennbar miteinander verbunden. Ebenso wie der

Raum unbeständig war und der Schwerkraft unterlag, war es sein Begleiter, die Zeit. Nach Einstein war die oberste Grenze der zeitlichen Beschleunigung die Lichtgeschwindigkeit.

Es ist sicherlich hilfreich, Raum und Zeit als dasselbe zu betrachten und die beiden somit gleichzusetzen. Wenn wir den Lauf der Planeten um die Sonne betrachten, können wir ein und dasselbe Phänomen entweder räumlich oder zeitlich betrachten. Nehmen wir den Lauf der Sonne, wie wir ihn über ein Jahr hinweg beobachten können, dargestellt in Abbildung 5 auf Seite 73.

Wenn wir beim Frühlingsäquinoktium beginnen, können wir sehen, wie die Sonne am Anfang des Widderzeichens steht und nach und nach einen Tag braucht, um einen Grad der Ekliptik auf ihrem jährlichen Pfad um die Erde zurückzulegen. Wir können diesen Umlauf auch anders sehen. Statt die Sonne in Beziehung zur Zeit zu beobachten, wobei sie jeden Tag einen Grad auf der Ekliptik zurücklegt, können wir den gleichen Weg im Raum sehen. Wir sehen dann, wie die Sonne vom Widder zum Stier alle Tierkreiszeichen durchläuft.

Die Analogie zwischen Raum und Zeit kann jedoch auch zu weit führen. Raum-Zeit kann einigermaßen als Einheit gesehen werden. In der Praxis jedoch fassen die Wissenschaftler ihr Modell so auf, daß sie die Zeit dem Raum als eine vierte Dimension hinzufügen. Oberflächlich gesehen scheint das recht verlockend. Was jedoch passiert tatsächlich? In Wirklichkeit ist dies überhaupt kein vierdimensionales Modell; es ist von großem Schaden, dies so zu sehen, auch wenn es an der Oberfläche so erscheint. So wie Wissenschaftler das Raum-Zeit-Phänomen sehen, handelt es sich tatsächlich nicht um ein wirkliches Ganzes. Vielmehr wird die Zeit zu dem bereits existierenden Konzept des Raumes als einem linearen Phänomen hinzugefügt. So wird die Zeit, statt eine Einheit mit dem Raum zu bilden, lediglich zu einer dürftigen Beziehung und nicht zu einem gleichberechtigten Partner.

Wenn wir das Modell daraufhin untersuchen, was tatsächlich vorhanden ist, entdecken wir, daß wir anstelle eines vierdimensionalen Modells ein dreidimensionales haben, in dem Raum und Zeit kombiniert sind, und dies ist etwas ganz anderes. Zuallererst müssen wir also das Konzept von Raum und Zeit zu einer Einheit bringen. Dann, und erst dann, können wir eine neue Dimension, tatsächlich eine fünfte Dimension, dem ganzen Bild hinzufügen. Nur auf diese Weise werden wir Raum und Zeit als eine Einheit sehen.

In der Quantenphysik waren die Physiker verlockend nahe

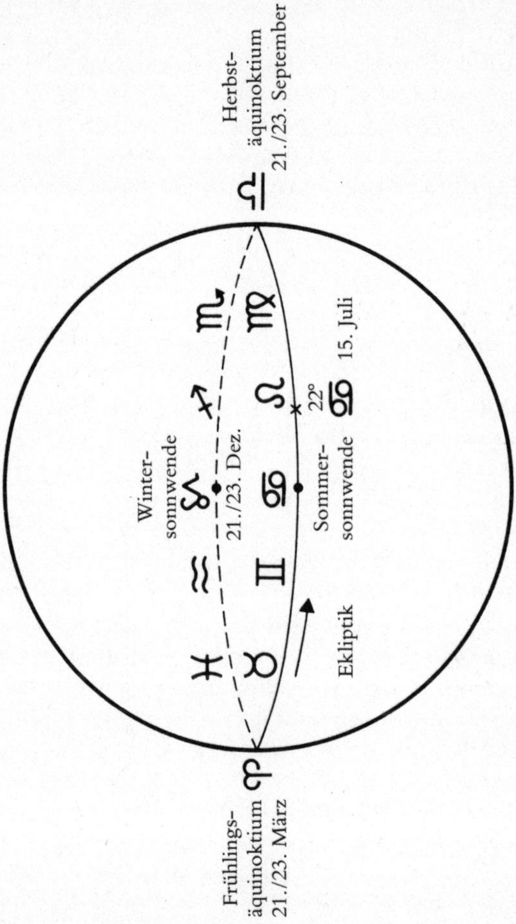

Abbildung 5: Die jährliche Bahn der Sonne durch Raum und Zeit, von der Erde aus gesehen.

daran, dies Prinzip zu erfassen. Oberflächlich gesehen scheint das Konzept einer Ganzheit anerkannt. Bei näherer Untersuchung jedoch löst es sich auf. Es gibt zwei Gründe dafür. Einerseits liegt es daran, daß die Wissenschaftler oder einige der progressiveren unter ihnen zwar dabei sind, das Ganze wie auch die Teile zu sehen, man aber dennoch die Beziehung zwischen ihnen immer noch nicht völlig versteht. Das Ganze und die Teile werden tatsächlich getrennt voneinander gesehen, und so liegt dem wissenschaftlichen Verstehen immer noch das Ausgangskonzept der Getrenntheit zugrunde und untergräbt es. Andererseits bleibt bei allem Streben nach Einheit der Glaube an die Kausalität bestehen, welcher seinerseits auf der Trennung zwischen Beobachter und Beobachtetem basiert.

Louis de Broglie hat festgestellt:

> »Im Raum-Zeit-Kontinuum ist alles, was für uns Vergangenheit, Gegenwart und Zukunft darstellt, eine Einheit ... jeder Beobachter entdeckt beim Vergehen der Zeit neue Teile des Raum-Zeit-Kontinuums, welche ihm als aufeinanderfolgende Aspekte der materiellen Welt erscheinen, obwohl in Wirklichkeit sämtliche Ereignisse in Raum und Zeit existieren, bevor er davon weiß.«[2]

Bringt uns das nun der Entdeckung der Zeit und ihrer Bedeutung näher? Helfen uns diese wissenschaftlichen Standpunkte? Es scheint mir, daß es Wissenschaftlern ganz allgemein nicht gelungen ist, das Wesen der Zeit zu entdecken, weil sie zwei Systeme verwechseln. Sie sehen, daß die Zeit wie ein Meßgerät zu funktionieren scheint, daß sie ihre gesamte Bedeutung durch Ereignisse bekommt, daß sie nur die Beziehung verschiedener Ereignisse untereinander beschreibt. Daß wir deshalb Zeit erschaffen, ebenso wie wir Materie und Raum erschaffen und sie deshalb ein mentales Konstrukt ist. Nicht die Zeit selbst nehmen wir wahr, sondern vielmehr das, was in ihr geschieht. Die Wissenschaftler können sehen, daß auf einer Ebene, der subatomaren, der Quantenebene, die Zeit wie Raum und Materie ein Ganzes ist. Gleichzeitig, wenn sie sie tatsächlich betrachten, sehen sie nur die Teile. Obwohl sie von Zeit als von einer Einheit sprechen, ist die Sprache, die sie benutzen, die der Kausalität, der Trennung. Und dies ist gewiß das fundamentale Mißverständnis, auf das ich so oft in diesem Buch bereits hingewiesen habe. Die Teile müssen in Beziehung zum Ganzen gesehen werden. Die Teile existieren.

Sie sind wirklich auf einer Ebene. Das Ganze existiert. Das Ganze ist auf seiner Ebene ebenso wirklich. Und es ist in der anderen Ebene enthalten.

Dies ist das Paradox der Zeit. Es ist ein Ding und gleichzeitig ein anderes. Einer der Gründe dafür, daß Wissenschaftler das nicht erkennen können, ist der, daß sie ihre Ideen auf die materialistischen Annahmen Bertrand Russells gründen – ein Ding kann nicht sein und zugleich nicht sein. Ich sagte, wenn sie »tatsächlich die Zeit betrachten«. Hier liegt der Schlüssel zum Dilemma. Die Art, wie die Wissenschaftler die Zeit betrachten, ist falsch. Um die Zeit so zu sehen, wie sie ist, müssen wir unsere Wahrnehmung verändern, wir müssen lernen, auf eine neue Weise zu sehen, eine Weise, die tatsächlich fünfdimensional ist.

Wir können das Paradox erkennen, wenn wir sowohl in der Wissenschaft als auch in der Astrologie einige der grundlegenden Probleme betrachten, die mit der Zeit zusammenhängen. Wenn wir in der Astrologie ein Horoskop betrachten, betrachten wir einen Moment in der Zeit, welcher die Zeit als ein Ganzes beschreibt. Dies Zeitmoment, der Zeitpunkt der Geburt, enthält die gesamte Zeit. Was wir verstehen müssen, ist die Beziehung zwischen diesem einen Augenblick und der gesamten Zeit.

»Ein Augenblick« existiert nicht allein. Er ist ein mentales Gebilde, ein Symbol. Veränderung ist die physikalische Wirklichkeit, Zeit eine Begriffseinheit. Wir sollten jeden Teil, jeden Moment der Zeit, das Horoskop, als Ganzes sehen. Denn jeder Teil enthält das Ganze. Er ist unser ganz persönliches Fenster, von dem aus wir die Ewigkeit erblicken. Die Ewigkeit ruht im Ganzen. Wir erschaffen Raum und Zeit. Wie wir das Universum sehen wollen, hängt von uns ab. Wir können die Teile sehen oder das Ganze. Wir können in den Photonen des Lichts die Zeit in Bewegung sehen. Oder die Ewigkeit in der Ruhe, der Strahlung, der immer wiederkehrenden Wellen.

Die Symbolik der Zeit

Der Tanz im Innern der Adern
Das Kreisen der Lymphe
Spiegeln sich im Lauf der Sterne wider. T. S. Eliot

Daß es zwei Arten gibt, die Zeit zu sehen, sollte jetzt klar sein. Der Mystiker, der Dichter und der Künstler sehen die Zeit als eine Einheit. Als Seiendes oder Ewigkeit. Der Wissenschaftler und der Materialist sehen Zeit linear, getrennt, als Teil ihrer dualistischen Sicht der Welt. Leider ist unsere Sprache zu begrenzt, um den Unterschied zwischen den beiden richtig auszudrücken. Die Griechen jedoch hatten für die »zeitlose Zeit« oder Ewigkeit einen Ausdruck: Kairos, dessen Gegenpart, die weltliche Zeit, Kronos genannt wurde.

Im Gegensatz zu dem, was sich zunächst annehmen ließe, ist die Antwort auf die Zeit nicht, daß es zwei Arten von Zeit gibt, sondern daß es zwei Arten gibt, die Zeit zu betrachten, und daß beide, Kairos und Kronos, gleichzeitig existieren. Das eine ist im anderen enthalten. Die Wissenschaftler können das zeitlose Element der Zeit nicht entdecken. Nicht jedoch, weil sie es nicht sehen, sondern weil es ihnen nicht gelingt, es zu erkennen, wie sie es sehen.

Die Sehweise des Wissenschaftlers und die des Mystikers sind beide in ihrem Rahmen richtig. Sie beschreiben beide einen Aspekt der Zeit. Um jedoch den Sinn der Zeit zu entdecken, müssen die beiden kombiniert werden. Die Antwort, die wir bekommen, hängt von der Frage ab, die wir stellen. Was fragen wir hinsichtlich der Zeit? Der Wissenschaftler will wissen, was Zeit ist. Er will aber nicht wissen, was die Bedeutung der Zeit ist. Deshalb kann er sich nicht beklagen, wenn er herausfindet, daß die Zeit keine Bedeutung hat. Der entgegengesetzte Standpunkt jedoch, daß die Zeit, so wie wir sie kennen, nicht wirklich ist, und daß die einzige Wirklichkeit die Ewigkeit ist, bringt ebenso viele Schwierigkeiten mit sich. Dies ist besonders gefährlich für den Astrologen, denn die Zeit ist das Fundament für den Astrologen. Und das bedeutet Zeit sowohl auf materieller als auch auf »spiritueller« Ebene. Der Astrologe muß sich natürlich des Ewigen, des göttlichen Funkens innerhalb seiner selbst bewußt sein. Dies ist die Wirklichkeit auf der spirituellen Ebene. Weil das Spirituelle wirklich ist, bedeutet es jedoch nicht, daß die physische Welt, in der wir leben, unwirklich ist.

Darauf zu bestehen, daß nur das Spirituelle oder nur das Materielle wirklich ist, führt gleichermaßen in die Irre. Natürlich ist es schwierig, die beiden zu versöhnen, aber genau das ist es, was die Menschheit in unserer Zeit braucht. Und genau das ist die Aufgabe, die der Astrologe erfüllen muß, um der Menschheit zu helfen. Meister Eckehart sagte: »Ein Meister spricht: ›Derjenige, dessen Sein und Tun in Ewigkeit eins sind und derjenige, dessen Sein und Tun in der Zeit eins sind, sind niemals in Übereinstimmung, sie kommen nie zusammen.‹«[3] Der Astrologe jedoch ist weder allein Mystiker noch Wissenschaftler. In der Astrologie sind sowohl Wissenschaft als auch Kunst in einem durch Symbole verstehbaren System enthalten. In der Astrologie können und müssen die beiden zusammenkommen.

Können wir also die beiden miteinander in Einklang bringen? Wie können wir ganz sein, wie können wir auf eine Art sehen, die das Ewige oder Göttliche mit einbezieht und dabei dennoch in einer Welt weiterleben, die der Zeit und der Materie unterworfen ist? Die Antwort ist zunächst einmal, daß sowohl das Ewige als auch das Zeitliche in uns selbst enthalten sind. Um beide zu erkennen, müssen wir mit den beiden bereits in uns vorhandenen Ebenen in Berührung sein.

Um noch einmal Meister Eckehart zu zitieren: »Die Seele ist geschaffen gleich einem Punkt zwischen Zeit und Ewigkeit, der beide berührt. Mit ihren höheren Kräften berührt sie die Ewigkeit, mit den niedereren die Zeit.«[4] Wenn wir nach der Bedeutung der Zeit suchen, so werden wir sie in der symbolischen Natur der Zeit finden. Wie Michael Shallis schrieb: »Das Paradox der Astrologie ist gelöst, sobald die gesamte Zeit als symbolisch erkannt wird.«[5]

In der symbolischen oder mythologischen Zeit treffen sich Ewigkeit und irdische Zeit. »Mythologische Zeit«, sagt Emma Brunner-Trant, »ist nicht die wissenschaftliche Zeit. Sie erlaubt dem Zeitlosen hindurchzuscheinen. Es ist die Beziehung zur Zeit, die den mythisch orientierten und den historischen Geist voneinander trennt . . . Derjenige, der nur mißt und kalkuliert, findet keinen Zugang zu dem, was nicht von der gängigen Raum-Zeit-Vorstellung erfaßt werden kann, denn das mythische Verstehen hat nichts mit der bekannten Ordnung zu tun, sondern paßt sich dem an, was aus sich selbst heraus sowohl Frage als auch Antwort schafft, enthält und darstellt.«[6]

Wenn wir aufhören, darüber nachzudenken, ist es klar, daß es keinen objektiven Unterschied zwischen den zwei Arten von

Zeit geben kann. Wir können nur in der Gegenwart leben. Der Unterschied liegt lediglich darin, aus welcher Sicht wir diese Gegenwart betrachten. Wie T. S. Eliot geschrieben hat:

Vergangene und künftige Zeit
Das, was gewesen sein könnte, und das, was war,
Haben ein und dasselbe Ziel, die Gegenwart.

Wir können jedoch diesen gegenwärtigen Augenblick auf zweierlei Art sehen, und wir tun es, sogar auf zwei entgegengesetzte Weisen. Wir können die Gegenwart entweder als die einzige Wirklichkeit sehen, als Ewigkeit, oder aber als unwirklich, als Zeit. Die Welt, die wir sehen, wird nie wieder dieselbe sein, jeder Augenblick ist anders, dennoch ist die Gegenwart zeitlos.

Von einem Standpunkt aus können wir nur in der Gegenwart leben, in diesem Augenblick der Zeit, und deshalb leben wir immer in diesem Augenblick, in der Gegenwart. Deshalb ist die Gegenwart ewig. Das ist die Bedeutung von Ewigkeit. In der ewigen Gegenwart leben. Für den Augenblick und im Augenblick leben. Das ist der mystische Weg. Das ist es, was Meister Eckehart meinte, als er schrieb: »Das Jetzt, in dem Gott den ersten Menschen erschuf, und das Jetzt, in dem der letzte Mensch aufhören wird zu sein, und das Jetzt, in dem ich spreche, sind alle gleich in Gott, und es gibt nur ein einziges Jetzt.«[7]

Es ist aber ebenso berechtigt zu sagen, daß es nur die Gegenwart ist, die nicht existiert. Bereits während ich an diesen Augenblick denke, ist er vorüber. Unerbittlich ist er zu einem Teil meiner Vergangenheit geworden. Was ich für die Gegenwart halte, ist die Zukunft. Ich kann den gegenwärtigen Augenblick nicht erfassen. Er ist nichts weiter als eine bequeme und künstliche Trennungslinie zwischen der Wirklichkeit von Vergangenheit und Zukunft.

Das ist die Sicht des Materialisten. Für ihn gibt es nur Geburt und Tod und zwischen diesen beiden Gewißheiten, quasi als Sandwichfüllung, das Leben. Gerade aber deshalb, weil wir versuchen, den gegenwärtigen Augenblick festzuhalten, entweicht er uns. Unser ganzes Leben wird zu einer verzweifelten Anstrengung, die Zeit zu nutzen, aktiv zu sein und uns zu vergewissern, daß kein einziger wertvoller Augenblick verlorengeht. Genau so geht uns die gesamte Zeit verloren, denn es ist die Qualität der Zeit, die ausschlaggebend ist. Einfach und allein deshalb, weil wir existieren, sind wir zwangsläufig in und von der Zeit.

In Kapitel 1 habe ich den Mythos von Anki, dem Berg des Himmels und der Erde erzählt. Als der Berg in zwei Teile geschnitten war, begann die Welt so, wie wir sie kennen, zu existieren. Die Zeit wurde von der Ewigkeit getrennt. Die beiden blieben jedoch weiterhin im Berg enthalten. Wenn wir eins sind, können wir beide sehen, denn beide sind in uns enthalten.

Dieser Mythos ist archetypisch und kommt mit gewissen Variationen in vielen Kulturen vor. Im griechischen Mythos, der schließlich von den Römern übernommen wurde, war Gaia die Erdmutter, welche Uranus gebar, den Himmel. Der Vereinigung von Mutter und Sohn entsprangen sechs männliche und sechs weibliche Kinder, die den zwölf Tierkreiszeichen entsprechen.

Das jüngste männliche Kind war Kronos oder Saturn, der Uranus kastrierte. So zerstörte die Zeit die Ewigkeit, beendete die Ehe zwischen Himmel und Erde und brachte die materielle Welt ins Dasein. Kronos ist der Gott, der insbesondere mit physischer Manifestation in Zusammenhang gebracht wird. Wie wir gesehen haben, stellt er die irdische Zeit dar und die Begrenzung der physischen Welt. Sein Kreuz ist das Kreuz der Materie, welches den Geist durch die vier Ecken des Horoskops an das Rad des Lebens fesselt. Er ist die Erde, ebenso wie Enlil, der gleich seiner griechischen Entsprechung seine Eltern voneinander trennte.

Wir haben gesehen, daß materialistische Kosmologien von einem bestimmten Augenblick der Schöpfung ausgehen. Die esoterischen Richtungen innerhalb der Religionen sehen die Dinge anders. Während die Bibel des orthodoxen Alten Testaments beschreibt, wie Gott die Welt erschafft, wird in der Geheimlehre der Kabbala die Schöpfung als ein allmählicher Emanationsprozeß vom Unmanifestierten zum Manifestierten verstanden. Im Zohar wird die Schöpfung mit einer Seidenraupe verglichen, die aus sich selbst heraus ihr Kokon spinnt. Aus der Leere heraus, die alles Potential in sich enthält, entwickelte sich die Welt, wie wir sie kennen, allmählich aus der Reinheit heraus in eine gröbere Form, bis die materielle Welt ins Dasein gelangte.

In der Lehre des Islam verhält es sich ebenso. Aus der göttlichen Essenz (hadrat al-dhat) entwickelte sich die Gegenwart der Göttlichkeit (hadrat al-uluhiyya), auch bekannt als der universelle Intellekt (al-akl al kullig), was soviel bedeutet wie Gott, der sich seiner selbst bewußt ist. Daraus entsprang dann die Gegenwart der Meisterschaft (hadrat al-rububiyya), in der sich die individuellen Intelligenzen oder Agenten des Göttlichen befanden, diejenigen, die uns als Engel bekannt sind.

Aus diesem Stadium der Existenz entwickelte sich die Seele (barzakh) und schließlich die physische Welt (Mushahada). Anschließend erschien der erste Mensch (al-insan al-awwal) und schließlich der Rest der Menschheit und des Lebens.

Diese Kosmologien enthalten die wesentliche Vorstellung der Koexistenz von Ewigkeit und Zeit, die Einheit von Zeitlosigkeit und Zeit. Jedes ist im anderen enthalten. Die physikalische Zeit kann nicht aus unserer physikalischen Welt verbannt werden. Gestern ist Vergangenheit, heute ist anders als morgen, und jede Zeit hat ihre besondere Qualität. Zugleich aber ist die Welt, war sie und wird sie immer sein, und diese Einheit läßt sich in jedem Augenblick erahnen, denn sie ist in jedem Augenblick enthalten. Dies ist der entscheidende Punkt. Die Ewigkeit ist in jedem einzelnen Augenblick enthalten und kann daher erkannt werden. Die Zeit ist somit die Wahrnehmung der Ewigkeit.

»Ich weiß, daß alles, was Gott tut, für immer sein wird. Das, was war, ist jetzt, und das, was sein soll, war schon. Alles, was vergangen ist, holt sich Gott zurück.«[8] Das ist die mystische Erfahrung der Einheit, die, wenn man sie einmal erlebt hat, einem nie wieder genommen werden kann. »Und es wird keinen Tod mehr geben, keine Sorgen, keine Tränen, keine Pein, denn alles, was war, ist vorbei.«[9]

Wir können uns unseren Standpunkt aussuchen. Wir können uns mit dem Sein vereinigen, der Ganzheit und der Zeit, und darin die Bedeutung der letzteren finden, oder wir können auch nur beobachten, wie sie vorbeirinnt und uns in ihrem Strom dem unentrinnbaren Tod entgegentreibt.

Im Mithra-Kult, der fast anstelle des Christentums zur anerkannten Religion des Römischen Reiches geworden wäre, waren die beiden Arten von Zeit vereinigt. Mitravarunan war zugleich Varuna, der Herr der kosmischen Zyklen, und Mithra, der das Licht der Morgendämmerung hervorbringt. Sonne und Mond waren ein Paar, nicht zwei getrennte Wesen. Sie stellten die syzygy dar, die Vereinigung der Gegensätze, wie die Nasatya oder Ashvins, die Zwillingsreiter.

Die Sonne war der Löwe. Er stellte das ewige Sonnenlicht dar. Ohne Veränderung, fix. Der Mond war die Schlange, der Uroboros, der sich selbst in den Schwanz beißt. Er symbolisierte die rhythmisch kreisende Runde der nie endenden Zeit. Seine Phasen veränderten sich ständig, von Nacht zu Nacht, manchmal verschwand er völlig, manchmal erschien er in voller Glorie wie die Sonne. Stets war er anders, und stets blieb er derselbe.

Das Horoskop stellt graphisch beide Arten von Zeit dar. Im Zentrum enthält es den fixen Kern, den ruhenden Mittelpunkt der Ewigkeit, um den herum der nie endende Kreis der Zeit von Anfang bis in alle Ewigkeit rotiert. Wir sind beides. Während wir auf dieser Erde leben, müssen wir die Peripherie der Ekliptik beschreiten, um welche herum sich die Planeten, Zeichen und Häuser befinden. Aber wir befinden uns auch in der Mitte – wenn wir mit unserem inneren Selbst in Berührung sind. Wenn wir die beiden vereinen, werden Sein und Tun eins, und wir entdecken den Sinn der Zeit und des Lebens.

Das Rad der Zeit

Das Rad der Zeit dreht sich rückwärts oder hält an: Töpferscheibe und Lehm bleiben. Robert Browning

Im allgemeinen beschäftigt sich die Astrologie mit der Bedeutung der Zeit. Insbesondere hat sie mit der Qualität der Zeit zu tun. Jung brachte dies kurz auf einen Nenner:

»Was immer in diesem Augenblick geboren wird, besitzt die Eigenschaften dieses Augenblicks.« Jeder Augenblick stellt ein Muster dar und die Eigenschaften, die in dem Muster zu ebendiesem Augenblick enthalten sind.

Aus diesem Grund unterscheidet sich ein Augenblick vom anderen. Gleichzeitig aber enthält jeder Augenblick die Gesamtheit der Zeit. Jeder Augenblick enthält zugleich Zukunft und Vergangenheit. Wie wir im nächsten Kapitel sehen werden, besteht die Kunst der Voraussage darin, die Zukunft in der Gegenwart zu erkennen.

Der Augenblick der Geburt enthält in seinem Muster ein Bild der Zukunft der Person oder des Ereignisses, welches im Horoskop symbolisiert wird. Was wir für Vergangenheit, Gegenwart und Zukunft halten, ist in Wirklichkeit eine Einheit. Es sind nicht Ereignisse, die getrennt aufeinander folgen, sondern ein Kontinuum.

Dies ist etwas, was eher der Künstler auszudrücken versteht, denn, was auch immer sein Medium ist, seine Erfahrung ist direkter. Das Ziel des Künstlers ist, das Zeitlose, etwas Ewiges, einen Zustand des Seins in einer greifbaren Form, seien es Worte, Malerei oder Musik, auszudrücken. Die Form, symbolisiert durch Saturn oder Kronos, verlegt die subjektive Erfahrung, die sich außerhalb der Zeit befindet, in die Zeit.

Der Komponist Norman Kay hat dies folgendermaßen formuliert:

> »Ich war immer von der Tatsache beeindruckt, daß die Freude an der Musik (für mich) eng verknüpft ist mit dem Gefühl, daß ein großer Komponist die Zeit gemeistert hat. Nicht nur das, er hat zwei Arten von Zeit vereint – einmal den äußeren Bereich (sagen wir, die objektive Zeit), zum anderen eine individuelle (sagen wir psychologische) Zeit. Die erste ist normalerweise festgelegt und hält mich gefangen; die zweite ist mehr mit inneren Wahrnehmungen und Fluktuationen verbunden.«[10]

Der Physiker beschäftigt sich mit der Zeit als einem Teil der physischen Wirklichkeit. Der Mystiker beschäftigt sich mit der subjektiven Erfahrung der Zeit. Der Künstler muß diese subjektive Erfahrung in die Zeit übersetzen, in eine geordnete Struktur, so daß er seine innere Erfahrung anderen anhand von Symbolen mitteilen kann. Auch der Astrologe muß die Ewigkeit, das Ganze, durch den individuellen Augenblick erfahren. Er muß das Ganze symbolisch in den getrennten Teilen erkennen. Ebenso wie die Worte des Dichters und die Noten des Komponisten eine Brücke zwischen Innen und Außen darstellen, so ist der Zeitmoment des Horoskops eine Brücke zwischen zwei Arten von Zeit.

Um die Gesamtheit der Wirklichkeit zu erkennen, müssen wir die subjektive Erfahrung mit einbeziehen. Auch die Wissenschaft hat inzwischen erkannt, daß es keinen wesentlichen Unterschied gibt zwischen dem, was man für das »da draußen« und das »hier drinnen« hielt. Der Beobachter ist wesentlicher Bestandteil der Welt geworden, die er beobachtet. Die wirkliche Welt schließt uns mit ein. Sie ist eine Beziehung zwischen dem, was wir beobachten und uns selbst. Sie ist eine Vereinigung von zwei Ebenen in uns.

Wir können die Materie als voneinander getrennte Teile sehen. Es gibt Bäume, Steine. Ich und Du. Das ist eine Ebene. Wir können jedoch auch tiefer blicken und erfahren. Auf dieser nächsten Stufe hört die Materie auf zu existieren. Es gibt nur noch ein Feld. Alles ist ein Teil von allem, ein Kontinuum.

Die Zeit existiert ebenfalls auf beiden Ebenen. Jeder Augenblick hat eine Bedeutung für sich; jedes Zeitmoment reicht ins ganze Universum hinein und ist mit allem verbunden.

»Ein Zeitmoment ist also mit einem virtuellen Teilchen vergleichbar, das aus dem Vakuum von Raum und Zeit auftaucht und dennoch mit dem gesamten Universum verbunden ist.«[11]

Der Wissenschaftler und der Mystiker betrachten die Zeit auf verschiedene Art. Der Wissenschaftler sieht eine Zeit-Welt, die in einem linearen Raum- und Zeitgefüge gefangen ist. Der Mystiker sieht die Ewigkeit. Beides ist dasselbe. Der einzige Unterschied liegt darin, von wo aus und wie man das Phänomen betrachtet. Die Ewigkeit verkörpert sich in der Zeit. Sie ist nicht von ihr getrennt. Es geht hier lediglich darum, die Zeit auf eine andere Art zu sehen.

Obwohl wir normalerweise die Zeit als etwas Dynamisches empfinden, ebenso wie wir die Planeten und die Zeiger einer Uhr in Bewegung sehen, scheinen wir uns manchmal in einer anderen Sphäre der Zeit zu befinden. Die meisten Menschen haben irgendwann einmal in ihrem Leben die Erfahrung gemacht, in eine andere Dimension der Zeit zu geraten, wenn auch wenige die Wirklichkeit erkannt haben, die hinter dieser Erfahrung stand.

Dann sehen wir als Ganzes, »von Angesicht zu Angesicht«, wie der heilige Paulus sagte. Die Ewigkeit ist das Sein. Wir sind ewig, wenn wir sind. Es ist schwierig, dasselbe zu gleicher Zeit auf zwei verschiedene Arten zu sehen. Es ist schwierig, aus Gewohnheiten, die über lange Zeiträume hinweg eingepflanzt wurden, auszubrechen. Das ist der Grund, warum Selbstverwirklichung oft den Schock einer plötzlichen Erfahrung braucht – wie die Erblindung des heiligen Paulus –, damit sich die Relationen verschieben und wir auf neue Weise sehen können.

So müssen wir das Horoskop sehen, wenn wir es erfahren wollen als das, was es ist. Das gesamte Universum ist die äußere Manifestation eines Zeitmoments. Das Universum ist ewig. Es ist eine Struktur ohne Ende, ein Tanz, ständige Bewegung. Nur wenn wir es beobachten, wird es zur Zeit. Plato schrieb im *Timaeus*: »Weshalb er beschloß, ein sich bewegendes Bild von der Ewigkeit zu haben, und als er den Himmel ordnete, machte er dies Bild ewig, jedoch nach Zahlen sich bewegend, während die Ewigkeit selbst in der Einheit endet. Dies Bild nennen wir Zeit.« In der kabbalistischen Terminologie entspricht die Ewigkeit einer Kraft oder Hochma, der Zahl zwei, wohingegen die Zeit der Form entspricht, Bina, oder der Zahl Drei.

Dies führt uns dazu, die Grundlage der Verbindung zwischen Planetenbewegungen und Ereignissen auf der Erde in ihrer besonderen Beziehung zur Zeit zu untersuchen. Insbesondere Kausalzusammenhang und Synchronizität.

Den Begriff der Synchronizität entwickelte Jung, um zu versuchen, die Verbindung zwischen Ereignissen, die offenbar keinen ursächlichen Zusammenhang hatten, zu erklären. Er berichtet, wie sich einmal ein Patient, den er wegen einer psychischen Erkrankung behandelte, über eine Halsentzündung beklagte. Jung riet dem Patienten, seinen Arzt aufzusuchen, und, ohne daß Jung es wußte, starb der Patient auf dem Weg zum Arzt.

Die Frau des Patienten rief dann Jung an, und erkundigte sich, ob ihrem Mann irgend etwas Ernsthaftes fehle. Oberflächlich gesehen gab es keinen Grund für die Frau dieses Patienten, sich über den körperlichen Zustand ihres Mannes Sorgen zu machen, suchte er doch Jung wegen eines rein psychologischen Problems auf. Auch wenn sie von seiner Halsentzündung wußte, war das kein Grund anzurufen.

Jung fragte sie deshalb, warum sie sich solche Sorgen machte, und erfuhr, daß sich eine Schar Vögel am Schlafzimmerfenster ihres Mannes niedergelassen hatte. Der Vorfall an sich wäre kaum bemerkenswert gewesen, wenn nicht auch beim Tode des Großvaters dieser Dame eine Schar Vögel vor dessen Schlafzimmerfenster erschienen wäre und dasselbe auch eintraf, als ihr Vater starb.

Es war Jung klar, daß es keinen Kausalzusammenhang zwischen diesen Todesfällen und der Ankunft der Vogelschar gab. Man konnte sicherlich nicht annehmen, daß der Tod dieser Menschen durch die Vögel verursacht worden war. Ob der nahende Tod auf irgendeine Weise das gleichzeitige Nahen der Vögel bewirkt hatte, ist eine andere Frage. Auf der Grundlage der zu jener Zeit gängigen Kenntnisse der Wissenschaft kann man sie jedoch nicht positiv beantworten.

Es handelte sich hier um einen Zufall, und zwar einen Zufall, der eine Bedeutung zu haben schien. Der Zufall war jedoch, und dies ist hier der springende Punkt, verbunden mit der Zeit. Das Leben ist voller Zufälle. Die meisten von ihnen werden nicht registriert, zum Teil deshalb, weil sie keine große Bedeutung haben, und zum Teil, weil wir nicht bewußt genug sind, ihnen eine Bedeutung zu geben. Entscheidend ist, in dem Zufall den Sinn zu sehen und die Bedeutung der Zeit als eines Faktors bei diesem Zufall anzuerkennen.

Es gibt in der Zeit ebenso eine Struktur wie im Raum. Jeder Augenblick ist mit dem gesamten Universum, jedem Lebewesen und jedem Ereignis verbunden. Diese Struktur, dieses Muster findet sich in den Planeten des Himmels wieder. Jeder Augenblick trägt seinen eigenen Sinn, seine eigene Bedeutung mit sich. Zeit kann ebenso wie Raum eine ganz bestimmte Prägung haben. So hat Colin Wilson darauf hingewiesen, daß die Attentate auf Rasputin und den Erzherzog Ferdinand genau zur selben Zeit verübt wurden, nämlich am 27. Juni 1914 um 14.15 Uhr.

Es gibt hier zwei Punkte. Zunächst das Element Zeit, das manchmal die Verbindung von zwei Zeitebenen ins Spiel bringt. Zweitens die Bedeutung, die eine Verbindung zwischen dem äußeren Phänomen und der inneren Erfahrung mit sich bringt. Jean Bolen hat geschrieben: »Synchronizität ist wie ein Wachtraum, in dem wir das Ineinandergreifen des Zeitlosen und der Zeit erleben und wo die unmögliche Vereinigung verschiedener Existenzsphären möglich ist und das, was in unserem Inneren ist, nicht von dem, was draußen ist, getrennt werden kann.«[12]

Synchronizität ist etwas recht Normales, denn innen und außen ist dasselbe. Deshalb spiegelt das Äußere ständig und unvermeidlich das Innere wider. Wenn wir jedoch die symbolische Bedeutung des Zufalls nicht erkennen, dann gelingt es uns nicht, das Geschehen als ein Beispiel für Synchronizität zu sehen.

Auf irgendeine Art verbindet die Synchronizität zwei Ereignisse zur gleichen Zeit, wie es im Fall des Patienten von Jung geschah. Hier war das Zusammentreffen der auftauchenden Vogelschar und des Todes simultan. Andere Beispiele dafür sind etwa, wenn wir an jemanden denken, und er genau in diesem Augenblick anruft, oder wenn jemand einen Traum oder eine Vision von einem Ereignis hat, das an einem anderen Ort genau zu dem Zeitpunkt stattfindet. Wahlweise treffen sich zwei verschiedene Zeitebenen. Dabei entsteht eine Verbindung zwischen diesem einen Augenblick und dem Kontinuum der Zeit. Dies geschieht, wenn ein Mensch eine Vorahnung eines Ereignisses hat, das in der Zukunft eintritt.

Das Universum, wie wir es sehen, ist die äußere Manifestation eines Zeitmoments. Es spiegelt sich in jeder Erscheinung wider. Das I-Ging sagt: »So wie der Augenblick ist, so fallen die Schafgarbenstengel.« Jener Augenblick spiegelt sich in den Planetenbewegungen wider, in der Struktur einer Tierleber und im Fall der Orakelstengel.

Um die Beziehung zwischen Ewigkeit und Zeit, Innen und Außen zu verstehen, müssen wir uns der drei Ebenen bewußt sein, die wir in Kapitel 3 untersucht haben: die spirituelle, die astrale und die physische Ebene.[13] Die ewige, spirituelle Ebene wurde im T'an Ching beschrieben:

> In diesem Augenblick gelangt nichts ins Dasein. In diesem Augenblick hört nichts auf. So gibt es weder Geburt noch Tod, die hier zu einem Ende gebracht werden müssen. Aufgrund dessen ist der gegenwärtige Augenblick die absolute Ruhe (des Nirwanas). Und daß es in diesem Augenblick keine Grenze für diesen Augenblick gibt, darin liegt die ewige Freude.

Wie erreichen wir nun so einen Zustand? Wie kommen wir in Berührung mit dem Ewigen? Meister Eckehart hat die Schwierigkeit folgendermaßen formuliert: »Es gibt kein größeres Hindernis für die Vereinigung mit Gott als die Zeit.«[14] Krishna sagt an einer bestimmten Stelle zu Arjuna: »Ich kenne, o Arjuna, alle Dinge der Vergangenheit, der Gegenwart und der Zukunft, aber sie kennen mich nicht.«

Zeitlosigkeit und Zeit überschneiden sich zwischen der spirituellen und der physischen Ebene, in dem Bereich, den man als Astralebene oder Unterbewußtsein bezeichnen kann. Deshalb müssen wir das Unbewußte in unser Bewußtsein integrieren, wenn wir für Erfahrung und Sinn offen sein wollen. »Damit Synchronizität stattfinden kann«, schreibt Jean Bolen, »muß der Raum zwischen Menschen und Dingen, statt leer zu sein, auf irgendeine Art ein vermittelndes Medium ›enthalten‹. Jung nennt dies das Kollektive Unbewußte.«[15] Okkultisten nennen es die Astralebene.

Wenn wir die Beziehung zwischen Innen und Außen erkennen und die Beziehung zwischen dem Augenblick und der Zeit als Ganzem, werden wir die Bedeutung all dessen verstehen, was in der Welt vor sich geht. Wir können, wenn wir wollen, dieselbe Sache als Synchronizität oder als Kausalverkettung ansehen. Wir können sagen, daß die Vogelschar von dem Menschen, der gerade stirbt, angezogen wird und er somit verursacht, daß sie herbeifliegen. Oder wir können einfach erkennen, daß die Vögel und der Tod des Menschen in irgendeinem Zusammenhang miteinander stehen.

In Kapitel 2 hatten wir uns das E-R-P-Experiment angesehen. Wenn ein Teilchen seine Richtung veränderte, tat das das andere ebenso. Die Physiker mit ihrem Kausaldenken wollten unbedingt ein konkretes Signal zwischen den beiden Teilchen entdekken. Als ein Teilchen Lichtjahre weit vom anderen entfernt war, entstanden jedoch Probleme, denn nach den Gesetzen der klassischen Physik kann nichts die Lichtgeschwindigkeit überschreiten, und hier wäre das Signal erst abgesandt worden, nachdem es empfangen worden wäre – was gegen den Uhrzeigersinn war.

In gewissem Sinn ist es egal, ob man ein Phänomen als Synchronizität oder kausal bedingt sieht. Wenn wir die These gelten lassen, daß nur das Ganze existiert, und wir das Ganze auf unserer physischen Ebene in den Teilchen erkennen können, dann sind beide dasselbe. Die Verbindung zwischen Außen und Innen wird in dem, was auf der physischen Ebene passiert, symbolisiert. Wichtig ist die Bedeutung, die hinter dieser Ebene liegt.

Diese Ebenen existieren in uns allen. Wir können jeden Zustand auf eine der drei Arten erfahren. Wir können dasselbe Phänomen als lineare Zeit oder als Ewigkeit oder als Schnittpunkt zwischen Zeitlosigkeit und Zeit sehen. Wenn wir ganze Menschen sein wollen, müssen wir Zeit auf allen Ebenen erfahren. Auf der spirituellen Ebene hat Zeit keine Bedeutung. Auf der physischen Ebene jedoch ist sie von essentieller Bedeutung. Das ist der Faktor, der an erster Stelle steht, und, richtig verstanden, der astrologischen Theorie ihren Sinn gibt.

Die richtige Zeit

Wenn wir lernen, uns der höheren Ebenen bewußt zu werden, können wir in Versuchung kommen, der materiellen Ebene weniger Wert beizumessen. Das eine Extrem ist ebenso gefährlich wie das andere. Die Gefahr, der irdischen Zeit weniger Wert beizumessen, besteht darin, daß wir die Bedeutung der richtigen Zeit nicht mehr verstehen. Die physische Welt basiert auf der irdischen Zeit. Jede Zeit hat ihre besondere Qualität, ebenso wie jeder Mensch, der geboren wird, und alles, was man tut, die Qualität genau dieser Zeit besitzt. Der Schlüssel zum Verständnis physischer Manifestationen mit Hilfe der Astrologie liegt darin zu verstehen, wie die Zeit unterschiedlich ist, ebenso wie der Schlüssel zum Verständnis der spirituellen Wirklichkeit darin liegt zu verstehen, daß die Zeit eine Einheit ist.

Es gibt eine richtige Zeit für alles. Eine richtige und eine falsche Zeit. Dies soll nicht heißen, daß wir versuchen sollten, die Zeit zu manipulieren. Im Gegenteil, es bedeutet, im Einklang mit der Qualität der Zeit zu leben. Es ist eine nützliche Übung, das

Universum einfach als Zeit zu sehen. Sich selbst einfach als ein Ereignis zu sehen, das sich ohne Körper in einem raumlosen Universum durch die Zeit bewegt.

Die unterschiedlichen Qualitäten der Zeit sind zumindest bis zu einem gewissen Grad für jeden sichtbar. Wir alle kennen die Unterschiede zwischen den Jahreszeiten. Selbst der eingefleischteste Stadtmensch freut sich, wenn nach den Härten des Winters der Frühling wieder kommt. Selbst er kann die Frische des Morgens, die lastende Hitze des Mittags und die Ruhe des Abends spüren.

Nicht so leicht wahrzunehmen sind die großen Zyklen der Zeit, welche Generationen, Jahrhunderte, Jahrtausende umspannen. Auch diese Zeiträume haben ihre unterschiedlichen Qualitäten. Ein jeder gleicht einer Welle mit Berg und Tal.

Nirgends ist dieses Prinzip dramatischer dargestellt als in der berühmten Bibelstelle (Prediger 3), die es wert ist, in ganzer Länge zitiert zu werden:

> Ein jegliches hat seine Zeit, und alles Vornehmen unter dem Himmel hat seine Stunde.
> Geboren werden und sterben, pflanzen und ausrotten, was gepflanzt ist,
> würgen und heilen, brechen und bauen,
> weinen und lachen, klagen und tanzen,
> Steine zerstreuen und Steine sammeln, herzen und ferne sein von Herzen,
> suchen und verlieren, behalten und wegwerfen,
> zerreißen und zunähen, schweigen und reden,
> lieben und hassen, Streit und Friede
> hat seine Zeit.

Wir können sehen, wie sich diese Zeiten in der Geburt von Völkern und Ereignissen widerspiegeln, warum berühmte Leute zu bestimmten Zeiten geboren werden, und ebenso, warum bestimmte Leute berühmt sind. Sie sind die Kinder ihrer Zeit. Sie wurden zur richtigen Zeit geboren. Thales von Milet, Konfuzius, Buddha und Zarathustra, vier der größten religiösen Autoritäten aus den verschiedensten Ecken der Welt, wurden alle ungefähr um 600 v. Chr. geboren. J. S. Bach und Händel wurden nur mit wenigen Tagen Abstand nacheinander geboren. Newton und Leibnitz erfanden zur gleichen Zeit die Differentialrechnung. John Couch Adams und Urbaine Leverrier entdeckten zu gleicher Zeit Neptun.

Shakespeare schrieb: »Es ruhen viele Ereignisse im Schoß der

Zeit, die einmal freigesetzt werden.« Aber erst zur richtigen Zeit. In Kapitel 2 berichtete ich über die folgenschwere Entdeckung der Madame Wu von 1956, nach welcher die Parität nicht erhalten bleibt. Dieses entscheidende Experiment war bereits von C. T. Chase durchgeführt worden. In einem Versuch, der mit dem von Madame Wu identisch war, beobachtete er bei der Unterscheidung von rechts und links eine Asymmetrie. Der einzige Unterschied war, daß Chase dieses Experiment 1930 durchgeführt hatte. Es wurde mit der Begründung abgetan: »Irrtum aus unbekannten Gründen.« Die Zeit war damals noch nicht reif.

Warum war Hitler groß? Mit ziemlicher Wahrscheinlichkeit läßt sich annehmen, daß er aus sich selbst heraus nichts war. Der archetypische kleine Mann, mit wenigen Talenten. Tragischerweise war die Zeit reif für ihn. Seine persönlichen Visionen stimmten mit denen der Zeit überein, in die er hineingeboren wurde. Auch Jesus wurde zur richtigen Zeit geboren. Bereits seit Jahren hatte man einen Messias vorausgesagt. Viele Messiasse waren gekommen und gegangen. Spurlos vergessen und versunken. Dann, während der ersten großen Konjunktion von Saturn und Jupiter in den Fischen, die das kommende Fischezeitalter ankündigte, wurde Christus in Bethlehem geboren. Bei seiner Kreuzigung sagte er: »Meine Zeit ist gekommen.«[17]

Die Zyklen der Zeit sind das Maß der Veränderung. Sie sind nötig, damit das Universum in seiner Zweckgerichtetheit offenbar werden kann. Obwohl auf einer höheren Ebene die Welt einfach nur *ist*, verändert sie sich doch auf weltlicher Ebene ständig. Sie ist ein Tanz endloser Energien. In ihrer Gesamtheit ist sie das Tao. Auf einer Ebene ist sie die Einheit, die alle Gegensätze in sich vereinigt, auf einer anderen ist sie das I-Ging, das Buch der Wandlungen.

Jeder Moment der Zeit hat eine andere Resonanz, eine andere Harmonie, eine andere Qualität. In jedem Augenblick stehen die verschiedenen Zyklen miteinander in einer Wechselbeziehung. Die Jahrtausende, die Jahrhunderte, die Jahre, die Monate, die Tage, die Stunden werden in einem bestimmten Moment der Zeit zusammentreffen und sich vereinigen. In jedem Augenblick ist die gesamte Vielzahl der verschiedenen Zyklen enthalten, jeder ist ein Teil des Ganzen und unlösbar mit dem anderen verknüpft.

Diese verschiedenen Zyklen stimmen natürlich mit den Zyklen der Planeten und der Erde selbst überein. Jeder Zyklus, jeder Faktor der Zeit im Kosmos hat sein Auf und Ab. Das Wissen um diese Zyklen kann man dazu benutzen, den richtigen Zeitpunkt für eine magische oder religiöse Zeremonie zu wählen und bei der Wahl für den richtigen Zeitpunkt eines bestimmten Ereignisses berücksichtigen.

Die Jahreszeiten spiegeln sich in den Tageszeiten wider. In Abbildung 6 (siehe Seite 91) wird diese wechselseitige Beziehung dargestellt. Sowohl das Jahr als auch der Tag werden auf dreierlei Art eingeteilt: zunächst in die Kardinalpunkte. Beim Jahr in die Tag- und Nachtgleichen und die Sonnwenden. Im Tageszyklus entsprechen sie dem Morgengrauen und der Abenddämmerung, Mittag und Mitternacht. Die Tag- und Nachtgleichen sind Zeiten der Veränderung. Zu Beginn des Widders und der Waage sind Tag und Nacht gleich lang. Dann werden sie jeweils länger beziehungsweise kürzer. Morgengrauen und Abenddämmerung sind ebenfalls Zeiten der Veränderung, und man kann die Ruhe spüren, die diesen Zeiten vorausgeht.

Die Sonnwenden sind Zeiten der Fülle. Der längste Tag zu Beginn des Krebs und die längste Nacht zu Beginn des Steinbocks finden ihre Entsprechung in Mittag und Mitternacht. An jedem dieser Wendepunkte des Jahres und des Tages ist eines der Elemente erhöht, und so werden die vier Punkte von den vier Erzengeln der Elemente regiert. Raphael, Erzengel der Luft, herrscht über das Morgengrauen und den Frühling. Michael, Erzengel des Feuers, herrscht über den Mittag und den Sommer. Gabriel, Erzengel des Wassers, herrscht über den Abend und den Herbst. Schließlich Uriel, Erzengel der Erde, der die Herrschaft über die Mitternacht und den Winter hat.

Diese Einteilungen stellen jeweils Punkte des Beginns dar, das Fließen einer neuen Art von Energie. Die zweite Einteilung bezieht sich auf Kraftpunkte, die sich jeweils in der Mitte der fixen Zeichen manifestieren. In diesen Punkten ballen sich die großen Kräfte innerhalb des Jahreszyklus und in geringerem Ausmaß während des Tageszyklus. So haben wir hier Wandel und Festigkeit, die sich im Verlauf der beiden Phasen jeweils abwechseln.

Um die Eigenschaften dieser Zeiten zu wissen, ist nicht nur aus praktischen Gründen von Bedeutung, um etwa den richtigen Tag und die richtige Zeit für eine besondere Aktivität auszusuchen. Vielmehr soll damit gewährleistet sein, daß das, was wir tun, genau zur richtigen Zeit geschieht und unserer Natur entspricht. So richten wir Innen und Außen nacheinander aus. Wie die Möwe, die durch die Lüfte gleitet, die die Strömungen des Windes nutzt und ihre Energie bewahrt, indem sie mit der Natur

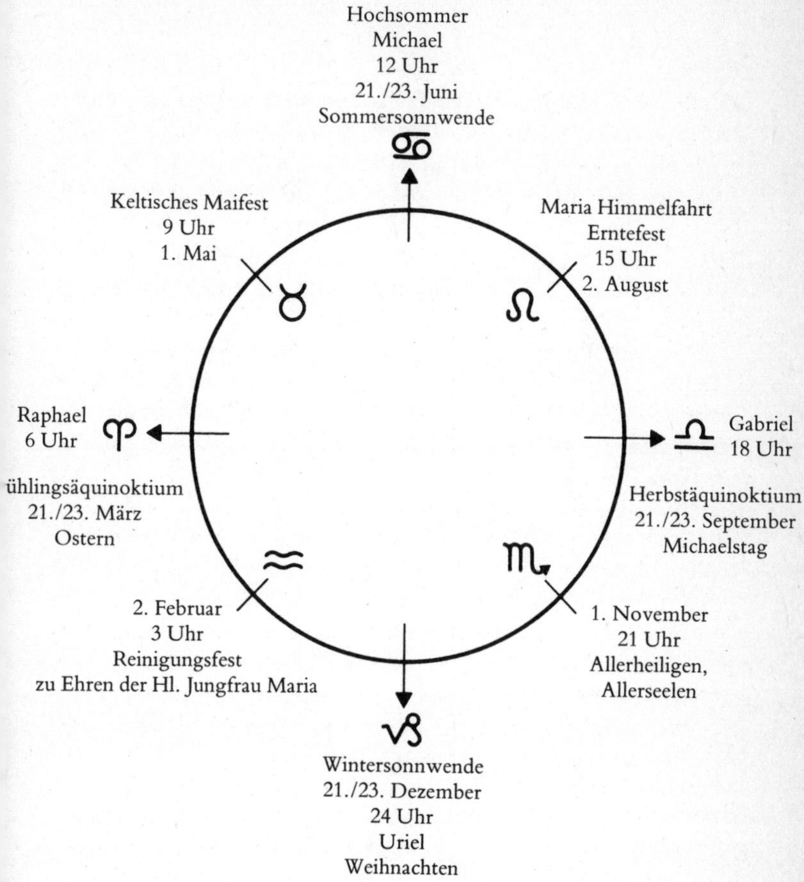

Abbildung 6: Die wechselseitige Beziehung zwischen Jahres- und Tageszeiten.

fließt, werden wir auf diese Weise zu einem wesentlichen Bestandteil des Universums.

Jeder von uns ist seine Zeit. Jeder stellt eine bestimmte Zeit dar. Jedes Individuum ist auf seine Weise einzigartig und besonders. Jeder von uns ist zu einem bestimmten Zweck geschaffen. Jeder besitzt eine besondere psychische Anatomie, die in Einklang mit der Struktur des Himmels zum Zeitpunkt unserer Geburt ist.

Es gibt eine kabbalistische Tradition, nach der wir im Schatzhaus der Seele festgehalten werden, bis es Zeit für uns ist, uns in einem physischen Körper zu inkarnieren. Wenn die Situation da ist, die zu den Bedürfnissen paßt, welche unser Geist hat, um einen ganz bestimmten Auftrag zu erfüllen, dann wird zum Zeitpunkt der Geburt der psychische Körper der Seele entsprechend dem Zustand der makrokosmischen Welt zu jenem Augenblick festgelegt.

Für unsere Vorfahren hatte das Wort Horoskop eine andere Bedeutung als für uns. Für sie war es nicht nur der Augenblick der Geburt, sondern der *richtige* Augenblich dafür. Das Wort *hora* bedeutete der »richtige Augenblick« und wurde abgeleitet von den drei Horai, den Töchtern von Themis, die das Gesetz der Natur darstellten. Die Horai waren Eunomia, die gesetzliche Ordnung, Dike, die gerechte Verteilung oder Nemesis, und Eirene, der Frieden. Diesen dreien war die Bewachung der Pforten des Himmels anvertraut. Besonders im Prinzip von Dike können wir erkennen, was für die Alten ein Horoskop bedeutete. Dike wurde das Axiom der Gerechtigkeit in Übereinstimmung mit der Natur. Nicht Strafe, als was wir heute Nemesis gerne sehen, sondern die unvermeidliche Reaktion der Natur, wie etwa, daß man sich die Hand verbrennt, sobald man sie ins Feuer hält.

Es war das Prinzip, richtigzustellen, was nicht am richtigen Platz war. Das Ziel war Gleichgewicht, eine Wiederherstellung der Balance, die durch die beiden Waagschalen der Gerechtigkeit symbolisiert wird. Man nahm an, daß, wenn ein Mensch nicht in Übereinstimmung mit seinem Horoskop lebte, er die Macht dieses Gesetzes auf sich zog. Das war Nemesis. Es ging deshalb darum, mit seinen Energien ins Gleichgewicht zu kommen und in Übereinstimmung mit der Gesamtheit seines Horoskops zu leben.

Ursprünglich bedeutete das Wort »Horoskopos« lediglich den Aufgangspunkt einer Gestirnbahn. Es war der Fixstern oder Planet, welcher zum selben Zeitpunkt, zu dem das Kind geboren wurde, am Himmel »geboren« wurde. Erst dann kam der Glaube auf, daß jeder unter seinem eigenen Stern geboren sei und daß der Stern des Kindes seinen Schutzengel oder Schutzgeist enthielt, der über ihn wachte.

Dies also, die Zeit unserer Geburt, ist unsere Zeit. Wir sollten und brauchen uns keine Gedanken zu machen über die Zeit, zu der wir geboren wurden. Die Zeit, zu der wir geboren wurden, ist die Zeit, zu der wir geboren werden sollten. Wir sollten und dürfen nicht versuchen, die Natur zu manipulieren. Wir müssen nur die Menschen sein, die wir wirklich sind. Wir müssen nur ein Teil der Natur sein, deren Essenz in uns liegt. Es gibt Zeiten, zu denen Prinzen geboren werden, Zeiten für Priester und Zeiten für Dichter. Wenn wir die Zyklen der Zeit verstehen, wird uns das helfen, die Bedeutung unseres jeweiligen Lebens und unseres einzigartigen Ziels in dieser Inkarnation besser zu verstehen. Dann können wir mit Papst Johannes XXIII. sagen: »Jeder Tag ist ein guter Tag, um geboren zu werden, und jeder Tag ist ein guter Tag, um zu sterben.«

Die Vereinigung der Zeit

Im Horoskop ist es, wo sich die Zeit vereint. Hier treffen Ewigkeit und Zeit aufeinander, Kairos und Kronos. Hier ist der Schnittpunkt zwischen Zeitlosigkeit und Zeit. Das Horoskop ist ein Symbol für beide Arten von Zeit. Der ewige, endlose Kreis, die Schlange, die sich seit Ewigkeiten und in alle Ewigkeit selbst in den Schwanz beißt, wird am Kreuz der Materie festgenagelt, den vier Elementen, aus denen die physische Welt besteht, und den beiden Achsen – vertikale und horizontale – die in der Gesamtheit des Selbst enthalten sind.

Als man damit begann, die Astrologie in Begriffen zu formulieren, war es ein umstrittenes Thema, ob Astrologie ein Zeit- oder ein Raumsystem sei. Zeit kann nicht vom Raum getrennt werden, aber es ist sehr viel Verwirrung dadurch entstanden, daß man die beiden vermischte, ohne die jeweilige Bedeutung jedes einzelnen anzuerkennen.

Es ist klar, daß das Geburtshoroskop einen Zeitmoment darstellt. Es ist auch klar, daß die Konstellationen der Planeten in jenem bestimmten Augenblick deren räumliche Verteilung in bestimmten Himmelsfeldern darstellen. Wir haben gesehen, wie die Planetenstellungen sowohl räumlich als auch zeitlich zu sehen sind. In Abbildung 5 auf Seite 73 kann man die Stellung der Sonne entweder als 22 Grad Krebs sehen oder als den 15. Juli.

Für die Babylonier hatte der Raum die größte Bedeutung. Sie beschäftigten sich zu Beginn mit den physischen Erscheinungen und der Stellung der Planeten im Raum, insbesondere mit dem Mond.

Wenn man an einem bestimmten Ort eine Eklipse nicht sehen konnte, so hatte sie an diesem Ort keine Bedeutung.

Wenn Venus strahlend in einem bestimmten Himmelsbereich stand, dann sollte alles, was diesem Bereich unterstand, von ihr beeinflußt werden. Wenn Mars im Steinbock war, dann sollte sich sein Einfluß auf alles erstrecken, worüber der Steinbock herrscht. Wenn der Mond im Widder stand und angegriffen wurde, so sollte dies Feuer und Streit zur Folge haben.

Die Ägypter ihrerseits legten mehr Gewicht auf den zeitlichen als den räumlichen Aspekt. Für sie war der Tierkreis Abbild der Reise der Sonne durch das Jahr. Er symbolisierte die Zeit, die die Sonne brauchte, um um die Erde zu reisen. Jeder Punkt dieser Reise, jeder Zeitabschnitt wurde von seinem eigenen Gott oder Geist, von seinem Schutzengel bewacht.

So war für die Ägypter Astrologie in erster Linie ein Zeitsystem. Und diese Anschauung wurde von den Griechen übernommen. Die Götter oder Schutzgeister, die über jeden Tag und somit über jeden Grad des Tierkreises herrschten und ihn beschützten, nannte man die Monomorai. Die 36 Götter, die die Dekane kontrollierten, waren die Dämonen (griechisch *daimon*).

Stobaios beschrieb dies folgendermaßen:

> Nichts ... geschieht ohne den Einfluß der Dekane. Und ... da die Dekane über die Planeten herrschen, und wir da unter der Herrschaft der Sieben sind, ist es nicht einleuchtend, daß ein gewisser Einfluß der Dekane bis zu uns herunterreicht?[18]

Die Unterscheidung zwischen Raum und Zeit ist wichtig, wenn es darum geht zu verstehen, wie man die astrologischen Prinzipien innerhalb der verschiedenen Kulturen betrachtete. Wenn Zeit die vorrangige Bedeutung hatte, dann war es wichtig, daß sich ein Planet oder ein anderer Faktor in einem bestimmten Tierkreiszeichen oder einem bestimmten Feld des Horoskops befindet. Ebenso ist hier der räumliche Abstand zwischen den Planeten von großer Bedeutung.

Natürlich herrscht diese Sicht hauptsächlich bei Kulturen vor, die sich in erster Linie mit materiellen Phänomenen beschäftigen, wie etwa die Kultur des Westens. Deshalb werden die Zeichen, Häuser und Aspekte zwischen den Planeten als wichtig in sich selbst betrachtet. Der Mond in Abbildung 1 auf Seite 17 bekommt seine charakteristischen Merkmale dadurch, daß er sich im Zeichen des Stiers befindet, im zehnten Haus, und ein Quadrat zu Jupiter bildet sowie ein Sextil zu Sonne und Venus.

Wenn man die Phänomene der Astrologie auf diese Weise betrachtet, dann hat der Bereich des Himmels, den wir als den des Stiers kennen, eine ganz besondere Qualität, welche sich von der des benachbarten Bereichs, dem der Zwillinge, recht klar unterscheidet. Ebenso hat der Bereich im Tagkreis, den wir als das zehnte Haus kennen, seine eigene Bedeutung und unterscheidet sich darin von der des benachbarten elften Hauses. Bei dieser Sicht entstehen natürlich Schwierigkeiten, da die Zeichen sich je nach System unterscheiden. Aufgrund des Vorrückens der Tagundnachtgleichen gibt es heute einen Unterschied von etwa 24 Grad zwischen dem tropischen und dem siderischen Tierkreis. So werden die meisten Faktoren, die sich in einem Zeichen des tropischen Tierkreises befinden, im siderischen dem Nachbarzeichen entsprechen und umgekehrt. Die Unterschiede zwischen den Häusern sind aufgrund der großen Anzahl verschiedener Systeme, die derzeit im Umlauf sind, sogar noch schärfer. Die Planeten rutschen dabei nicht nur in das benachbarte Haus, sondern manchmal noch weiter weg.

Wenn man die Astrologie jedoch in erster Linie als ein Zeitsystem betrachtet, dann mißt man den Zeichen in sich selbst keine Bedeutung bei. Dann sind die Kräfte des Tierkreises nicht so sehr Emanationen der Konstellationen selbst zur Erde, sondern man kann sie eher als Zeiger auf einer großen Uhr betrachten, welche die Art der Energie anzeigen, die von der Sonne zu einer bestimmten Zeit ausgeht.

So wird der Tierkreis als die in der Zeit stattfindende Reise der Sonne um die Erde gesehen, wie man sie von hier aus beobachten kann. Er stellt Einfluß»zonen« oder -»strahlen« dar, die die Erde zu bestimmten Jahreszeiten berühren. Der Himmelsbereich, den wir als Stier bezeichnen, hat keine Identität an sich. Er bezeichnet lediglich den Himmelsabschnitt, an dem die Sonne zu einer bestimmten Zeit des Jahres vorbeireist.

Die Stellung des Mondes in diesem Bereich des Himmels hat von diesem Standpunkt aus nur Bedeutung, weil sie am Einfluß der Sonne teilhat, wenn diese durch jenen Abschnitt der Ekliptik reist. Aus dieser Sicht ist eindeutig die Sonne allein der entscheidende Faktor, da es deren Reise ist, welche die anderen Faktoren auf ihrer vorgezeichneten Bahn widerspiegeln.

Welcher dieser Standpunkte ist nun der richtige? Sollten wir davon ausgehen, daß die Tierkreiszeichen in sich selbst von Bedeutung sind oder sollten wir uns nur die Planeten in ihrer Beziehung zueinander ansehen? Diese Frage ist für die Astrologen heute von ganz konkreter Bedeutung und droht, sie bei ihrer Arbeit in verschiedene Lager zu spalten.

Bei einer solchen praktischen Frage ist es sowohl richtig als auch notwendig, sich beide Standpunkte zu vergegenwärtigen. Wenn man die beiden Standpunkte getrennt behandelt, was durchaus möglich ist, haben beide ebenso klare Vorzüge. Es ist vergleichbar mit dem Phänomen des Lichts, das man ebensogut als Teilchen wie als Wellen sehen kann. Beides hat seine Vorzüge. Die durchgeführten Versuche haben gezeigt, daß Licht ein Teilchenphänomen sein muß, da Wellen nur durch ein vermittelndes Medium reisen können und der Äther nicht existiert. Zugleich jedoch muß das Licht ein Wellenphänomen sein, wie seine Aufspaltung im Doppel-Spalt-Experiment zeigte.

Die Unterschiede der Zeichen kann jeder auf einer ganz alltäglichen Ebene wahrnehmen, wenn er nur irgendwie um deren eigentliche Natur weiß. Man kann sie ebenso erkennen, wenn es um einen Stier-Aszendenten im Gegensatz zum Zwilling-Aszendenten geht, sowie an der Beschaffenheit eines Tages, an dem der Mond in einem dieser beiden Zeichen ist. Ebenso sollte aus dem in diesem Kapitel bereits Gesagten ersichtlich sein, daß ein Geburtshoroskop tatsächlich ein besonderer Moment der Zeit ist und daß ein Mensch, der zu einer bestimmten Zeit geboren ist, sich von dem, der zu einer anderen Zeit geboren ist, unterscheidet, auch wenn die individuellen Faktoren in beiden Geburtshoroskopen fast identisch sind.

Ehe wir Raum und Zeit näher untersuchen, ist es vom philosophischen Standpunkt aus wichtig, das wesentliche Prinzip zu erkennen, das hinter Raum und Zeit zugleich liegt. Wenn man nur die Unterschiede sieht, so gerät man leicht in die Falle, nur die Auswirkungen zu erkennen, statt die Einheit, die sich hinter der manifesten Dualität befindet.

Raum und Zeit sind das gleiche auf verschiedenen Ebenen. Raum ist Form. Er ist der Seinszustand der weltlichen Existenz und findet seine Entsprechung in der Zahl Drei. Zeit ist die Kraft hinter der Form, die Struktur, die der Gestalt zugrundeliegt, und entspricht der Zahl Zwei. Jeder Moment der Zeit ist ein Muster im Raum. Das Horoskop kombiniert die beiden. Es ist ein Augenblick in der Zeit, und er wird graphisch als räumliche Darstellung der Planetenpositionen veranschaulicht. Die Wahrheit liegt im Symbol, oder genauer, in der Wahrheit hinter dem Symbol.

Alles, was zu jenem Augenblick der Zeit im Universum geboren ist, entspricht diesem Muster. Dies ist es, was Raum und Zeit verbindet. Die Planeten bewegen sich in ihren Raumsphären, und jeder Augenblick bringt ein neues Muster hervor, eine neue Schwingung. Ob wir diesen Augenblick als Raum oder Zeit sehen, hängt von unserem Bezugsrahmen ab. Die Antwort hängt von der Frage ab. Die Wirklichkeit ist in beiden enthalten, und die Essenz beider ist in ihrer Einheit enthalten.

Bis jetzt haben wir von einem »Zeitmoment« gesprochen. Wir haben das Horoskop als »Zeitmoment« beschrieben. Ehe wir jedoch im nächsten Kapitel die Zeit genauer untersuchen, vom Standpunkt der Voraussagen, müssen wir uns überhaupt einmal fragen, was wir unter dem Begriff verstehen. Ein »Zeitmoment«, was ist das? In welche Rubrik fällt dieser Begriff? Ein Tag, eine Stunde, eine Minute, eine Sekunde? Diese Frage zu stellen, ist nicht pedantisch. Es ist von größter Bedeutung für unser Verständnis von der Zeit, daß wir die grundlegende Tatsache erkennen, daß es so etwas wie einen »Moment der Zeit« nicht gibt.

Die Einteilung des Tierkreises in Dekane und Grade offenbart eine Schwierigkeit, die leicht vertuscht wird. Jede Einteilung, sei sie in Raum oder Zeit, ist eine Sache der Bequemlichkeit oder des Übereinkommens. So wie es in der Natur keine geraden Linien gibt, wir sie aber machen, damit wir das, was wir sehen, in einen faßbaren Rahmen bringen können, so teilen wir die Zeit auf, damit wir darüber nachdenken können.

Der Künstler weiß, daß seine Linien ein Produkt seiner Kunst sind. Sie geben dem dahinterliegenden Gehalt eine Form. Sie sind ein Teil seiner Kunst. Jemand, der kein Künstler ist, vergißt diese grundlegende Tatsache leicht oder es gelingt ihm nicht, sie an erster Stelle zu erkennen. Auf ähnliche Weise sollten wir uns daran erinnern, daß Zeit als eine Meßeinrichtung ein künstliches, mentales Konstrukt ist und als solches nur so lange von Nutzen, wie die Wirklichkeit dahinter erkannt wird.

Solange wir die Künstlichkeit unserer Terminologie erkennen, kann nichts passieren. Es ist nützlich und notwendig, solche Einteilungen zu benutzen, ebenso wie es nützlich und notwendig ist, beim Malen Linien zu verwenden. Um genauer zu sein, hat der Astronom die Sekunde bis in ihren 919 263 1170ten Teil aufgespalten. Vielleicht besitzt jeder dieser Teile seinen Schutzgeist. Vielleicht ist das augenblicklich die Anzahl der Engel, die auf einer Nadelspitze stehen könnten.

Wir müssen uns immer darüber im klaren sein, daß sich diese Einteilungen aus der Dualität unseres Geistes ergeben. Auf der physischen Ebene sehen wir die Natur daher auf diese Weise. Wir müssen jedoch auch die Struktur erkennen, die hinter diesen Einteilungen liegt. Dann sehen wir mit unserer spirituellen Natur oder, genauer gesagt, mit dem höheren Geist. Dann sehen wir als Ganzheit.

Indem wir an einen ganz bestimmten Moment der Zeit denken, halten wir das Rad der Zeit an. Es ist, als ob man sich bei einem Filmstreifen nur eine einzige Szene anschaut. Um diese besondere Szene mit all ihren Einzelheiten genau zu sehen, müssen wir das tun. Die Gefahr, unsere praktischen Erwägungen für die Wirklichkeit zu halten, besteht darin zu vergessen, daß das Rad nie aufhört, sich zu drehen, daß das, was wir betrachten, ein Teil der Bewegung ist, ein Teil des Schwanzes, der sich selbst verschlingen wird.

Beide Arten von Zeit, Kairos und Kronos, sind im Horoskop enthalten und kombiniert. Das Horoskop ist der Schnittpunkt beider in dem, was wir aus Bequemlichkeit den »Moment der Zeit« nennen. Kairos existiert jetzt und immer. Es ist ein Zustand. Wie wir im nächsten Kapitel sehen werden, besteht die Kunst der Voraussage in der Fähigkeit, mit diesem Zustand in Berührung zu kommen.

Kapitel 5

Ein Blick in die Zukunft – Vorhersehung und freier Wille

Du wirst die Wahrheit erfahren,
und die Wahrheit wird dich freimachen. Johannes 8.32

Sind wir frei? Seit wir die Freiheit haben zu denken, haben Philosophen nicht aufgehört, diese Frage zu stellen. Für Astrologen ist diese Frage von essentieller Bedeutung. Es ist die Frage, mit der wir uns jetzt beschäftigen wollen. Wir müssen jedoch darauf achten, ohne vorgefertigte Meinungen an sie heranzugehen, denn dies würde unsere Freiheit bereits einschränken.

Es ist leicht, hinsichtlich der Freiheit emotional zu sein. Wir beginnen mit der Prämisse, daß wir ursprünglich Freiheit besessen haben müssen. Oder wir nehmen ebendiese Frage als gegeben an, wie Jean-Jacques Rousseau mit seiner klassischen Feststellung: »Der Mensch ist frei geboren, und überall liegt er in Ketten.«

Diese vorgefaßten Meinungen mögen für Wissenschaftler und Philosophen von keiner allzu großen Bedeutung sein. Für den Astrologen jedoch ist die Frage des freien Willens von entscheidender Bedeutung, da ein Teil seiner Kunst darin besteht, die Zukunft vorauszusagen. Es gibt manche, die dermaßen verwirrt sind von der ganzen Frage, daß sie dem Problem den Rükken drehen und es ablehnen, irgend etwas mit Voraussage zu tun zu haben. Zu behaupten, daß etwas nicht existiert, hilft jedoch nicht, es zu verstehen. Ob der Astrologe will oder nicht, Prognosen sind ein wesentlicher Aspekt seiner Kunst. Deshalb ist es die Pflicht eines jeden Astrologen, mit diesem Gegenstand in angemessener Weise vertraut zu sein, ob er nun selbst Prognosen macht oder nicht. Daß die Zukunft ein wesentlicher Bestandteil der Gegenwart ist, das ist im Geburtshoroskop selbst enthalten.

Der Astrologe kann genau zum Augenblick der Geburt, lediglich indem er das Horoskop des Kindes anschaut und ohne die in der Zukunft stattfindenden Planetenkonstellationen zu kennen, sagen, welche Beziehung das Kind zu seinen Eltern haben wird, wie es höchstwahrscheinlich auf Situationen in seinem Leben reagieren wird und welche Haltung – zwangsläufig welche zukünftige Haltung – er anderen Menschen gegenüber einnehmen wird.

So kommt man an der Zukunft nicht vorbei. Natürlich bedeuten die Zusammenhänge, die im Geburtshoroskop zu erkennen sind, nicht unbedingt, daß man die Zukunft genau voraussagen kann. Daß die Zukunft jedoch in gewisser Weise in der Gegenwart enthalten ist, liegt in der Natur des Horoskops selbst. Was wir wissen wollen, ist, warum und wie die Zukunft im gegenwärtigen Augenblick enthalten ist. Das Problem der meisten Berufsastrologen ist, daß sie ganz genau in der Lage sind, die zukünftigen Planetenkonstellationen zu sehen. Sie können mit Hilfe zahlreicher Prognosetechniken genau vorhersehen, wann die jeweiligen Faktoren des Geburtshoroskops von einem Planeten am Himmel aktiviert werden. Zu gleicher Zeit jedoch wollen sie, was ganz natürlich ist, dem Menschen nicht die Freiheit der Wahl entziehen, und so versuchen sie einen Kompromiß zu machen, indem sie laue, nichtssagende Informationen geben. Sie behaupten, allgemeine Tendenzen voraussagen zu können, aber keine spezifischen Ereignisse.

Wie die Versprechungen politischer Parteien, mag dies für diejenigen überzeugend klingen, die nicht willens sind, die Probleme zu Ende zu denken. Was bedeutet das jedoch wirklich? Freier Wille bedeutet, fähig zu sein, die Zukunft zu verändern. Prognosen setzen die Fähigkeit voraus, zu sagen, was in der Zukunft passiert, und dies wiederum basiert auf der Annahme, daß die Zukunft in dem Augenblick existiert, in dem sie vorausgesagt wird, mit anderen Worten, in der Gegenwart.

Wenn Gegenwart und Zukunft gleichzeitig existieren, wenn die Gesamtheit der Zeit eine Einheit ist, dann geht es lediglich darum, wie man mit etwas in Berührung kommt, das bereits existiert. Dies scheint beim Zeitreisen, in Träumen und Vorahnungen zu geschehen. Wir bekommen dabei einen kurzen Einblick in die Zukunft. Es hat keinen Sinn, dem Problem auszuweichen, indem man nebulös und unbestimmt über mögliche Tendenzen spricht. Wenn wir offen sein wollen, müssen wir das Augenscheinliche auf wirklich wissenschaftliche Weise untersuchen. Ansonsten können wir nicht hoffen, die richtigen Antworten zu finden.

Die Saat der Zeit – Freiheit in der physischen Welt

Wenn du die Saat der Zeit erkennen kannst
und sagen kannst, welches Samenkorn wachsen wird
und welches nicht. Shakespeare: *Macbeth*

Ehe die physikalische Welt, oder besser, die Konzepte der Wissenschaftler von der physikalischen Welt, durch die Quantenrevolution und den Fall der Parität in Verwirrung gebracht wurden, war das Ziel der Wissenschaft stets, Gesetze zu finden, die es den Wissenschaftlern ermöglichten, die Ergebnisse ihrer Versuche vorauszusagen.

Der Wissenschaftler mußte nur soviel wie möglich über diese Gesetze lernen, und wenn er alle vorhandenen Tatsachen wußte, so forderte Laplace, sollte es ihm möglich sein, die Zukunft genau vorauszusagen. Von diesem Standpunkt aus gesehen hatte unvermeidlich auf jede Ursache eine Wirkung zu folgen. Es gab hier keinen Raum für Freiheit. Das Universum war ein riesiges Uhrwerk, welches zu Beginn der Schöpfung aufgezogen worden war und nun seinen vorherbestimmten Weg ging, bis zum unabänderlichen Ende.

Jetzt hat sich jedoch die Sicht des Universums verändert. Auf der Quantenebene lassen sich Ereignisse nicht vorhersagen. Dies hat zwei Gründe. Zunächst können Erscheinungen nicht ohne Beobachter beobachtet werden, und der verändert die Ergebnisse des Versuchs. Zweitens verändern subatomare Teilchen – wie wir im E-R-P Versuch gesehen haben – ihre Bahnen in Übereinstimmung mit den anderen Teilchen. Es scheint also, daß die Materie auf dieser Ebene bewußt ist.

Auf der materiellen Ebene gibt es Strukturen und Muster, die es uns ermöglichen zu sagen, daß mit ziemlicher Wahrscheinlichkeit ein bestimmtes Phänomen in der Zukunft geschehen oder an einem bestimmten Ort zu finden sein wird. Es werden Ephemeridentabellen der Planetenpositionen veröffentlicht, die auf Jahre hinaus die genaue Stellung der Planeten angeben, Zugfahrpläne in Erwartung zukünftiger Ereignisse.

Metereologen sagen uns, welches Wetter wir in der Zukunft erwarten können, Versicherungsstatistiker sagen uns, wann wir damit rechnen können zu sterben. Der Genauigkeitsgrad dieser Vorhersagen variiert natürlich. Tatsächlich war es immer eine

Quelle philosophischer Spekulationen, ob man etwas wirklich und mit Sicherheit voraussagen kann. Denn Vorhersagen dieser Art werden auf der Grundlage dessen gemacht, was in der Vergangenheit geschehen ist. Wir sagen, daß die Sonne morgen aufgehen wird, weil sie seit Millionen von Jahren immer wieder aufgegangen ist. Vielleicht explodiert sie morgen. Tatsächlich ist eines gewiß, daß die Sonne nämlich eines Tages nicht mehr aufgehen wird.

Voraussagen über das Aufgehen der Sonne und die Planetenstellungen werden auf der Grundlage früherer Erfahrungen getroffen. Voraussagen über das Wetter und den Zeitpunkt des Todes werden auf der Grundlage von Statistiken gemacht. In beiden Fällen kann man nur sagen, daß ein Ereignis aufgrund von Wahrscheinlichkeit stattfinden wird.

Es gibt jedoch einen wesentlichen Unterschied in dem, worauf sich die Wahrscheinlichkeit hauptsächlich bezieht. Im Falle der aufgehenden Sonne oder einer bestimmten Planetenstellung zu einem gegebenen Zeitpunkt können wir zweifellos sagen, daß es Sonne und Uranus in unserem Sonnensystem sein werden, die sich etwa am 26. Februar 1986 bei 22 Grad Schütze befinden werden, vorausgesetzt, es treten bestimmte Zufälle nicht ein, wie beispielsweise, daß das Universum in der Zwischenzeit nicht mehr existiert.

Bei Statistiken jedoch haben wir es in keiner Weise mit dem Individuum zu tun. Versicherungsstatistiker können sagen, daß jemand, der durchschnittlich fünfzig Zigaretten am Tag raucht, höchstwahrscheinlich mit 58 Jahren stirbt. Frau Müller lebt jedoch möglicherweise, bis sie 95 ist, wohingegen Herr Schmidt mit 32 stirbt.

Auf subatomarer Ebene werden Voraussagen auf dieser statistischen Basis getroffen. Der Wissenschaftler, der sich mit der subatomaren Ebene beschäftigt, weiß nichts von den individuellen Teilchen. Er kann sie weder sehen noch messen noch wiegen. Er macht seine Voraussagen nur aufgrund von Durchschnittswerten. Er kann sagen, daß die Hälfte der Teilchen sich wahrscheinlich so und so verhalten wird und die andere Hälfte so. Aber er kann nie sagen, wie sich ein einzelnes Teilchen verhalten wird.

Dieser Punkt ist für Astrologen von entscheidender Bedeutung, insbesondere deshalb, weil die Statistik immer mehr an Einfluß gewinnt. Man sollte nie vergessen, daß, wenn wir etwa die Statistiken eines Michel Gauquelin betrachten, in denen gezeigt wird, daß 27,8 Prozent der Spitzensportler wahrscheinlich den Mars am Ende ihres 12. Hauses[1] stehen haben, diese Ziffer nichts darüber aussagt, wo ein ganz bestimmter Spitzensportler seinen Mars haben wird oder ob überhaupt irgendein ganz bestimmter Spitzensportler seinen Mars in diesem Bereich des Geburtshorokops hatte.

Die Situation kann irreführend sein, denn die Statistiken werden stimmen, auch wenn kein einziger Spitzensportler seinen Mars in dieser Position des Höchststands hat. Es ist so, als würde man sagen, daß die allgemein übliche Anzahl von Kindern in seiner Familie heutzutage 2,4 beträgt, was natürlich eine Zahl ist, die in keiner Familie vorkommt.

Was für den Wissenschaftler richtig ist, ist jedoch nicht auch für den Astrologen richtig. Der Astrologe beschäftigt sich mit dem individuellen Spitzensportler. Die Tatsache, daß 27,8 Prozent wahrscheinlich ihren Mars an einer bestimmten Stelle haben, ist nur ein Durchschnittswert und hat als solcher keinen Bezug zur Wirklichkeit. Wie Bertrand Russell sagte: »Statistiken sind völlig richtige Gesetze für größere Gruppen; sie unterscheiden sich von anderen Gesetzen darin, daß sie auf Gruppen zutreffen und nicht auf Individuen.«

Der Fall der Parität bedeutete auch, daß es unmöglich war vorauszusagen, welches Ende der Teilchen auftauchen würde – Norden oder Süden. Das Universum besteht nicht mehr aus klar festgelegten Gesetzen. Wie wir gesehen haben, war der Grad der Asymmetrie in diesem Fall nur gering. Er war nur bei schwächerer Kräfteeinwirkung zu finden. Worum es jedoch geht, ist, ob es in der physischen Welt Freiheit gibt oder nicht. Das ist das Prinzip. Wenn es Freiheit gibt, dann ist das Prinzip bewiesen. Was die Entdeckung der Asymmetrie auf der physischen Ebene in philosophischer Hinsicht bedeutet, ist, daß die materielle Existenz nicht vollkommen ist. Es ist deshalb nicht mehr möglich, die Zukunft lediglich durch die Kenntnis der Vergangenheit vorauszusagen, wieviel wir auch von der Vergangenheit wissen mögen. Mit den Worten Feynmans: »Gott machte die Gesetze nur beinahe symmetrisch, so daß wir nicht eifersüchtig auf seine Vollkommenheit werden können.«

... Nur durch die Form
können Worte oder Musik die Ruhe erreichen,
so wie eine chinesische Vase sich in ihrer Ruhe
immer weiter bewegt.
Nicht die Ruhe der Geige, während der Ton weiterklingt,
nicht nur diese, sondern die Koexistenz
oder das Ende, das dem Anfang vorausgeht,
wobei Anfang und Ende immer da waren,
vor dem Anfang und nach dem Ende.
Und alles ist immer jetzt. T. S. Eliot: *Burnt Norton*

Wonach suchen wir wirklich, wenn wir in die Zukunft blikken? Diese Frage ist so fundamental, daß man sie normalerweise übergeht. Zweifellos sehen Menschen hin und wieder in die Zukunft. Und wenn alle Zeit eine Einheit ist, wenn Vergangenheit, Gegenwart und Zukunft gleichmäßig existieren, dann können wir die Zukunft nicht kontrollieren.

Wir stehen einem Dilemma gegenüber. Wenn Zeit wie Raum einfach nur ist, wenn die Zukunft in der Gegenwart existiert, wenn die Zeit, wie in T. S. Eliots Gleichnis, wie eine Chinavase ist, wo die Gesamtheit der Vase existiert und wir wie Fliegen auf der Oberfläche herumkriechen, dann können wir uns nur auf einem vorherbestimmten Pfad bewegen. Aus dieser Sicht können wir die Zukunft nicht wahrnehmen, nicht, weil sie nicht existiert, sondern weil wir dreidimensional leben. Mit vierdimensionalen Kräften könnten wir die ganze Vase sehen, wir könnten unsere unvermeidlichen zukünftigen Bahnen erkennen, ganz so wie wir den zukünftigen Weg eines Zuges von einer Brücke aus beobachten könnten, aber nicht, wenn wir im Zug selbst säßen.

Es sind viele Fälle bekannt, wo Menschen Dinge sehen können, die in der Zukunft geschehen. Sie sehen einen Flugzeugabsturz voraus, der dann auch eintrifft. Andere, weniger dramatische Fälle werden mit einem Achselzucken abgetan. Meine Frau erwähnte einmal, man hätte soeben den Tod eines Menschen im Fernsehen angekündigt. Am nächsten Tag fand ich zu meinem Erstaunen jedoch keinerlei Notiz davon in der Zeitung. Später an jenem Tag löste sich das Rätsel. Tatsächlich hatte man diese Nachricht erst einen Tag später, nachdem meine Frau mir davon erzählt hatte, im Fernsehen gebracht, und der Betreffende war erst einen Tag, nachdem sie es erwähnt hatte, gestorben.

In Fällen dieser Art sehen wir etwas, was dann genauso eintrifft, wie wir es sehen. Es gibt auch Fälle, wo das, was wir sehen, sich als Vorahnung eines zukünftigen Ereignisses erweist. In der Zeit scheint es keinen Unterschied zu geben. In lebhaften Einzelheiten sehen wir, wie ein Flugzeug abstürzt oder ein Schiff versinkt. Wenn wir dann gerade dabei sind, einen bestimmten Flug oder eine Schiffsreise zu buchen, sagen wir unsere Reise ab. Dies geschah bei der »Titanic«. Das Schiff sinkt in der Tat, aber das »Sehen der Zukunft« hat als Warnung gedient.

Es scheint hier nun einen Widerspruch zu geben. Wenn die Zukunft in der Gegenwart bereits vorhanden ist, dann könnten wir nichts daran ändern. Wir würden einfach nur in die Akasha-Chronik Einblick nehmen, in die Zukunft, die dort ebenso wie die Vergangenheit gespeichert ist, und uns davon fesseln lassen. Aus den Fällen von Vorahnung wird jedoch klar, daß wir die Zukunft verändern können, oder aber, daß wir etwas anderes zum gegebenen Zeitpunkt sehen.

Es geht hier um Folgendes: Wenn Zeit eine Einheit ist und in einer ewigen Gegenwart koexistiert, wie können wir dann das verändern, was bereits in dieser Gegenwart existiert? Wenn wir den freien Willen haben, es zu verändern, wie kann es bereits in der Gegenwart existieren? Wenn wir es nicht verändern können, haben wir keinen freien Willen.

An dieser Stelle muß zwischen zwei Dingen unterschieden werden. Freier Wille bringt Wahl mit sich. Es bedeutet, daß wir gegenüber einer Situation die Macht haben, einen Weg unter mehreren zu beschreiten. Die Tatsache allein, daß wir die Zukunft sehen können, hält uns nicht von dieser Wahl ab. Wenn ich sehe, daß ich mich von einem Felsen stürze, hat das an sich noch nicht zu bedeuten, daß ich keinen freien Willen habe. Ich kann voraussehen, daß ich meinen freien Willen benutzen werde, um mich von dem Felsen zu stürzen. Es beeinträchtigt meinen freien Willen nicht mehr, als wenn in einem Film gezeigt wird, was Menschen in der Vergangenheit getan haben. Wir können sehen, was sie tun, und wir wissen, was sie tun werden. Zu jenem Zeitpunkt aber waren sie vollkommen in der Lage, ihre freie Wahl zu treffen.

Wenn die Zukunft jedoch bereits geschehen ist, wenn sie in der Gegenwart existiert, welche Wahl haben wir dann? Ich erfahre aus der Akasha-Chronik, daß ich mir am 21. November das Bein brechen werde. Ich möchte mir das Bein an jenem Tag nicht brechen, aber in der Einheit der Zeit ist mein Bein bereits gebrochen. In dem Fall ist mein freier Wille schon verloren. Es ist nutzlos, mit der Annahme zu beginnen, daß wir einen freien Willen haben. Der freie Wille ist nicht etwas Unvermeidliches. Es gibt keinen logischen Grund dafür, warum nicht alles festgelegt sein sollte. Vielleicht ist es einfach einmal wichtig, unser kosmischen Gesetzen unterliegendes Schicksal und den Willen Gottes zu akzeptieren, statt zu versuchen, dagegen anzukämpfen.

Die Antwort auf dies Paradox, welches der Kern des ganzen Problems um den freien Willen und die Fähigkeit, die Zukunft vorauszusagen, ist, liegt darin, die verschiedenen Zeitebenen zu verstehen. Es herrscht deshalb Verwirrung, weil nur zwei Ebenen, die sogenannte spirituelle und die physische in Betracht gezogen werden, anstatt der vier Ebenen, die wir in Kapitel 3 beschrieben haben. Insofern als Raum und Zeit gleichzeitig existieren, existiert auch Zeit auf allen vier Ebenen. Wir können die Situation hier tatsächlich vereinfachen, indem wir die höhere Mental- und Astralebene als eins betrachten.

Die wahre Einheit der Zeit, wo Vergangenheit, Gegenwart und Zukunft gleichzeitig existieren, läßt sich nur auf der spirituellen Ebene finden. Hier ist die Zeit wie eine Chinavase, und hier könnten wir, falls es uns möglich wäre, in diesen Bereich zu gelangen, die absolute Zeit erfahren. Hier, wo Einheit und Vollkommenheit herrschen, gibt es keine Freiheit. Hier gibt es nur das Sein. Dies ist der Unterschied zwischen Menschen und Engeln. Engel bewohnen als die Mittler Gottes die spirituelle Sphäre. Engel haben, wie Gott, keine Freiheit und brauchen keine.

Wenn wir jedoch in die Zukunft blicken, haben wir nicht direkt Zugang zu dieser spirituellen Ebene. Wir können nur bis zur Zwischensphäre, der Astral- oder höheren Mentalebene sehen. Dies ist die Antwort auf unser Dilemma. Wir können die spirituelle Welt nur so weit erkennen, wie sie sich im Astralen widerspiegelt. Wir können Gott nicht von Angesicht zu Angesicht sehen. Insofern, als wir die spirituelle Sphäre nicht in der Astralsphäre widergespiegelt sehen, ist es lediglich die Widerspiegelung unseres eigenen Geistes, auf die wir treffen. Wenn wir uns mit Wahrsagerei beschäftigen, wenn wir die Akashachronik entziffern, wenn wir Zeitreisen unternehmen, wenn wir Träume oder Vorahnungen haben, befinden wir uns in der

Astralwelt. Manchmal sehen wir die Zukunft nicht, wie sie wirklich ist, manchmal sehen wir nur eine Widerspiegelung dessen, was sich zu jenem Zeitpunkt gerade in unserem eigenen Geist befindet. Wie nahe wir der spirituellen Sphäre sind, hängt von der Reinheit unseres eigenen Geistes ab.

Dies ist der Grund, warum kleine Kinder im allgemeinen am intuitivsten sind und am direktesten in Verbindung mit dem Spirituellen, Gott am nächsten. »Ich danke Dir, o Vater, Herr des Himmels und der Erde, daß Du diese Dinge vor den Weisen und Klugen verborgen und sie den Kindern offenbart hast.«[2] Wahrsagerei bedeutet deshalb, in Berührung mit dem Göttlichen zu kommen.

Was so oft mit Medien geschieht, die behaupten, die Zukunft vorauszusagen, ist, daß, während sie für den Geist anderer Menschen empfänglicher sind, sie nicht immer die spirituelle Ebene erfassen können. Indem sie mehr empfänglich als rein sind, nehmen sie das auf, was im Geist des anderen Menschen vor sich geht. Dies ist einigermaßen annehmbar, solange uns das, was geschieht, behagt.

Macht man sich ein System wie das Tarotspiel oder die Astrologie zunutze, so ist das Ziel nicht, herauszufinden, was geschehen wird, sondern anhand von Symbolen Zugang zum Unterbewußtsein des Menschen zu finden, und ihn somit mit seinen eigenen unbewußten Bedürfnissen in Berührung zu bringen und ihm zu helfen herauszufinden, was er wirklich will.

Das, was das Medium beziehungsweise der Hellseher sieht, sind also die unbewußten Absichten und Wünsche seines Kunden. Aufgrund dessen ist es nicht unbedingt die Zukunft, wie sie dann tatsächlich aussieht, sondern eher das, was im Unterbewußtsein des Orakelsuchenden enthalten ist. Oft fallen die beiden zusammen, und die unbewußten Sehnsüchte verwirklichen sich, aber häufig tun sie es auch nicht.

Die Kunst der Wahrsagerei liegt darin, zu dieser astralen oder unbewußten Ebene Zugang zu finden, und es ist dies, und sonst nichts, was wir sehen können. Das Ziel des Wahrsagers ist jedoch, so nah wie möglich an die spirituelle Ebene zu gelangen. Es ist diese Reinheit der Motivation, diese persönliche »Göttlichkeit«, die den echten Hellseher von einem billigen Kartenleger unterscheidet, der nichts weiter als ein psychischer Schwamm ist.

Je mehr der Wahrsager mit seiner eigenen spirituellen Quelle in Verbindung steht, desto mehr wird das, was er im Astralen oder Unbewußten sieht, die spirituelle Ebene widerspiegeln statt seinen eigenen Geist oder den der Person, die ihn aufsucht. Wie Israel Regardie sagte:

»Wahrsagerei ist die Kunst, aus einem einzigen Augenblick jede Art von Information zu erhalten, was das Ergebnis bestimmter Taten oder Ereignisse angeht. Das sogenannte Voraussagen der Zukunft ist ein Mißbrauch. Das einzige Ziel dieser Kunst ist, die intuitiven Fähigkeiten des sich damit Beschäftigenden in einem solchen Maße zu entwickeln, daß schließlich alle technischen Methoden, die man dabei anwenden kann, beiseite gelassen werden können. Wenn dieses Stadium der Entwicklung erreicht ist, so wird auf jedes Problem automatisch durch den intuitiven Mechanismus innerhalb der verlangten Information eine Antwort erscheinen, und zwar mit einem Grad der Sicherheit und Zuverlässigkeit, der nie von woanders herkommen kann als von einer inneren psychischen Quelle.«[3]

All die Ebenen existieren in uns, ebenso wie die Quantenebene in der Materie enthalten ist. In der Quantenphysik sind die Wellen, aus denen die Existenz besteht, unbestimmt. Erst wenn wir sie beobachten, werden sie bestimmbar, werden sie zu Teilchen. Im Astralen sind die Wellen unbestimmt. Sie reflektieren den spirituellen Bereich. Sie werden bestimmt und befähigen uns, die Zukunft vorauszusagen, sobald wir sie beobachten.

So existieren freier Wille und Schicksal zugleich. Freiheit existiert, bis wir eingreifen. Indem wir die Frage stellen, legen wir die Antwort fest. Während wir auf dieser Erde sind, können wir den Geist nicht erkennen, wir können nicht von uns aus zu dieser Ebene gelangen. Wir können nur seine Widerspiegelung erkennen.

Daß wir den Geist nicht direkt sehen können, daß nicht einmal Jesus es konnte, als er auf Erden war, machte letzterer selbst klar: »Himmel und Erde werden vergehen, aber meine Worte werden nicht vergehen. Wann jedoch, das weiß weder der Mensch noch die Engel im Himmel, auch der Sohn nicht, sondern nur der Vater allein.« Und nach seinem Tod sagte er: »Es ist euch nicht bestimmt, Einblick in den Ablauf der Zeiten zu haben, dies obliegt dem Vater allein.«[5]

Daraus folgt: obwohl die Zukunft im gegenwärtigen Augenblick existiert und dies auf einer bestimmten Ebene, der spirituellen, seit Beginn aller Zeiten getan hat, sind dennoch wir auf der physischen Ebene nicht an sie gebunden. Wir haben als menschliche Wesen Freiheit, und wir haben Willen. Damit ist unser Dilemma jedoch noch lange nicht beendet. Freiheit haben wir insofern, als wir in der Lage sind zu wählen. Die Frage, die sich nun aber stellt, ist: Sollen wir diese Freiheit der Wahl auch gebrauchen? Um diese Frage zu beantworten, müssen wir den Begriff der Freiheit selbst näher untersuchen. Was ist Freiheit? Und, wollen wir Freiheit?

Dämonische, chtonische Mächte – die Bedeutung der Freiheit

Hier ist die unmögliche Vereinigung
aller Ebenen der Existenz Wirklichkeit.
Hier sind Vergangenheit und Zukunft
erobert und versöhnt.
Wo das Handeln ansonsten Bewegung dessen wäre,
was nur bewegt wird
und in sich selbst keine Quelle der Bewegung hat –
getrieben von dämonischen, chtonischen Mächten.

T. S. Eliot: *The Dry Salvages*

Worin besteht die Freiheit, die wir scheinbar haben? Bedeutet Freiheit, daß wir tun können, was immer wir wollen? Gewiß ist dies nicht der Fall. Betrachten wir das Geburtshoroskop von Abbildung 1 auf Seite 17. Der Mensch, der am 15. Juli 1944 um 7.18 Uhr geboren ist, wird sein ganzes Leben an dies Horoskop gebunden sein. Er kann ihm nicht entrinnen. Er wird immer seine Sonne im Krebs im zwölften Haus haben und den Saturn im Quadrat zum Neptun. Um es ganz offen zu sagen: Dies Horoskop ist sein Schicksal.

Es ist nicht gut zu sagen, daß er sein kann, was immer er sein will. Er kann seine Sonne nicht im Schützen haben. Keine Willensanstrengung wird seinen Mond in die Zwillinge bewegen. All sein Verständnis und all sein Glauben an das Universum wird die Venus nicht aus dem zwölften Haus herausbringen. Welche Freiheit hat er also? Haben wir das Geheimnis der Zeit gelöst und gezeigt, daß Freiheit eine Wirklichkeit ist, damit sie uns dann letztendlich entweicht, wenn wir sie zu fassen versuchen? Ist sie nicht mehr als die Erschaffung eines quälerischen Gottes, der sie uns verlockend vor Augen hält und sie uns entzieht, sobald wir uns ihr nähern?

Es hat wenig Sinn zu behaupten, daß wir Freiheit besitzen, solange wir nicht wissen, worin diese Freiheit besteht. Äußerlich betrachtet bleibt das Paradox bestehen. Es ist klar, daß wir nicht frei sind, oder nicht vollkommen frei. In der Tat werden wir buchstäblich vom Rad des Lebens umgetrieben, welches im Kreis unseres Horoskops symbolisiert ist. Wir haben einen physischen Körper, wir haben bestimmte geistige Haltungen. Einige von uns werden verkrüppelt, blind oder geistig zurückgeblieben geboren. Wir können nicht fliegen, wir können keine Spitzensportler werden mit nur einem Bein.

Lassen sie mich an dieser Stelle eine Geschichte von Kafka zitieren, die mir als passendes Gleichnis erscheint: *Vor dem Gesetz*.

> Vor dem Gesetz steht ein Türhüter. Zu diesem Türhüter kommt ein Mann vom Lande und bittet um Eintritt in das Gesetz. Aber der Türhüter sagt, daß er ihm den Eintritt nicht gewähren könne. Der Mann überlegt und fragt dann, ob er also später werde eintreten dürfen. »Es ist möglich«, sagt der Türhüter, »jetzt aber nicht.« Da das Tor zum Gesetz offensteht wie immer und der Türhüter beiseite tritt, bückt sich der Mann, um durch das Tor in das Innere zu sehn. Als der Türhüter das merkt, lacht er und sagt: »Wenn es dich so lockt, versuche es doch, trotz meines Verbotes hineinzugehn. Merke aber: Ich bin mächtig. Und ich bin nur der unterste Türhüter. Von Saal zu Saal stehn aber Türhüter, einer mächtiger als der andere. Schon den Anblick des dritten kann nicht einmal ich mehr ertragen.« Solche Schwierigkeiten hat der Mann vom Lande nicht erwartet; das Gesetz soll doch jedem und immer zugänglich sein, denkt er, aber als er jetzt den Türhüter in seinem Pelzmantel genauer ansieht, seine große Spitznase, den langen, dünnen, schwarzen tatarischen Bart, entschließt er sich, doch lieber zu warten, bis er die Erlaubnis zum Eintritt bekommt. Der Türhüter gibt ihm einen Schemel und läßt ihn seitwärts von der Tür sich niedersetzen. Dort sitzt er Tage und Jahre. Er macht viele Versuche, eingelassen zu werden, und ermüdet den Türhüter durch seine Bitten. Der Türhüter stellt öfters kleine Verhöre mit ihm an, fragt ihn über seine Heimat aus und nach vielem anderen. Es sind aber teilnahmslose Fragen, wie sie große Herren stellen, und zum Schluß sagt er ihm immer wieder, daß er ihn noch nicht einlassen könne. Der Mann,

der sich für seine Reise mit vielem ausgerüstet hat, verwendet alles, und sei es noch so wertvoll, um den Türhüter zu bestechen. Dieser nimmt zwar alles an, aber sagt dabei: »Ich nehme es nur an, damit du nicht glaubst, etwas versäumt zu haben.« Während der vielen Jahre beobachtet der Mann den Türhüter ununterbrochen. Er vergißt die andern Türhüter, und dieser erste scheint ihm das einzige Hindernis für den Eintritt in das Gesetz. Er verflucht den unglücklichen Zufall, in den ersten Jahren rücksichtslos und laut, später, als er alt wird, brummt er nur noch vor sich hin. Er wird kindisch, und, da er in dem jahrelangen Studium des Türhüters auch die Flöhe in seinem Pelzkragen erkannt hat, bittet er auch die Flöhe, ihm zu helfen und den Türhüter umzustimmen. Schließlich wird sein Augenlicht schwach, und er weiß nicht, ob es um ihn wirklich dunkler wird oder ob ihn nur seine Augen täuschen. Wohl aber erkennt er jetzt im Dunkel einen Glanz, der unverlöschlich aus der Türe des Gesetzes bricht. Nun lebt er nicht mehr lange. Vor seinem Tod sammeln sich in seinem Kopfe alle Erfahrungen der ganzen Zeit zu einer Frage, die er bisher dem Türhüter noch nicht gestellt hat. Er winkt ihm zu, da er seinen erstarrenden Körper nicht mehr aufrichten kann. Der Türhüter muß sich tief zu ihm hinunterneigen, denn der Größenunterschied hat sich sehr zu ungunsten des Mannes verändert. »Was willst du denn jetzt noch wissen?« fragt der Türhüter, »du bist unersättlich.« »Alle streben doch nach dem Gesetz«, sagt der Mann, »wieso kommt es, daß in den vielen Jahren niemand außer mir Einlaß verlangt hat?« Der Türhüter erkennt, daß der Mann schon an seinem Ende ist, und, um sein vergehendes Gehör noch zu erreichen, brüllt er ihn an: »Hier konnte niemand sonst Einlaß erhalten, denn dieser Eingang war nur für dich bestimmt. Ich gehe jetzt und schließe ihn.«[6]

Jeder von uns hat seinen eigenen Weg. Jemand hat gesagt, daß Freiheit nichts anderes bedeutet, als sein vorherbestimmtes Schicksal freiwillig anzunehmen. Jung meinte: »Die Freiheit des Willens bedeutet die Fähigkeit, das mit Freude zu tun, was ich zu tun habe.« Der Psychologe Carl Rogers schließt sich dieser Meinung an: »Es ist eine Freiheit, bei der der Mensch wählt, sich zu vervollkommnen, indem er eine verantwortungsvolle und freiwillige Rolle dabei spielt, die vorherbestimmten Ereignisse seines Lebens zu bewältigen.«[7]

Nach dieser Auffassung ist unser Leben vorhergesehen. Man

hat die Freiheit, entweder anzunehmen oder abzulehnen. In seinen *Meditationen* schrieb Marc Aurel: »Was immer geschieht, es war seit aller Ewigkeit für dich vorgesehen, und dein Lebensfaden ist seit Ewigkeiten durch Kausalzusammenhänge gesponnen.«

Jeder von uns hat seinen eigenen »Lebensmythos«. Dieser läßt sich im Horoskop erkennen. Tatsächlich ist das Horoskop nichts anderes als das. Es gibt hier keine Wahl. Besteht die Wahl dann darin, daß wir jenen Mythos einfach akzeptieren und ihn bewußt leben oder ihn ablehnen und versuchen, einem anderen Muster zu folgen? Jesus akzeptierte seinen »Lebensmythos« – gekreuzigt zu werden und der Erlöser der Menschheit zu sein. »Laß diesen Kelch an mir vorübergehen – aber nicht mein Wille geschehe, sondern der Deine.«

Satan versuchte ihn in der Wüste, ein weltlicher Herrscher zu werden. Er hätte wählen können, die Erwartungen zu erfüllen, die die meisten seiner Landsleute, seine eigenen Schüler inbegriffen, eifrig vom Messias erwartet hatten. Er hätte ein Heer aufstellen können, um die Römer aus dem Heiligen Land zu vertreiben. Statt dessen akzeptierte er sein Schicksal. Es war einzig und allein seine Wahl.

Wie Whitmont es ausdrückte: »Man könnte sagen, daß unsere Komplexe die Karten sind, die das Schicksal uns zugesteckt hat; mit diesen Karten und mit keinen anderen können wir das Spiel entweder gewinnen oder verlieren. Und wenn wir so tun, als ob wir sie nicht hätten oder nach anderen fragen, sind wir geschlagen, haben wir verloren, ehe wir überhaupt beginnen.«[8]

Die Stoiker versuchten, das Dilemma von Schicksal und freiem Willen, die Spaltung zwischen Himmel und Erde zu überwinden, indem sie glaubten, daß der schlechte Mensch der war, der sich gegen das Gesetz der Natur auflehnte und daß die Freiheit in der Harmonie von Natur und Verstand lag.

Kehren wir die Frage um und fragen wir, warum wir überhaupt ein bestimmtes Horoskop haben. Wir nehmen an, daß wir einen ganz bestimmten Weg im Leben zu gehen haben. Aber vielleicht wählen wir diesen Weg selbst. Vielleicht ist unser Horoskop der Ausdruck unserer freien Wahl. Nach kabbalistischer Auffassung hat die Seele die Freiheit der Wahl, und die Aufgabe liegt darin, diese in der Welt zu verwirklichen.

> Der Seele wird dann der vorliegende Plan ihres Lebens gezeigt, die Menschen, denen sie begegnen wird und die Orte, durch die sie kommen wird, stets wissend, daß ihr Schicksal

darin liegt, die Gegenwart Gottes zu jener bestimmten Zeit und an jenem bestimmten Ort innerhalb des physischen Universums zu verwirklichen.

Das stimmt gewiß mit der ursprünglichen Bedeutung des Horoskops überein, als zum richtigen »Zeitpunkt« geboren zu werden. Wie Plotin sagte: »Jede Seele hat ihre Stunde (hora); wenn jene schlägt, dann steigt die Seele herab und zieht in den ihr gemäßen Körper ein.« Unser psychologisches und physisches Make-up, welches im Horoskop abzulesen ist, bekommen wir deshalb, weil es genau das ist, welches wir in dieser Inkarnation brauchen. Es liegt also ein Sinn darin, die »Karten« zu haben, die das Schicksal uns »zugesteckt« hat.

Was sagen die maßgeblichen Psychologen, die ich zitiert habe, schließlich zu all dem? Daß wir wohl oder übel bestimmte charakteristische Eigenschaften haben und sie besser akzeptieren sollten? Daß wir die Wahl haben, sie zu mögen oder sie nur einfach hinzunehmen? Seneca schrieb: »Fata volentem ducunt, trahunt nolentem.« Und Jung paraphrasierte diesen Satz mit der Feststellung, daß menschliche Freiheit auf der Wahl beruht, den vorherbestimmten Pfad aufrecht zu gehen, das heißt, ihn zu akzeptieren oder »wie Vieh zum Schlachthof gezerrt zu werden, wenn wir versuchen, gegen ihn anzugehen«.

Dies ist es jedoch nicht ganz, was gesagt wird. Gewiß gibt es keine totale Freiheit. Ebenso wie es in der physischen Welt keine gibt. Wir sind auf vielerlei Art begrenzt. Es gibt physikalische Gesetze, und es gibt spirituelle Gesetze. Und weder die einen noch die anderen können straflos gebrochen werden. Wir haben die Freiheit, unsere Hand ins Feuer zu halten, und wir haben die Kraft, unsere Seelen ins spirituelle Feuer zu halten.

Wenn wir uns verbrennen, rufen wir die ganz natürliche Reaktion hervor, die diesen Gesetzen gemäß dem Prinzip der Nemesis entspricht. Es ist weder eine Frage von Bestrafung noch von Gesetzüberschreitung. Wenn wir uns auf eine bestimmte Weise verhalten, werden wir eine bestimmte Reaktion hervorrufen. Die allgemeinen spirituellen Gesetze sind in der Kabbala enthalten, die individuellen Gesetze in der Astrologie, im Horoskop.

Der Grund, warum wir Freiheit besitzen, ist, daß wir bewußt sind. Bewußtsein macht uns fähig, Wahlen zu treffen. Die Engel sind nicht frei. Sie brauchen keine Freiheit. Der Mensch ist frei, weil er unvollkommen ist. Und so soll es sein, denn in seiner Unvollkommenheit kann er zur Vollkommenheit gelangen.

Whitmont hat diese Lage folgendermaßen ausgedrückt: »Ohne sich seines eigenen Potentials, seiner Beschränkungen und Bedürfnisse bewußt zu sein, ist Freiheit ein Fantasiebegriff.« Und Anthony Storr schrieb: »Unsere größte Freiheit erlangen wir, wenn wir unsere Beschränkungen anerkennen.«[10] Wir können diese Freiheit der Wahl jedoch nur anwenden, wenn wir uns der Mächte unseres Bewußtseins bedienen.

Solange wir uns unserer selbst, unseres psychologischen Make-ups nicht bewußt sind, haben wir keine Macht, irgendeine Wahl zu treffen. Der erste Schritt zur Freiheit ist daher die Selbsterkenntnis. Solange wir unseren »Lebensmythos« nicht bewußt erkennen, stellt sich die Frage überhaupt nicht, ob wir uns entscheiden, ihn zu akzeptieren oder nicht. Deshalb müssen wir uns selbst erkennen – damit wir wirklich wir selbst sein können. Aus diesem Grund ist das Horoskop so wertvoll, denn es ist Abbild unserer selbst.

Was auch immer wir tun, hängt davon ab, was wir sind. Viele Menschen, vielleicht die meisten, machen den Fehler zu versuchen, ihr Leben auf einem nicht für sie bestimmten Weg zu gehen. Statt daß sie erst versuchen, ihre ganz bestimmte Rolle im Leben zu entdecken, versuchen sie zu entscheiden, was sie gerne tun würden und passen ihr Leben dem dann an, indem sie versuchen, ihre Absichten in die Wirklichkeit umzusetzen.

In den wenigen Fällen, wo ein Mensch in Verbindung mit seinem inneren Selbst ist, wird er von seinem Unterbewußtsein auf seinen wahren Weg gelenkt werden. Andernfalls wird er einem unfruchtbaren Weg folgen – denn es wird nicht sein eigener sein. Zuerst müssen wir uns selbst erforschen, um herauszufinden, was unser Weg ist. Indem wir bewußt mit unserem Unterbewußtsein in Verbindung stehen, können wir dann diesem Weg auch folgen.

Wenn wir nicht bewußt sind, dann geschehen uns die Dinge in der Außenwelt, und es gelingt uns nicht zu erkennen, daß diese äußeren Ereignisse in Wirklichkeit unser Unterbewußtsein widerspiegeln. Wie Jung sagte:

> »Es ist eine Regel in der Psychologie, daß, wenn eine innere Situation nicht bewußt gemacht wird, sie in der Außenwelt als Schicksal auftritt. Das heißt, wenn der Mensch ungeteilt bleibt und sich seiner inneren Widersprüche nicht bewußt wird, muß die Welt mit Gewalt den Konflikt ans Tageslicht bringen und in zwei entgegengesetzte Lager geteilt werden.«[11]

In Wirklichkeit gibt es keinen Unterschied zwischen innen und außen. Das Unbewußte trägt unsere Bedürfnisse in sich. Wir sollten uns dieser Bedürfnisse bewußt sein, andernfalls findet das Unterbewußtsein einen Weg, sie uns aufzuzwingen. Es ist die Vereinigung, die uns die Freiheit der Wahl erlaubt. Emerson stellte das Prinzip folgendermaßen dar:

»Das Geheimnis der Welt besteht in der Verbindung zwischen dem Menschen und dem Ereignis. Die Seele enthält das Ereignis, das auf sie zukommen wird. Das Ereignis ist der Abdruck ihrer Gestalt. Ereignisse wachsen mit derselben Geschwindigkeit wie die Menschen selbst. Jedes Lebewesen schafft sich selbst seine Bedingungen und seinen Lebensbereich, so wie die Schnecke sich ihr schleimiges Haus auf einem Blatt herausschwitzt. Ein Mensch wird sehen, wie sich sein Charakter in den Ereignissen ausdrückt, die ihm anscheinend widerfahren, die aber nur von ihm selbst ausgehen und ihn begleiten.«

Hier haben wir nun den Begriff des Bewußtseins zur Sprache gebracht. Wir nehmen bewußt unseren »Lebensmythos« wahr. Besteht Freiheit nun einfach darin, sich dessen bewußt zu sein, was uns geschehen sollte und es dann zu akzeptieren? Auf den ersten Blick scheint es ein wenig mehr zu sein, als während einer Operation wach zu bleiben.

Es ist hier jedoch ein tiefes Paradox vorhanden, und dies geht aus den offensichtlich widersprüchlichen Feststellungen von Carl Rogers recht gut hervor. Einerseits sagt er:

Das Verhalten eines versperrten Menschen ist festgelegt, aber er ist nicht frei, eine wirkliche Wahl zu treffen. Der voll funktionierende Mensch hingegen erfährt nicht nur, sondern bedient sich der absolutesten Freiheit, wenn er spontan, frei und von sich aus wählt und will, was absolut festgelegt ist.

Andererseits sagt er: »Was ich im nächsten Augenblick tue, und was ich tun will, entsteht aus diesem Augenblick und kann weder von mir noch von anderen im vorhinein vorausgesagt werden.« Wie lassen sich diese beiden Behauptungen auf einen Nenner bringen?

Wenn wir uns so akzeptieren, wie wir sind, dann ist das alles, was wir jemals sein können. Wir können nicht jemand anders sein, so sehr wir es vielleicht auch möchten. Sobald wir uns aber einmal wirklich selbst akzeptiert haben, haben wir nichts weiter zu tun. Allein durch unser Sein werden wir. Wir sind im Tao, wir sind ganze Menschen, und unsere Taten sind unsere spontane Entwicklung und ein Teil unseres Seins. Wir sind ein Prozeß.

Dies ist der wesentliche Unterschied. Er liegt in der Einstellung. Und deshalb kann das, was wir tun, nicht vorhergesagt werden. Es ist ein wesentlicher Bestandteil unserer selbst. Unsere Gegenwart und unsere Zukunft verschmelzen in eins.

Jeder in seinem Gefängnis – der Wille zur Freiheit

Ich habe gehört, wie der Schlüssel sich in der Tür drehte, und er drehte sich nur einmal. Wir denken an den Schlüssel, jeder in seinem Gefängnis, und jeder bestätigt das Gefängnis, indem er an den Schlüssel denkt. Nur bei Einbruch der Nacht beleben himmlische Geräusche neu einen gebrochenen Koriolan.

T. S. Eliot: *The Waste Land*

Wenn die Freiheit existiert, warum sind wir in Ketten? An dieser Stelle muß man sich mit einer anderen Frage konfrontieren: Wollen wir frei sein?

Bereitwillig erklären wir, daß Freiheit etwas Wünschenswertes sei. Es bedeutet, zu tun, was immer wir wollen. Daß mit Freiheit auch Verantwortung und Einsamkeit einhergehen, daß sie unvermeidlich sind, das wollen wir nicht sehen. Die simple Wahrheit ist, daß die meisten Menschen nicht frei sind, weil sie Freiheit nicht wirklich wollen.

Freier Wille besteht aus zwei kurzen Worten. Die Aussicht auf Freiheit ist uns willkommen. Aber wir neigen dazu, den Willen zu vergessen. Schopenhauer brachte das auf den Punkt: »Wir haben vielleicht einen freien Willen – aber nicht den Willen, ihn zu benutzen.« Die Freiheit liegt ebenso in unserer Einstellung wie in unseren Umständen.

Der eine mag sein Leben als ein Gefängnis betrachten, während der andere dieselben Umstände als Erfüllung empfindet. Wie Richard Lovelace so treffend formulierte:

Wände aus Stein machen noch kein Gefängnis,
auch Eisenstäbe keinen Käfig.

Dem unschuldigen, in sich ruhenden Geist
ist das alles nichts als eine Einsiedelei.

Die gleichen erschreckenden Verhältnisse von Armut und Krankheit, welche einen Großteil der Bevölkerung von Kalkutta in Elend und Verzweiflung gestürzt hat, waren Mutter Theresa willkommen. Viele Menschen, die gelähmt, blind oder körperlich behindert sind, sind in ihrem Geist viel freier als solche, die all die materiellen Vorteile besitzen, mit denen das Leben sie überhäuft.

Oft sind diejenigen, die alles haben, am gierigsten und unzufriedensten. Oft haben diejenigen mit den wenigsten Vorteilen den meisten Erfolg. Natürlich muß man sich zuerst seines individuellen, ganz persönlichen Pfades bewußt sein. Der erste Schritt besteht deshalb darin, herauszufinden, worin die Absicht dieser Inkarnation besteht, und dann den Willen zu haben, dieser Absicht zu folgen.

Der Weg zur Selbsterkenntnis ist die Suche nach dem Mythos. Der Weg selbst führt nirgendwohin. Wir enden, wo wir angefangen haben – bei uns selbst. Aber während der Reise, in ihrem Verlauf selbst, lernen wir uns erkennen. Wir sind, was wir sind, aber wir können das, was wir sind, nur durch unsere Handlungen kennenlernen.

Freiheit ist ein doppelter Vorgang. Zunächst müssen wir aus der Gebärmutter ausbrechen und uns von Autoritäten befreien, um unsere individuelle Freiheit zu erlangen. Dieser Vorgang wird vom Mythos der Vertreibung Adams und Evas aus dem Paradies dargestellt, und die astrologischen Parallelen sind am Symbolismus dieser Geschichte besonders interessant.

Am Anfang lebten Adam und Eva im umgrenzten Paradiesgarten, der die Gebärmutter symbolisiert. Zu jener Zeit gab es keine Unterschiedenheit und deshalb keine Freiheit. Dann wurden sie von ihrem Geist, symbolisiert in der Schlange, versucht, ihren eigenen Weg zu gehen, um sich gegen die etablierte Autorität des Herrn – die Vaterfigur – aufzulehnen.

Um frei zu sein, hatten sie auszubrechen. An dieser Stelle ist es interessant zu erwähnen, daß Saturn sowohl die Autorität darstellt, von der sie sich trennen mußten, als auch Satan, den Versucher, der ihnen das Wissen gab, das sie befähigte, frei zu sein.

Das Paradox, das in der Doppelnatur Saturns veranschaulicht wird, zeigt sich in der Tatsache, daß er auch unseren Schatten darstellt. So ist das Ziel nicht so sehr, von der Autorität wegzukommen, als sie von einer äußeren Quelle in einen Teil unserer eigenen, inneren Struktur umzuformen. Wenn wir wirklich frei sind, unsere eigene Autorität werden, dann können wir aus eigenem Entschluß unser persönliches Kreuz tragen und dem Herrn wieder folgen.

Dies ist es, was Jung meinte, als er schrieb: »Ehe man nicht sein Schicksal akzeptiert, gibt es keine Individuation; man bleibt nichts weiter als ein Zufall, ein sterbliches Nichts.«

Nach der Trennung des Anfangs können wir uneingeschränkt die Lektionen des Lebens akzeptieren. Und dies ist es auch, was Jesus meinte, als er sagte: »Nehmt mein Joch auf euch und lernt von mir; denn ich bin sanft und demütig im Herzen; und ihr werdet Frieden der Seele finden. Denn mein Joch ist einfach und meine Bürde leicht.«[12]

Weil sie den Geboten Gottes nicht gehorchten, wurden Adam und Eva aus dem Paradies vertrieben. Die Nabelschnur wurde abgeschnitten. Einige Menschen können nicht einmal diesen ersten notwendigen Schritt in die Freiheit vollziehen, den von Uranus. Manche Menschen bleiben tatsächlich oder im übertragenen Sinn an ihre Gebärmutterursprünge gefesselt. Manche gehen nie weg von zu Hause, andere heiraten Elternfiguren, wieder andere bleiben wie erwachsene Schuljungen, die nach den einstigen Zusammenkünften suchen, im verzweifelten Bedürfnis nach irgendeiner Autorität, die ihnen sagt, was sie tun sollen und ihnen die Verantwortung für ihr eigenes Leben abnimmt.

Adam und Eva befanden sich schließlich außerhalb der Pforten des Paradieses. Die Cherubime mit ihren Feuerschwertern verhinderten, daß sie in den Garten mit dem Lebensbaum zurückkehrten. Es gab nur einen Weg, den sie einschlagen konnten. An diesem Punkt bleiben viele stecken. Sie werden zu Rebellen. Sie reagieren negativ auf alle Autorität – ihre Väter, die Regierung, die Polizei, sogar Strukturen in der Musik oder Malerei – ohne irgendeinen konstruktiven Ersatz zu bieten.

Diese Menschen zerstören nicht, um aufzubauen, sondern weil sie Saturn in sich selbst nicht in Harmonie bringen können. Dies ist das Stadium der Entfremdung – der einsame Weg durch die Wüste. Der Sinn, sich gegen den Vater zu stellen, ist nicht, das Saturnprinzip loszuwerden. Das Ziel der Opposition ist, klarer zu sehen, eine Perspektive zu entwickeln, wie in einem Spiegel. Saturn als der Schatten muß angenommen und geliebt werden. Zunächst muß er zerbrochen werden, aber nur, damit er wieder aufgebaut und zu einem wesentlichen Bestandteil unserer selbst transformiert werden kann. Christus führt uns zurück zum Vater durch das Kreuz.

Diejenigen, die im negativen Uranus-Stadium steckenbleiben, sind nicht frei. Sie haben nur »einen Haufen von zerbrochenen Bildern«. Der nächste Schritt ist, uns der Liebe Gottes durch Neptun zu weihen. Lernen, sich zu sorgen und sich nicht zu sorgen. Zu akzeptieren und nicht festzuklammern. Bereit sein, unser inneres Selbst uneingeschränkt hinzugeben, ohne an den Preis zu denken. Alles aufzugeben, unser Leben, unsere Vorstellungen, unsere Ideale.

Die negative Seite von Neptun ist die Versuchung, sich auf masochistische Weise von der Bürde der Freiheit zu befreien, indem man sich zum Märtyrer macht. Dabei wird die Verantwortung mit Erfolg auf andere abgeschoben – sei es ein Mensch, ein Guru oder eine Organisation. In diesem Falle müssen wir unsere Talente und Begrenzungen als die notwendigen Tribute unseres Charakters akzeptieren.

Dies führt zum letzten Stadium, dem von Pluto, wo wir nicht versuchen, jemand anders zu sein, sondern wirklich wir selbst. Hier müssen wir unbarmherzig unseren Willen einsetzen, mit all der Macht und Bestimmtheit des erbarmungslosen, aber völlig gerechten Gottes der Unterwelt.

Hier müssen wir unsere Träume aufgeben und uns mit uns selbst konfrontieren. Hier erkennen wir, daß das, was wir am wenigsten mögen, unser eigener Schatten ist. Wenn wir den Mut haben, dies zu tun, uns zu akzeptieren, wie wir wirklich sind, mit allen Fehlern und Schwächen, und uns zu lieben wie wir sind, dann werden wir wirklich frei sein. Dann können wir in den Garten Eden zurückkehren und vom Baume des Lebens essen.

Wir sind wieder da, wo wir angefangen haben. Der Unterschied jedoch ist, daß wir im vollen Licht des Bewußtseins zurückgekehrt sind. Wir sind zu unserem Ausgangspunkt zurückgekehrt, aber auf einer anderen Ebene. Zunächst war der Berg ein Ganzes. Um den Berg zu sehen, war die Teilung nötig. Dann konnte die Vereinigung bewußt durchgeführt werden. Als beide Hälften ihre Individualität erlangt hatten, dann und erst dann konnte zwischen den beiden eine Hochzeit stattfinden.

Der Weg zur Freiheit ist nicht einfach. Es erfordert sehr viel Mut, sich mit sich selbst zu konfrontieren und man selbst zu sein. Wenn wir aus dem Paradies herausgeworfen werden, ist zunächst Entfremdung da. Wir stellen uns gegen die Autoritäten und lernen, für uns selbst zu denken. Wir entbehren Wärme und Sicherheit des Heims. Es ist viel leichter, die Werte anderer Menschen zu akzeptieren und ihren Erwartungen zu folgen. Es ist viel einfacher, andere oder äußere Umstände verantwortlich zu machen, als zu akzeptieren, daß unsere Probleme ihren Ursprung in uns selbst haben.

Aus diesem Grund sind die meisten Menschen nicht frei. Sie mögen das Wort Freiheit. Sie verlangen ihre Rechte. Wenn es jedoch dazu kommt, die Verantwortung zu akzeptieren, die damit verbunden ist, wenn es dazu kommt, sich damit zu konfrontieren, wie man wirklich ist, wenn es dazu kommt, seinen eigenen, einsamen Pfad zu beschreiten und außerhalb des eigenen Tores zu warten, ist dies etwas ganz anderes. Dann wenden sie sich traurig ab.

Für diejenigen, die sich abwenden, ist das Leben jedoch nicht einfacher. Bis zu einem gewissen Punkt kann man um die Verantwortung herumkommen. Ob es ihnen jedoch paßt oder nicht, sie bleiben stets sie selbst und kommen nicht von sich selbst weg. Wenn wir es ablehnen zu akzeptieren, was innerhalb des Rades unseres Horoskops ist, dann lassen wir das Rad einfach kreisen und vergessen die Wirklichkeit. Nichts hat sich verändert. Wir können unsere Augen schließen, aber das Rad dreht sich immer noch.

Wie auch immer, die Umstände werden eintreten. Entscheidend ist nicht, was geschieht, sondern wie wir das, was geschieht, erfahren. Darin liegt der Unterschied zwischen Freiheit und Schicksal. In Abbildung 1 auf Seite 17 stand Pluto am 6. Februar 1986 im Quadrat zu Merkur. Das läßt sich aus dem Geburtshoroskop erkennen. Es ist nicht zu vermeiden. Es ist das Schicksal jenes Menschen. Welche Bedeutung, wenn überhaupt, hat jedoch der Besitzer dieses Horoskops der Konstellation, die ihn da getroffen hat, gegeben? Wie hat er sie erfahren – frei und bewußt oder mit geschlossenen Augen?

Unser ganzes Leben lang finden Planetenkonstellationen über unserem Horoskop statt, denn wir müssen gewisse Erfahrungen machen. Erfahrungen sind notwendig. Wenn wir versuchen, sie zu umgehen, versäumen wir das Wesentliche. Wir müssen uns entwickeln, um zu wachsen, um mehr zu werden als wir wirklich sind, und manchmal ist dieser Vorgang schmerzhaft.

Wenn wir versuchen, den Vorgang zu vermeiden, betrügen wir nicht das Schicksal, sondern lediglich uns selbst. Wir verbringen unser Leben buchstäblich damit, vor unserem eigenen Schatten davonzulaufen. Freiheit besteht in der Fähigkeit, Krisen entweder eine Bedeutung von Wachstum und Erfüllung zu geben oder eine Bedeutung von Frustration und Hilflosigkeit. Wichtig ist der Sinn, der in dem liegt, was geschieht. Warum geschieht etwas? Warum stand Pluto 1986 im Quadrat zu Merkur?

Whitmont hat geschrieben:

> Man wird das Selbst eher zur Hilfe als zur Verhinderung aufrufen, wenn man fragt: Was verlangt diese Situation von mir oder was will sie mich lehren? Wie kann ich diesem Problem im Dienste des Lebens und der transpersonalen Werte dienen? Statt: Was kann ich hier für mich selbst herausholen.[13]

Frankl formulierte:

> Da jede Situation im Leben für den Menschen eine Herausforderung darstellt und ein Problem, das zu lösen ist, läßt sich die Frage nach dem Sinn des Lebens tatsächlich umkehren. Letztendlich sollte der Mensch nicht fragen, was der Sinn des Lebens ist, sondern er sollte vielmehr erkennen, das ER es ist, um den es geht. Mit einem Wort, jeder Mensch wird vom Leben zur Rechenschaft gestellt. Auf das Leben kann er nur antworten, indem er Verantwortung übernimmt ... Verantwortung ist die Essenz selbst der menschlichen Existenz. Man sollte deshalb nicht nach einem abstrakten Sinn des Lebens suchen. Jeder hat seine eigene spezifische Berufung oder Mission im Leben. Jeder muß einer konkreten Bestimmung folgen, die nach Erfüllung verlangt. Darin kann er nicht ersetzt werden, und sein Leben kann auch nicht wiederholt werden. So ist die Aufgabe eines jeden ebenso einzigartig wie seine spezifischen Möglichkeiten, sie durchzuführen.

Jeder von uns hat seinen eigenen individuellen Weg. Dieser Weg wird vom Horoskop symbolisiert. Das sind wir. Wenn wir uns natürlich entwickeln, im Einklang mit unserer inneren Struktur, dann werden wir zu uns selbst. Wir müssen dann nicht nach jedem Transit Ausschau halten, der irgendwann in der Zukunft stattfindet, um herauszufinden, welche von verschiedenen Möglichkeiten wir ergreifen sollen. Wir müssen ganz sein, im Tao, wo Bewußtes und Unbewußtes eins sind. Dann werden wir unvermeidlich in jeder Art von Umständen das tun, was richtig ist, einfach deshalb, weil Tun ein Teil des Seins ist.

Unser freier Wille besteht darin, unseren Willen in Übereinstimmung zu bringen mit dem göttlichen Muster, das unser wirkliches Selbst beziehungsweise unser spirituelles oder archetypisches Wesen ist. Es geht nicht darum, passiv zu sein. Im Gegenteil, es erfordert sehr viel Willenskraft, ständig in Berührung mit unserem wirklichen Selbst zu sein.

Das Ziel ist dann, unsere wirkliche Struktur zu finden, welche durch das Horoskop symbolisiert wird. Und uns anschließend mit dieser Struktur in Übereinstimmung zu bringen, so daß unser Wille und Gottes Wille eins werden. Mit anderen Worten, unsere physische Ebene wird mit unserer spirituellen Ebene oder unserem göttlichen Funken vereint. Wenn wir dann eins mit dem Universum sind, worauf können wir unseren freien Willen noch ausüben? Wenn wir frei sind, *sind* wir einfach. Dann können wir nicht frei sein.

Die Frucht des Rebstocks – Schicksal und freier Wille in der Astrologie

Und Gott sagte,
Weissage dem Wind, nur dem Wind,
denn nur der Wind wird zuhören.

T. S. Eliot: *Ash-Wednesday;* 1930

Wir sollten jetzt in der Lage sein, die Frage zu beantworten, ob Astrologie die Zukunft voraussagen kann. Wie wir gesehen haben, ist diese Frage nicht ganz so einfach, wie es ursprünglich schien. Zunächst stellt sich ganz allgemein die Frage, ob man die Zukunft vorhersagen kann. Dann, angenommen die erste Frage ließe sich positiv beantworten, kommt die ganz spezifische Frage, ob ein Astrologe die Zukunft voraussagen kann.

Wir haben das Paradox, das in der ersten Frage enthalten ist, gelöst, indem wir zwischen den verschiedenen Welten oder Existenzebenen unterschieden haben. Nur auf der spirituellen oder archetypischen Ebene herrscht die wirkliche Einheit von Raum und Zeit. Hier vereinen sich Vergangenheit, Gegenwart und Zukunft in einem zeitlosen Augenblick miteinander. Wenn wir diesen Zustand erreichen könnten, dann könnten wir die Zukunft ebenso sicher erkennen wie die Gegenwart.

Diesen Zustand der »Soheit« und die Fähigkeit, in die Zukunft zu sehen, können wir bei seltenen mystischen Erlebnissen erlangen. Obwohl wir nicht sagen können, wie, wissen wir dann einfach. Man fragte Jung einmal, ob er an Gott glaube. »Nein«, begann er langsam, »ich glaube nicht an Gott.« Bestürztes Schweigen, ehe er fortfuhr: »Ich weiß.«

Dies ist die Erfahrung des Absoluten, der Einheit mit Gott. »Ich weiß, daß mein Erlöser lebt.« Es ist eine Vision der Vollkommenheit, wenn die Existenz eins wird und wir keinen Zweifel mehr haben. Jeder, der eine solche Erfahrung gehabt hat, weiß einfach, auch wenn er seine Erfahrung nicht erklären oder teilen kann.

Auf der physischen Ebene sind wir frei, obwohl wir diese Freiheit selten wahrnehmen. Wir sind frei, unseren Weg zu wählen, frei in der Einstellung unserem Leben gegenüber. Das Endergebnis mag gleich sein, welchen Weg wir auch einschlagen, aber in spiritueller Hinsicht ist der Unterschied gewaltig.

Jesus hatte die Freiheit, sein Schicksal abzuschaffen und das Kreuz zu umgehen. Statt der Retter der Menschheit zu werden, hätte er zeitlicher Herrscher eines freien Israels werden können. Dann wären die Römer vielleicht in sein neues Königreich einmarschiert und hätten ihn für seine politischen Aktivitäten gekreuzigt. Auf der materiellen Ebene hätte er in jedem Fall am Kreuz geendet. Hätte er aber letzteren Weg gewählt, wäre dann das Kreuz heute überall in der Welt ein geheiligtes Symbol?

Welchen Weg ein Mensch ganz konkret einschlagen wird, können wir nicht sagen. Auf der physischen Ebene haben wir die Freiheit, unsere Zukunft selbst zu bestimmen. Genaugenommen stellt sich also die zweite Frage nicht. Dennoch kann, obwohl die Zukunft nicht in einem absoluten Sinn vorausgesagt werden kann, eine Art von Zukunft auf der materiellen Ebene vorhergesehen werden, und es ist wichtig zu sehen, was der Astrologe auf diesem Gebiet seiner Kunst vermag.

Zweifellos kann der Astrologe, wie der Astronom, genau sagen, wo sich die Planeten zu einem bestimmten Zeitpunkt in der Zukunft am Himmel befinden werden. In diesem Sinne kann er voraussagen, und zwar genau. Es gibt nicht den geringsten Zweifel, daß am 26. Januar 1989 Uranus 3 Grad 12 Min. im Steinbock stehen wird, in direkter Opposition zum Saturn des in Abbildung 1 auf Seite 17 dargestellten Horoskops. Jeder Astrologe kann uns das sagen, und diese mundanastrologische Voraussage kann nicht widerlegt werden, außer wenn das Sonnensystem in der Zwischenzeit auseinanderfällt.

Die Schwierigkeiten beginnen jedoch, sobald der Astrologe

versucht, die materiellen Phänomene zu interpretieren. Und an dieser Stelle ist es von allergrößter Bedeutung, Sinn und Zweck der Astrologie richtig einzuschätzen, wenn diese Kunst korrekt angewandt werden soll. Es hat keinen Zweck zu sagen, daß man die Zukunft überhaupt nicht voraussehen kann oder daß der Astrologe auf Voraussagen verzichten sollte, wie manche Astrologen meinen.

Dies ist nichts weiter als der Versuch, dem Problem davonzulaufen. Wir wissen ganz genau, daß im Januar 1989 im Geburtshoroskop von Herrn X Uranus in Opposition zu seinem Saturn stehen wird und daß im Januar 1896 Uranus im Quadrat zum Saturn des Horoskops von Abbildung 2 auf Seite 31 gestanden hatte. Was der Kunde in beiden Fällen wissen will, ist, welche Bedeutung diese Planetenkonstellationen für ihn zu diesem Zeitpunkt haben oder hatten. Was werden diese Konstellationen für Herrn X und Herrn Y bedeuten?

Die Frage, die ein Astrologe zu beantworten versucht, ist, welche Bedeutung eine bestimmte Planetenkonstellation für einen bestimmten Menschen hat. Was die meisten Astrologen jedoch tatsächlich tun, ist etwas ganz anderes. Anstatt nach der Bedeutung für den jeweiligen Menschen zu suchen, suchen sie nach irgendeiner allgemeinen Erklärung, die für den jeweiligen Menschen, mit dem sie zu tun haben, unter Umständen überhaupt keine Bedeutung hat.

Der Grund dafür ist, daß viele Astrologen ihre Methoden auf etwas begründet haben, was sie für »wissenschaftliches« Vorgehen halten. Diese Methoden mögen für Wissenschaftler geeignet sein, was sie aber nicht automatisch auch für Astrologen anwendbar macht. Was geschieht, ist, daß die Astrologen nach irgendeinem allgemeinen Prinzip Ausschau halten, welches auf statistischen Erfahrungen der Vergangenheit beruht. Sie betrachten Tausende von Uranus-Konstellationen, die in der Vergangenheit stattgefunden haben und entdecken, daß in den meisten Fällen damit irgendeine Art von »Veränderung« einhergeht. Deshalb wird es wahrscheinlich im Leben des Betroffenen irgendeine Veränderung geben.

Indem sie dann die verschiedenen Arten von Veränderung analysieren, können sie angeben, mit wieviel Wahrscheinlichkeit eine bestimmte Art von Veränderung eintreten wird. Statistiken können zwar in bestimmten Wissensbereichen eine Rolle spielen, wenn man sie aber unter den falschen Bedingungen einsetzt, können sie völlig ungeeignet und irreführend sein.

In der Astrologie sprechen wir von Einzelwesen, nicht von Gruppen. Die ganze Bedeutung und jeder Zweck der Astrologie gehen verloren, wenn man versucht, die Zukunft eines Individuums auf der Grundlage von Statistiken vorherzusagen. Man geht nicht nur am Wesentlichen vorbei, sondern man kann auch viel Schaden anrichten. Der Schaden trifft den Ratsuchenden, der nicht als Einzelindividuum, sondern als Rädchen in einer Maschine behandelt wird, und den Astrologen, dem es nicht gelingt, seine Kunst richtig anzuwenden.

Die Frage ist: Was bedeutet es, wenn Uranus zur Geburts-Venus von Frau Schmidt in Opposition steht? Wie ich im Laufe dieses Buches immer wieder betont habe, ist Astrologie eine Kombination von Bewußtsein und Unterbewußtsein. Wir müssen das Bewußtsein einsetzen, um zum Unbewußten vorzudringen. Die Symbole, die in der Astrologie benutzt werden, sollten intuitiv benutzt werden. Deshalb sind Methoden wie Tarot und I-Ging besser für Vorhersagen geeignet als Astrologie. Da sie elastischer sind, erlauben sie uns, einfacher zum Unterbewußtsein zu gelangen.

Wenn wir unsere bewußten Kräfte zu bereitwillig einsetzen, können wir tatsächlich unsere Fähigkeit zur Voraussage blockieren. Am Ende sind wir nicht mehr in der Lage, Bewußtsein und Unterbewußtsein miteinander zu verbinden. Dann können wir die tiefere Bedeutung hinter den Symbolen nicht mehr erkennen. Die Zukunft sollte aus der Gegenwart und Vergangenheit als Teil eines Gesamtorganismus hervorgehen.

Obwohl wir dazu neigen, das Geburtshoroskop als getrennt von den Richtungen der Zukunft zu sehen, sind diese in Wirklichkeit in ihm enthalten. Das Geburtshoroskop sollte als ein Seinszustand betrachtet werden, der das darstellt, was wir in dieser Inkarnation brauchen. Weder ist es etwas Statisches noch etwas von der Zukunft Abgeschnittenes, Isoliertes. Das Zeitmoment, das im Geburtshoroskop symbolisiert wird, fließt in den nächsten Augenblick hinein.

Wir können das Geburtshoroskop als das Selbst sehen, als Raum, und wir können Direktionen[14] als Schicksal oder Erfüllung, als Zeit sehen. Beides sind nur zwei Arten, dasselbe zu betrachten – das Raum-Zeit-Kontinuum. Schicksal ist somit die Gelegenheit, sein Selbst – sein Geburtshoroskop – zu erfüllen. Direktionen geben uns Freiheit, indem sie von uns Wahl und Handlung verlangen und uns die Möglichkeit geben, das zu werden, was wir in Wirklichkeit sind. Um uns zu entwickeln, müssen wir uns verändern – auch wenn das Ziel der Veränderung darin besteht, mehr das zu werden, was wir sind, aber auf einer anderen Ebene. Wir müssen das Selbst erkennen, welches wir von Anfang an sind. Genaugenommen brauchen wir nicht auf bestimmte Direktionen zu warten, um uns zu entwickeln und zu unserem wahren Selbst zu werden.

Aber es gibt für alles eine Zeit. Es gibt gewisse natürliche Zeiten, zu denen es leichter und passender ist, bestimmte Fähigkeiten und Bedürfnisse, die wir haben, zu verstehen. Zu diesen ganz bestimmten Zeiten können wir am natürlichsten die Eigenschaften entwickeln, die in unserem Geburtshoroskop angelegt sind. Es geht also darum, die Qualität der Zeit in der Zukunft vorherzusagen, damit der einzelne in Berührung mit diesen geeigneten Zeiten kommen kann.

Beim Betrachten von Direktionen sollten wir uns folgendes fragen: Welche Erfahrung braucht *dieses Individuum*? Wann sollte es erfahren, was es braucht? Um zu einem Gleichgewicht zu gelangen, müssen wir Veränderungen vornehmen. Wenn wir uns weigern, das Bedürfnis nach Veränderung anzuerkennen, werden die Lektionen drastischer. Wenn wir sie bereits gelernt haben, werden sie wenig Einfluß auf uns haben. Wann diese Veränderungen zu geschehen haben, können wir an den Direktionen ablesen. Das Bedürfnis nach Veränderung ist jedoch im Geburtshoroskop vom Augenblick der Geburt an enthalten. Viele Leute meinen, daß ein Uranustransit über die Geburtsvenus von Frau Schmidt bedeutet, daß Frau Schmidt im Alter von 45 Jahren irgend etwas widerfährt. Es ist möglich, daß die Dinge dem Menschen »widerfahren«. Aber, wie Jung gezeigt hat, ist dies das Ergebnis des noch nicht differenzierten Individuums. Wenn es also keinen Unterschied gibt zwischen Bewußtsein und Unterbewußtsein, wird das Innere, anstatt die Bedeutung der Zeit zu verstehen, auf die äußere Welt projiziert, so daß die Dinge »passieren«.

Möglicherweise läßt sich also Frau Schmidt scheiden, wenn Uranus in Opposition zu ihrer Venus steht. Aber darum geht es nicht. Dieses Ereignis mag stattfinden, wenn sie gar nicht bewußt ist, gleichzeitig aber kann es das Ergebnis einer ganz bewußten Entscheidung sein. Worum es geht ist, ihr bewußt zu machen, was sie zu jenem bestimmten Zeitpunkt braucht, entsprechend ihrem persönlichen Charakter, wie er im Horoskop symbolisiert ist.

Vielleicht wird sie sich auch scheiden lassen *müssen*, so wie Jesus sich kreuzigen lassen *mußte.* Es kann aber auch anders kommen. Das, was tatsächlich passiert, sollte, wenn es passiert, die Materialisierung einer inneren Erfahrung sein. Manchmal kommt die Erfahrung aufgrund eines Ereignisses. Und obwohl dies wirklich die falsche Reihenfolge ist, kann man auf diese Weise zumindest lernen.

Der Zweck der astrologischen Prognose ist, den Menschen in Berührung mit diesen Zeiten in der Zukunft zu bringen und ihnen zu helfen, diese Zeiten richtig zu nutzen, um sie zu einem Teil dieser Zeiten zu machen, sie ins kosmische Geschehen zu integrieren. Zu sagen, daß Vorhersagen nicht zur Astrologie gehören, ist ebenso unhaltbar wie zu sagen, daß Zeit für die Astrologie keine Bedeutung habe.

Um in Berührung mit dem inneren Sinn der Zeiten zu kommen, muß man sich des Unterbewußtseins bedienen, denn die Planetenkonstellationen haben Einfluß auf das Unterbewußtsein des jeweiligen Menschen. Deshalb muß der Astrologe mit seinem eigenen Unterbewußtsein oder seinen intuitiven Kräften zum Unterbewußtsein seines Gegenübers vorstoßen. Erst wenn dieses Stadium erreicht ist, können der Ratsuchende und der Astrologe bewußt die Situation verstehen. Je mehr man Prognosetechniken festlegt und je genauer sie sind, desto weniger Raum bleibt für die Intuition. Dies ist heute ein ernstes praktisches Problem bei einer Reihe von Astrologen, die Angst haben, ihre Intuition einzusetzen, und schließlich in einem Zweig der Astrologie, die Wissenschaftler nachzuahmen versuchen, in dem wissenschaftliche Methodik völlig fehl am Platze ist.

Man muß Astrologie mit großer Vorsicht betreiben, vor allem was die Prognosen angeht. Wir sollten vor der Zukunft nicht mehr Angst haben als vor der Gegenwart. Wenn wir in Berührung mit unserem Selbst sind, dann werden wir so oder so zu dem, was wir sind. Die Zukunft und die Gegenwart verschmelzen in eins, und dann müssen wir nur noch die Frage stellen, um die Antwort zu bekommen.

Warum brauchen wir also Astrologie? Weil wir nicht in Berührung mit unserem Selbst sind. Wenn wir ganz wären, bräuchten wir keinen Arzt. Wenn wir in einem Zustand des Seins wären, des Tao oder der Gnade, bräuchten wir keine Astrologie. Wenn man die Astrologie richtig anwendet, kann sie dem Menschen helfen, zu so einem Zustand zu gelangen, aber die Astrologen müssen sich zunächst einmal über ihr Ziel im klaren sein.

Auch der Ratsuchende muß sich darüber im klaren sein. Wie

wir gezeigt haben, ist der Wille ebenso wichtig wie die Freiheit. Je genauer man zu sein vorgibt und je selbstloser das Motiv erscheint, desto weniger Freiheit hat der Ratsuchende, seinen eigenen Willen auszuüben. Viele Menschen suchen den Astrologen nicht deshalb auf, weil sie sich selbst verstehen wollen, sondern weil sie jemanden haben wollen, der ihnen die Verantwortung abnimmt. Freiheit ist das einzige, was sie nicht wollen.

Es ist nicht allzuschwer, diesen Menschen den lieben Gott vorzuspielen, denn das ist es, was sie erwarten. Es ist sehr einfach, Suggestionen zu machen – wie unbeabsichtigt auch immer –, die möglicherweise recht unglückselige Ergebnisse zeitigen. Letztendlich wird die Qualität astrologischer Voraussagen von der Qualität der spirituellen Verfassung des jeweiligen Astrologen abhängen. Je näher der Astrologe seinem göttlichen Urgrund ist, desto näher wird er der Wahrheit sein. Auch er muß in einem Zustand des Tao sein und an seine Kunst wie auch an seine Mitmenschen mit Ehrfurcht, Bescheidenheit und Liebe herangehen, wenn er ihnen wirklich helfen soll.

Kapitel 6

Das Firmament – Wirklichkeit und Wahrnehmung

Wenn die Pforten der Wahrnehmung gereinigt wären,
so würde dem Menschen alles so erscheinen, wie es ist,
nämlich unendlich. William Blake

Ehe wir beginnen können, die Bedeutung eines Horoskops zu verstehen, müssen wir lernen, es richtig zu sehen. Das Ziel ist, die Essenz hinter der äußeren Form zu sehen. Das Problem, das jedoch auftaucht, besteht darin, daß das, was wir sehen, davon abhängt, *wie* wir es sehen.

Ich habe bereits kurz die Rolle des Geistes erwähnt, als Verbindungsglied zwischen der Essenz eines Dinges oder der archetypischen Ebene und den materiellen Manifestationen dieses Dinges. In diesem Kapitel werde ich ausführlicher untersuchen, wie der Geist die Wirklichkeit strukturiert.

Wir können uns nicht von der Wirklichkeit ausschließen. Es ist zumindest klar, daß zwischen dem, was wahrgenommen wird, und demjenigen, der wahrnimmt, eine Interaktion besteht. Wenn ein Dutzend Künstler eine Landschaft malen, so wird jeder eine andere Komposition hervorbringen, je nachdem wie er seine Sinne benutzt. Was ist dann die Wirklichkeit, die jeder sieht?

In der Musik entstehen die harmonischen Kombinationen verschiedener Noten, wenn deren Frequenzen in einem gewissen zahlenmäßigen Verhältnis zueinander stehen. Das, was die Noten für uns harmonisch klingen läßt, sind unsere Sinne. Wir sind es, die das erschaffen oder heraussuchen, was für uns harmonisch ist. Wir, die wir wahrnehmen, sind dabei davon beeinflußt, wie man uns gelehrt hat wahrzunehmen. Wir alle lernen als Kinder wahrzunehmen. Aber obwohl die Fähigkeit der Wahrnehmung angeboren ist, ist die Art und Weise, *wie* wir wahrnehmen, angelernt. Man lehrt uns, dreidimensional zu sehen; man lehrt uns, gewisse Elemente auszusuchen und andere zu übergehen.

Als menschliche Wesen verlassen wir uns hauptsächlich auf unsere visuelle Wahrnehmung; deshalb ist unsere räumliche

Wahrnehmung begrenzt. Eine Empfindung, die visuell erzeugt wird, ist gezwungenermaßen auf einen bestimmten Ort begrenzt. Das Gehör seinerseits ist nicht auf diese Weise lokalisiert. Wenn wir mehr unser Gehör statt unsere visuelle Wahrnehmung einsetzen würden, hätten wir nicht das Bedürfnis, die Wellen, auf die wir reagieren, zu lokalisieren.

Es gibt auch einen grundlegenden Unterschied zwischen den Kulturen, insbesondere zwischen Ost und West. Im sumerischen Schöpfungsmythos, den ich in Kapitel 1 erwähnte, werden wir daran erinnert, daß der Berg in zwei Hälften geschnitten wurde. Die beiden Hälften bildeten jedoch immer noch das Ganze des Berges.

Hierin liegt ein ganz wesentlicher Unterschied zur westlichen Version der Schöpfungsgeschichte. In der jüdisch-christlichen Mythologie begann Gott sein Werk ebenfalls, indem er Himmel und Erde trennte. Im westlichen Mythos jedoch brachte Gott ein Firmament zwischen die beiden Hälften.

Diese Unterscheidung ist von größter Bedeutung für zwei sehr verschiedene Arten, die Welt zu sehen. Im sumerischen Mythos findet eine Teilung in der Einheit statt, in der biblischen Version jedoch gibt es auch eine Trennung zwischen Himmel und Erde. Im Westen ist das Ziel des Menschen die Einheit, die Integration der Persönlichkeit oder Individuation, wie Jung es nannte. Der Weg, dieses Ziel zu erreichen, geht jedoch über die Trennung. Ehe es zu einer Individuation kommen kann, muß es eine Individualität geben, und dies kann nur durch Trennung geschehen.

Das Ziel im Westen ist die Eindämmung, nicht indem die Dualität eliminiert oder aufgegeben wird, sondern indem sie in ein Ganzes integriert wird. Solange wir auf der physischen Ebene leben, werden wir von den Gesetzen der Dualität beherrscht. Das ist die Art, wie wir in Übereinstimmung mit unseren Sinnen sehen. Erst wenn wir die spirituelle oder innere Ebene erreichen, werden wir eins. Da es aber nur eine Wirklichkeit gibt, sind Einheit und Dualität dasselbe. Genau von diesem Paradox müssen wir ausgehen, wenn wir lernen wollen zu sehen.

Wie gelangen wir zur Essenz eines Gegenstandes? Wenn wir eine Rose nur auf der physischen Ebene sehen, lassen wir unsere physischen Sinne mit dem physischen Sinne der Rose eins werden. Wenn wir die Rose auf einer inneren Ebene sehen, lassen wir unser archetypisches oder spirituelles Zentrum mit dem der Rose verschmelzen. Auf diese Weise erfassen wir ihre Essenz.

Dies bedeutet, neu sehen zu lernen. Der Astrologe muß

ebenso wie der Künstler zunächst einmal lernen, sich von seinen alten Gewohnheiten zu befreien. William Blake, der große spirituelle Maler, sagte vom Auge: »Ich sehe durch es hindurch, nicht mit ihm.« Wenn wir die physische Materie mit Hilfe unserer physischen Wahrnehmung sehen, befinden wir uns im Zustand der Dualität. Wenn wir lernen, die Einheit hinter der physischen Erscheinung zu sehen, erkennen wir auch deren Essenz. Diese innere Vision ist uns allen zugänglich, denn wir alle haben sowohl eine spirituelle als auch eine physische Natur, obwohl die spirituelle bei den meisten von uns nicht entwickelt ist.

Jemand fragte Blake, was er sähe, wenn er in die Sonne schaue. »Wenn die Sonne aufgeht«, wurde er gefragt, »seht Ihr nicht eine runde Feuerscheibe, die so ähnlich aussieht wie eine Goldmünze?« Blake antwortete: »O nein, nein. Ich sehe eine unüberschaubare Schar, die die himmlische Hostie begleitet, und sie ruft ›Heilig, heilig, heilig ist Gott der Allmächtige!‹« Es gibt nichts, was uns davon abhält, im Horoskop oder in irgendeiner Erscheinung der Natur die Seele zu erkennen. Es sind unsere alten, gewohnten Wahrnehmungsmuster, die die Einheit zwischen innen und außen blockieren und unserem Auge die Glorie entziehen.

Die fünf Fenster dieses Lebens – Dualität, unsere Art zu sehen

> *Die fünf Seelenfenster dieses Lebens verzerren die Himmel von Pol zu Pol und lassen Euch eine Lüge glauben, wenn Ihr* mit *und nicht* durch *das Auge seht.* William Blake

Die Tatsache, daß wir uns nicht vom Wesen der Wirklichkeit ausschließen können, wird nun allmählich von Physikern anerkannt. »Der Zugang zur physischen Welt«, sagt Zukav, »geschieht durch die Erfahrung. Der allgemeine Nenner aller Erfahrung ist das ›Ich‹, welches erfährt. Kurz, was wir erfahren, ist keine äußere Wirklichkeit, sondern unsere *Interaktion* mit derselben.«[1]

Natürlich ist logisches Denken und Analyse von großer Bedeutung in der Wissenschaft und in der Tat auch in der Astrologie. Es ist jedoch notwendig, vom Ganzen ebenso eine Vorstellung zu haben wie von den Teilen. Ehe der Wissenschaftler nicht weiß, wonach er sucht, wird er nicht in der Lage sein, sein Experiment zu beginnen. Ehe er nicht in den vielen Einzelheiten einen Sinn erkennen kann, wird sich die Wahrheit niemals offenbaren.

Worum es geht, ist, beide Funktionen, die rationale und die intuitive, gleichzeitig zu benutzen. Obwohl dies etwas vereinfacht ist: Unser physisches Gehirn läßt sich in eine linke und eine rechte Hälfte teilen. Die linke hat mit dem linearen, rationalen Denken zu tun, die rechte mit der Intuition.

Es hat viele nutzlose Diskussionen darüber gegeben, welche Seite wichtiger ist. Man beschuldigt den Wissenschaftler, die Bedeutung des Universums nicht zu erkennen, den Mystiker, nicht in der Lage zu sein, seine Vision zu erklären. Beides ist wichtig und notwendig. Beides ist in uns enthalten, und deshalb ist es notwendig zu erkennen, daß die Art, wie wir wahrnehmen, in Übereinstimmung mit diesen beiden Funktionen ist.

Wenn wir die beiden kombinieren, können wir lernen, sowohl das Ganze als auch die Teile zu sehen und zu erkennen, daß sie dasselbe sind. Chuang-Tzu sagte:

> Dieser Punkt ist der Punkt des Gesetzes. Er ist das bewegungslose Zentrum einer Peripherie, auf deren Rand alle Zufälligkeiten, Unterscheidungen und Individualitäten sich auflösen. Nur von dort aus läßt sich die Unendlichkeit erkennen, welche weder dies noch jenes, weder Ja noch Nein ist. Alles in der noch nicht differenzierten, ursprünglichen Einheit zu sehen oder aus einem solchen Abstand, wo alles in eins verschmilzt, das ist wahre Intelligenz.

Die linke Hirnhälfte seziert. Sie stellt die Fragen. Sie sucht auf wissenschaftliche Art nach Ursache und Wirkung. Sie besteht auf Erklärungen. Die rechte Seite sucht nach dem Sinn, nach einer Ganzheit in den Bildern – dem Paradox und der Doppeldeutigkeit. Wie R. H. Blyth sagte: »Der Intellekt kann alles als Teil eines Gegenstandes erkennen, nicht aber als ein Ganzes. Er kann alles verstehen, was Gott nicht ist.«

Ein Teil dieser Dualität besteht darin anzunehmen, daß Frage und Antwort verschieden voneinander seien. Wenn man jedoch in der Trennung die Einheit erkennt, sieht man, daß die Frage selbst die Antwort ist. Dies Paradox soll zum Beispiel im Zen-Koan ausgedrückt werden, wie etwa: »Was ist der Ton der einen Hand?«

Die meisten Menschen sehen nur mit ihren Augen, und selbst dann sehen sie nur das, was sie sehen wollen. Wenn wir durch unsere Sinne hindurchsehen, dann sind wir bereit, den letzten paradoxen Schritt zur spirituellen Ebene zu machen, wo die wahre Einswerdung stattfindet. »Wann ist ein Mensch nur in seinem Verstand?« fragt Meister Eckehart. »Ich antworte, wenn er Dinge getrennt voneinander sieht. Und wann steht ein Mensch über dem Verstand? Das kann ich euch sagen: Wenn ein Mensch alles in allem sieht, dann steht er über dem bloßen Verstand.«

Objektives und subjektives Universum

> *Er dachte, er sähe einen Elefanten, der auf einer Pfeife tanzt: er sah noch einmal hin und fand heraus, daß es ein Brief von seiner Frau war. »Endlich erkenne ich«, sagte er, »die Bitterkeit des Lebens.«* Lewis Carroll

Wenn wir gelernt haben zu sehen, sollten wir besser fähig sein, die Wirklichkeit dessen, was wir sehen, zu entdecken. Was ist »da draußen«? Wie unterscheidet es sich, wenn überhaupt, von dem, was »hier drinnen« ist? Insbesondere, was die Astrologie angeht, was ist die Natur der Ereignisse, die uns zu widerfahren scheinen? Haben die Faktoren im Horoskop eine unabhängige Wirklichkeit? Hat der Mond im Stier von Abbildung 1 und Abbildung 2 irgendeine Bedeutung an sich?

Die alte Vorstellung von einem objektiven Universum, die einer der Eckpfeiler des wissenschaftlichen Denkens war, ist heute untergraben. Wie wir gesehen haben, ist jedoch der Glaube an etwas »da draußen«, was vom Geist desjenigen, der wahrnimmt, getrennt ist, nicht so leicht auszurotten, auch wenn Wissenschaftler noch so sehr das Gegenteil behaupten.

Unser Geist verhält sich unvermeidlich wie ein Filter, durch welchen die Realität, wie wir sie kennen, verarbeitet wird. Unser eigener Körper ist nichts weiter als eine strukturierte Art und Weise, die Materie wahrzunehmen. In gewissem Sinne schaffen wir mit unserem Geist unsere eigene Wirklichkeit. Dies wird nicht nur durch die gewöhnlichen Erfahrungen der Träume belegt und die weniger häufigen Erfahrungen von Astralreisen, sondern auch durch das, was geschieht, wenn wir sterben. Es heißt, daß Menschen häufig eine Zeitlang nicht wahrnehmen, daß sie tot sind. Sie erschaffen eine Welt, die derjenigen gleicht, in der sie auf Erden lebten, und sind nicht fähig, den Unterschied zu erkennen.

Hier geht es nicht nur darum, wie das Universum davon beeinflußt wird, wie wir es sehen. Wir selbst spielen eine maßgebliche Rolle bei der Erschaffung dessen, was wir sehen. Als menschliche Wesen ist Materie für uns wirklich, denn sie wird auf gewisse Weise von unseren Sinnen strukturiert. Wir sehen die Planeten, weil wir als menschliche Wesen auf die Frequenz des sichtbaren Lichts eingestellt sind. Andere Formen des Lebens, die auf den hörbaren Teil des elektromagnetischen Spektrums eingestellt sind, werden die Planeten statt dessen *hören*.

Man neigt hier leicht zu Extremen: Entweder heißt es, daß die physische Welt nicht existiert, weil sie lediglich das ist, was wir empfinden, oder es heißt, daß sie existiert, daß aber unser Geist, der sie wahrnimmt, keine Realität besitzt. Die Lösung dieser Frage ist von großer Bedeutung bei der Entscheidung, ob die Tierkreiszeichen eine objektive Realität haben, oder ob sie lediglich symbolisch zu verstehen sind.

Das Muster, das wir sehen, ist von unseren Wahrnehmungen erschaffen und bedingt. Wir sehen Konstellationen, obwohl nichts die Sterne verbindet, ebenso wie sich unser Geist ein Bild macht von einer Fotografie, welche in Wirklichkeit aus Tausenden von getrennten Punkten besteht.

Es wurde behauptet, daß unser Geist das »Superhologramm der Realität«[2] verändert, aber dies setzt an sich schon voraus, daß es irgendeine objektive Realität zu verändern gibt, und die Frage, welcher Art diese Realität ist, bleibt. Unser Bewußtsein enthält einen »Realitätsstrukturierer«, einen neurophysikalischen Mechanismus, der unvermeidlich die Wirklichkeit beeinflußt. Man kann deshalb sagen, daß unser Geist Teil eines vielfältigen Feedback-Vorganges ist, wo Innen und Außen einander beeinflussen.

Wir können das Universum nur mit unseren Sinnen und durch sie wahrnehmen. Wie wir jedoch im letzten Teil dieses Kapitels betonen, gibt es grundlegende Unterschiede in der Art, wie wir unsere Sinne benutzen. Wenn wir bei der Form hängen bleiben, dann werden wir nur die äußere physische Schale sehen. Dann werden wir die Planeten und Tierkreiszeichen nur als physikalische Objekte sehen, als Dinge mit festgelegter Bedeutung.

Wenn wir aber lernen, durch unsere Sinne hindurchzusehen, wie Blake, dann werden wir in der Lage sein, das innerste Wesen der Planeten und der Zeichen zu erkennen. Dann können wir hinter die äußere Formen sehen.

Das heißt nicht, daß die physische Welt keine Wirklichkeit besitzt. Zu diesem Schluß sind die Wissenschaftler nämlich gekommen – als Ergebnis der Annahme, daß ein Ding nicht gleichzeitig ein anderes sein kann. Da wir gezwungen sind anzunehmen, daß der Geist wirklich ist und daß die Welt ist, wie sie ist, da wir sie ja subjektiv so sehen, behaupten die Wissenschaftler nun, daß die ganze physische Welt eine Illusion sei.

Man muß diese Entweder-Oder-Voraussetzung jedoch nicht annehmen. Tatsächlich ist sie einer der Fehlschlüsse des wissenschaftlichen Geistes. Die physische Welt, die Welt, die wir wahrnehmen, ist für uns wirklich, weil wir sie so wahrnehmen. Ein Ziegelstein ist ganz gewiß für uns wirklich, sobald er auf unserem Kopf landet, für den Astrologen jedoch ist die *Erfahrung* des Ziegelsteins wichtig. Sie ist es, die er hinter der materiellen Manifestation sucht.

Wenn wir lernen, ebenso zu erfahren wie zu sehen, werden wir weniger von unseren physischen Sinnen gefesselt sein. Sehen und Erfahren sind zwei unterschiedliche Dinge. Die meisten Menschen, die die Sonne aufgehen sehen, erfahren dies nicht. Die meisten Astrologen, die von einer Mond-Venus-Konjunktion sprechen, haben dieses Phänomen noch nicht einmal am Himmel gesehen, sondern es nur als eine physische und spirituelle Wirklichkeit erfahren.

Wenn wir unsere vorgefaßten Ideen vergessen und einfach unsere Augen aufmachen oder unsere Augen schließen und unseren Geist öffnen, werden wir die Gelegenheit haben, die Wahrheit zu erfahren. Der große Dienst des Mythos, die im Universum existierenden Kräfte zu personalisieren und zu benennen, bestand darin, den Menschen ihre Wirklichkeit bewußt werden zu lassen. Wir müssen die Macht des Ärgers, der Aggression nicht Mars oder Geburah nennen, aber diese Namen und die visuellen Symbole, die sie begleiten, machen es uns möglich, die dahinterliegenden Kräfte zu erfahren, die Wirklichkeit hinter dem Bild.

Ein Haufen zerbrochener Bilder – Symbole und Modelle

Was sind die Wurzeln, was die Zweige, die aus diesem steinigen Müll hervorwachsen? Menschensohn, du kannst es nicht sagen oder erraten, denn du kennst nur einen Haufen zerbrochener Bilder.
T. S. Elliot: *The Waste Land*

Der Geist ist die Oberfläche, auf der die Wirklichkeit reflektiert wird, die wir als Erfahrung kennen. Und der Geist arbeitet, indem er Modelle macht. Wie Edward Whitmont geschrieben hat: »Bewußtsein, das auf konzeptualisierten, mentalen Funktionen beruht, ist eine relativ späte, sekundäre Form geistiger Entwicklung. Die grundlegende oder ursprüngliche Einheit der geistigen Funktionen ist das Bild. Vorstellungen formen sich aus Bildern durch die Aktivität der Abstraktion, welche ein Denkvorgang ist.«[3]

Wenn wir zu unserem Modell der verschiedenen Existenzebenen von Kapitel 3 zurückkehren, werden wir uns daran erinnern, daß die höchste Ebene die archetypische ist. Aber wir können Archetypen nicht sehen. Wir können Gott nicht sehen. Wir können Angst oder Macht oder Gerechtigkeit nicht sehen. Deshalb müssen wir uns ein geistiges Bild von diesen archetypischen Kräften machen, damit wir sie sehen können. Das heißt natürlich nicht, daß sie nicht existieren. Das ist die große Täuschung der Materialisten. Tatsächlich ist es richtiger zu sagen, daß der Archetyp die einzige Wirklichkeit ist. Was wir sehen und messen, ist die äußere Hülle. So ist das, was wir wahrnehmen, nur ein mentales Bild. Jung hat gesagt: »Alles, was gedacht, gefühlt oder wahrgenommen wird, ist ein psychisches Bild, und die Welt existiert nur insoweit, als wir fähig sind, ein Bild von ihr herzustellen.« Diese Modelle sind das Produkt des rationalen Geistes. Erst wenn sie zu Symbolen werden, werden sie von der Kraft der Intuition hervorgebracht. Die kann leicht vergessen werden, besonders in der Wissenschaft, wo man häufig Modelle benutzt. Das Atom in der Physik, die Persönlichkeit in der Psychologie, das Horoskop in der Astrologie, all das sind jedoch Modelle. Als solche sind sie nützlich. Doch weder das Atom, noch die Persönlichkeit, noch das Horoskop sind etwas Sichtbares. Sie sind nicht genau. Sie sind Annäherungen.

Zum gegenwärtigen Zeitpunkt sind die Modelle der Wissenschaft unbestimmt, denn die Aussichten des Menschen sind unbestimmt. Es gab eine Zeit, zu der die Astrologie festgelegt und fatalistisch war. Heute beruht sie mehr auf Intuition, Psychologie, spirituellem Wissen.

Unser Geist ruft nichts ins Leben. Was der Geist wahrnimmt oder erfährt, existiert bereits in irgendeiner Dimension. Die Archetypen existieren als Essenzen. Aus dieser Saat erschafft unser Geist seine Bilder und bekleidet seine Nacktheit. Die Archetypen sind also wie Messing, das geputzt wird. Mit unserem Geist bringen wir sie allmählich zum Erscheinen. Sie sind bereits da, aber wir können sie nicht sehen.

Da im Osten mehr Wert auf die intuitiven Fähigkeiten gelegt wird, sieht man dort direkter als hier im Westen. Aber auch dort braucht man Bilder, auch wenn sie direkter sind als unsere. Man braucht dort nicht das rituelle und symbolische Drama, das der Westen errichtet hat und das unseren Sinnen und unserem materiellen Standpunkt zusagt. Wir hier im Westen müssen unsere Archetypen in reiche Verzierungen kleiden und mit vielen Schichten von Bedeutung bedecken. Das ist der Grund, warum die Astrologie in Kombination mit der Kabbala und dem Tarot besonders geeignet ist für unsere Kultur.

Gestalt ohne Form – Was wir im Horoskop sehen

> *Gestalt ohne Form, Schatten ohne Farbe, gelähmte Kraft, Geste ohne Bewegung.* T. S. Eliot: *The Hollow Men*

Wenn wir akzeptieren, daß die Wirklichkeit das ist, was wir wahrnehmen, dann wird es klar, wie wichtig es ist, richtig zu sehen. Es ist nutzlos, wenn sich Astrologen über wissenschaftlichen Materialismus beklagen und dabei dasselbe tun wie die Wissenschaftler. Es ist leicht, andere zu kritisieren, daß sie die Welt als ein »da draußen« betrachten, doch es ist genau das, was man uns gelehrt hat.

Die anerkannte Methode, Astrologie zu lernen, ist die wissenschaftliche Methode. Wir betrachten ein Horoskop, als ob es etwas ist, das von uns getrennt sei. Wir trennen es in Teile, analysieren jeden Faktor. Wir fragen nach der Bedeutung der Sonne im Krebs, des Mondes im Stier im Quadrat zum Jupiter und

Neptuns im dritten Haus. Dann sezieren wir die Teile noch mehr. Wir schauen nach den direkten und indirekten Halbsummen zwischen Sonne und Mond, nach den Mondknoten, den Asteroiden, den Glückspunkten. Keinesfalls dürfen wir auch die siebente und neunte Harmonik außer acht lassen und so fort.

Sowohl von Psychologen als auch von Astrologen wurde behauptet, daß Astrologie die beste Form psychologischer Beurteilung sei, weil sie objektiv sei. Die Faktoren im Horoskop haben eine festgelegte, bestimmte Bedeutung, und alles, was man zu tun hat, ist, die Bedeutung dieser voneinander getrennten Faktoren wie aus einem Computerausdruck herauszulesen. Das ist Unsinn, und wie vieler Unsinn beruht es teilweise auf Wahrheit. Die Teilwahrheit ist, daß das gezeichnete Horoskop etwas ist, was sich nicht verändert.

Das Horoskop ist eine graphische Darstellung der Planeten, wie sie sich genau zum Zeitpunkt der Geburt am Himmel befinden. Astronomisch verändern sich die Daten nicht. Das Horoskop, das in Abbildung 1 auf Seite 17 dargestellt ist, wird sich in sich selbst nicht verändern, egal wer es betrachtet. Es gibt jedoch keine feste Bedeutung für die verschiedenen Faktoren.

Das Horoskop ist ein Bild, und man kann, wie bei einer Malerei, eine Farbe herausnehmen und analysieren, zum Beispiel ein Kadmiumrot, das mit etwas Ockergelb und einem Hauch gebranntem Siena gemischt ist. Wenn jede Farbe aber im Zusammenhang mit der Malerei insgesamt betrachtet wird, wird sie sich von genau derselben Farbe in einem anderen Bild ziemlich unterscheiden, denn jeder Faktor wird vom Ganzen beeinflußt und ist ein Teil desselben.

Unser Wissen über die jeweiligen Faktoren der Astrologie geht auf den Gebrauch von Statistiken und Durchschnittswerten zurück. Wie wir jedoch gesehen haben, sagen uns Statistiken nichts über das Individuum, und es ist das Individuum, um das es geht. Die Tatsache, daß 568 Männer mit der Sonne im Krebs dick und schüchtern sind, während 392 hartnäckig und launisch sind, mag für einen Statistiker von großem Interesse sein. Wie gültig diese Elemente in sich selbst auch sein mögen, sie haben für einen lebenden Menschen nicht mehr praktische Bedeutung als ein Extrakt seiner Leber, den man vom Rest seines Körpers isoliert. Kein Zeitmoment gleicht dem anderen. Die Himmelsstruktur wird immer anders sein. Jeder Augenblick ist einzigartig – wie jeder Mensch.

In gewisser Weise ist genau die Festgelegtheit der Daten im

Horoskop irreführend. Eben weil das Bild festgelegt ist, kann es zu der Annahme verleiten, daß der Mensch, der durch dies Bild beschrieben wird, sich nicht verändere, denn unser Geist kann allein auf die Symbole fixiert bleiben, ohne durch sie hindurchzusehen.

Es ist nicht die Sonne im Krebs an sich, als rationales Bild, das die Person beschreibt. Es ist die Kraft hinter diesem Symbol. Die Sonne im Krebs ist nichts weiter als ein Tor, ein psychisches Bild, das uns zur inneren Bedeutung führt. Man erwartet nicht, einen Menschen wie ein Buch zu lesen, wenn man zu ihm spricht, doch ist es genau das, was viele Astrologen mit dem Geburtshoroskop beabsichtigen.

Der Weg zur symbolischen Wahrheit, die im Horoskop enthalten ist, geht über die Intuition. Nicht noch soviel rationales Denken wird uns befähigen, die wahre Bedeutung der Symbole zu verstehen. Das bedeutet nicht, daß wir unsere rationalen Fähigkeiten nicht einsetzen sollen. Wir sollten es wirklich. Aber zusammen mit den intuitiven Kräften. Beide sind die Hälften eines Ganzen – Himmel und Erde, ein und derselbe Berg von Anki.

Natürlich müssen wir die Teile betrachten, wir müssen analysieren und erkennen, was Merkur in Konjunktion mit Pluto im Löwen im ersten Haus bedeutet. Wenn wir aber die Teile analysiert haben, müssen wir weitergehen und das Ganze betrachten. Das Ganze zu sehen, bedeutet nicht, die getrennten Teile wie in einem Puzzlespiel zusammenzufügen. Das ist der Irrtum. Worum es geht, ist, neu zu sehen.

Um unsere intuitiven Kräfte einzusetzen, müssen wir loslassen, in die Leere sinken. Es gibt zwei Arten, das zu erreichen. Einmal durch Meditation. Meditation in diesem Sinne bedeutet die konzentrierte Betrachtung eines Bildes. Während des Fixierens des Bildes entspannt man den Geist und erlaubt Ideen, aus dem Unterbewußten emporzusteigen, die mit dem Bild zusammenhängen.

Der andere Weg besteht darin, den Geist mit all den Einzelfaktoren vollzusaugen und so von Anfang an die rationalen Fähigkeiten einzusetzen. Dann schaltet man den Geist ab, und die Bedeutung erscheint, sobald wir aufhören, bewußt über das Bild nachzudenken. Die Frage wird von der linken Gehirnhälfte zur rechten transportiert, und die Antwort erscheint intuitiv.

Allmählich wird man herausfinden, daß man das Horoskop als ein Ganzes sehen kann, ohne die mentalen Hilfen zu benutzen, die in ihm enthalten sind. Das nämlich sind die Faktoren des Horoskops zum großen Teil. Sie sind wie Markierungszeichen, welche die intuitiven Kräfte in Bewegung setzen, wie eine Kristallkugel, die dazu benutzt wird, den Geist zu konzentrieren und der Intuition freies Spiel zu lassen. Schließlich sollten wir zu dem Punkt kommen, wo das Geburtshoroskop wie eine Kristallkugel ist.

Wenn man guten Astrologen bei der Arbeit zusieht, ist es genau das, was passiert. Der Astrologe wird das Horoskop betrachten und eine ganz genaue Beurteilung des jeweiligen Charakters der Person geben. Wenn man ihn nach den Gründen für seine Beurteilung fragt, wird er ein paar spezifische Faktoren herausgreifen, wobei klar wird, daß diese Faktoren nichts weiter als Rationalisierungen seines intuitiven Zugangs sind.

Es ist der Dialog nötig zwischen den symbolischen Formen, die aus dem Unterbewußten kommen, und dem Bewußtsein, das sie erkennt. Auf diese Weise wird das Intuitive und das Rationale zusammengebracht. Wenn wir lernen, auf diese Weise zu sehen, wird die Astrologie uns eine große Botschaft vermittelt haben, denn wir werden echter mit uns selbst in Berührung kommen. Dann werden wir erkennen, was das Horoskop wirklich enthält. Es wurde gefragt, ob wir das Selbst oder Gott im Horoskop erkennen können. Wenn wir einmal richtig sehen können, wird sich diese Frage gar nicht mehr stellen. Wenn wir nur unsere rationalen Kräfte benutzen, dann werden wir das sehen, was im Osten »Samsara« genannt wird – das Rad des Werdens. Wenn wir unsere intuitiven Kräfte benutzen, werden wir Nirwana oder die »Soheit« erkennen. Beides ist dasselbe. Was von beidem wir sehen, hängt davon ab, wie wir wahrnehmen.

Wir sind unser Selbst. Das Selbst oder Gott ist nicht in uns – es *ist* uns. Es ist unser ganzes Sein, unser vollkommenes Selbst. Die Schwierigkeiten im Westen kommen daher, daß Tun und Sein, der Mensch und seine Handlungen voneinander getrennt werden. Dieselbe Frage stellt sich bei der »Transsubstantiation«: Verwandeln sich Brot und Wein in den Körper und das Blut Christi? Weder wir verändern uns, noch das Brot. Wir und das Brot sind Christus. Wir werden, was wir sind. Das archetypische Symbol oder Mandala, das das Horoskop darstellt, erlaubt unserem inneren Selbst, sich intuitiv mit dem inneren Selbst des Horoskops zu verbinden. Das Horoskop ist, was wir sind, und es ist, was wir werden.

Kapitel 7

Die Jakobsleiter

Herr, Du wirst dem Menschen nicht gehören,
ehe er Dir gehört. Heiliger Augustinus

Zwischen Himmel und Erde befindet sich die menschliche Psyche, und diese wollen wir jetzt untersuchen. Worin besteht in menschlicher Hinsicht die Wechselbeziehung zwischen den Planeten »da draußen« und dem Individuum, das zu einem bestimmten Zeitpunkt geboren ist? Warum beschreibt die Struktur des Himmels zum Zeitpunkt der Geburt die menschliche Psyche?

Es besteht eine enge und wesentliche Verbindung zwischen dem Universum und uns: in ihr liegt die Basis der Astrologie. Es ist die Natur dieser Verbindung in bezug auf den Menschen, welche unserem Leben einen Sinn verleiht. Was für einen Sinn hatte es für die Person, die am 26. Juli 1874 um 7.57 Uhr abend geboren wurde und deren Horoskop in Abbildung 2 dargestellt ist, als 1913 Uranus über seinen Aszendenten ging und Saturn in Opposition zu seiner Himmelsmitte stand?

Konfuzius sagte, daß erst wenn die irdischen Muster mit denen des Himmels übereinstimmen, die spirituellen Wesenheiten, aus denen der Himmel besteht, in das Drama des Menschen hineingezogen werden und hilfreich auf Erden eingreifen können.

Zum Zeitpunkt der Geburt ist das Muster im Himmel mit dem auf der Erde in Übereinstimmung. Innen und Außen sind vereint. Der Berg ist eins. Aber die Einheit ist unbewußt. Sobald der Berg in zwei Hälften geteilt wird, müssen oben und unten bewußt wieder vereinigt werden.

Der Berg muß geteilt werden. Ehe wir bewußt wahrnehmen können, welche Bedürfnisse wir haben, und ehe wir somit frei sein können, unser Leben zu kontrollieren, müssen wir das Bewußte vom Unbewußten trennen. Jung bringt das in einer Feststellung auf den Punkt, die ich bereits erwähnt habe, als er sagt, daß, solange eine innere Situation nicht bewußt gemacht worden ist, sie in der äußeren Welt als Schicksal auftritt. »Das heißt, wenn ein Mensch ungeteilt bleibt und sich seiner inneren Widersprüche nicht bewußt wird, muß die Welt den Konflikt mit Gewalt für ihn durchführen.«

Was immer im Horoskop eines Menschen existiert, ist ein Teil von ihm und ein Teil des Himmelsmusters, in das er hineingeboren wurde. Wenn Mars im siebten Haus eines Horoskops steht, dann wird dieser Mensch immer bewußt mit diesem Faktor in Berührung kommen. Wenn er nicht bewußt mit ihm in Berührung ist, dann wird er von außen auf ihn zukommen.

Was immer als Manifestation jenes Faktors erscheint, wird ihn dazu auffordern, seine Bedeutung zu finden und sich mit ihm zu konfrontieren – wie mit der Sphinx in der Wüste. Auf weltlicher Ebene mag es ein gewalttätiger Partner sein. Die Form, die physische Gestalt, in die sich das Symbol kleidet, wird ihm ermöglichen, die Energie auszudrücken, welche in ihr symbolisiert ist. Vielleicht soll sie ihm bewußt machen, daß er in seinen Beziehungen selbstbewußter und bestimmter sein muß.

Das genannte Individuum mag einen gewalttätigen Partner brauchen, um ihm einen bestimmten Aspekt seiner Natur bewußt zu machen, ebenso wie Jesus gekreuzigt werden mußte, um sich mit seinem Schatten zu versöhnen. Oder auch nicht. Die äußere Form kann die Verwirklichung der inneren Bedeutung bringen, oder die innere Bedeutung der Faktoren kann auf direktere Weise erfahren werden. Wie eng ein Mensch in Berührung mit der Essenz seines Horoskops ist, hängt davon ab, wie eng die irdischen und himmlischen Muster für ihn in Übereinstimmung sind.

Die Vereinigung von Bewußtsein und Unterbewußtsein

Was tat der König letztendlich? Er beobachtete aufmerksam sein Verhalten und wandte sein Gesicht nach Süden. Nicht mehr.

Konfuzius

Das Verlangen, die Natur des Menschen zu verstehen, ist eine Voraussetzung dafür, die Natur der Wirklichkeit zu verstehen, denn die Trennung, die in der Welt existiert, spiegelt nur unsere eigene Trennung wider. Solange wir selbst nicht eins sind, werden wir auch weiterhin die Welt nur in Teilen sehen. Erst wenn wir unseren eigenen Geist verstehen und die beiden Pfeiler von

Bewußtsein und Unterbewußtsein vereinen, können wir die Einswerdung und Integration unseres Selbst erlangen, welche uns fähig machen wird, die Welt als einheitlichen, ganzheitlichen Platz zu sehen.

Die Frage, die sich dem Menschen stellt, ist, wie er sein Bewußtsein, eine noch nicht allzu alte Errungenschaft, mit dem Unbewußten, das seit langem in ihm ruht, vereinigen kann – und so Himmel und Erde in sich selbst. Die ursprüngliche Funktion war das Unbewußte. Mutter Erde, Gaia, brachte Uranus, den Himmel zur Welt und heiratete dann ihren himmlischen Sohn.

Dies bedeutet nicht, daß die unbewußten Faktoren einen höheren Rang einnehmen; ebensowenig tun es die bewußten. Eine Hochzeit sollte zwischen ebenbürtigen Partnern stattfinden, wobei jeder den anderen akzeptiert und respektiert und jeder in seiner Funktion ebenso wichtig ist wie der andere.

Das Unbewußte, als die ursprünglichste Funktion, enthält unsere tiefsten Bedürfnisse. Es ist der Speicher all dessen, wonach wir am ursprünglichsten verlangen. Wenn wir in Berührung mit dieser Tiefenschicht sind, dann fühlen wir uns instinktiv mit der Natur als einem Ganzen verbunden. Deshalb sind Tiere und in geringerem Ausmaß »primitive« Völker eng mit der Natur in Verbindung.

Aufgrund dieser Verbindung fühlten unsere Vorfahren die Verbindung zwischen sich und den Kräften der Natur, ehe das Bewußtsein entwickelt wurde. Aber es ist nicht genug, unbewußt zu sein, denn dann bleiben wir auf der Ebene der Tiere und sind nicht fähig, unser Leben zu kontrollieren.

In mancher Hinsicht scheint das keine schlechte Sache zu sein, denn die Kontrolle über unsere Umgebung führt schnell zu deren Zerstörung. Viele blicken mit Sehnsucht zurück auf die friedlichen Zeiten des primitiven Lebens. Wenn wir jedoch Freiheit wollen, müssen wir Bewußtheit akzeptieren. Wir müssen die Freiheit haben, für uns selbst Himmel oder Hölle auf der Erde zu schaffen. Das Leben des Primitiven mag seine Vorteile gehabt haben, aber es wurde ebenso von der Angst vor der Natur beherrscht wie von der Liebe zu ihr.

So oder so mußten Adam und Eva vom Baum der Erkenntnis essen. Sie konnten nicht für immer in der Sicherheit des umfriedeten Gartens bleiben. Sie mußten Bewußtheit akzeptieren und ihren eigenen Weg in die Welt antreten, um objektiv sehen zu lernen.

Die Gefahr der Trennung liegt darin, die Verbindung mit dem Unbewußten zu verlieren. Wir entwickeln uns so schnell von unseren Ursprüngen weg, daß wir, wie Odysseus auf seiner Reise, völlig unsere Heimat vergessen. Wir verlieren den Kontakt zu unseren Wurzeln. Wie Astronauten, die von ihrem Raumschiff getrennt sind, sind wir auf einmal unfähig, zur Mutter Erde zurückzukehren.

Dies geschah, als die bewußten Mächte entwickelt wurden. Besonders in der westlichen Zivilisation wurde stets nur der Yang-Aspekt des Lebens betont, die rationalen, objektiven, mentalen Funktionen im Gegensatz zur Yin-Seite, den intuitiven Kräften des Verstehens und denen der direkten Erfahrung. Die positiven, maskulinen, extrovertierten Werte im Gegensatz zu den negativen, femininen, introvertierten Bedürfnissen. Wissenschaft statt Kunst und spiritueller Erfahrung.

Wenn ich die Rolle des Unbewußten hervorhebe, so will ich nicht behaupten, daß diese Funktion wichtiger sei als das Bewußtsein. Beide sind gleich wichtig. Aber da in unserer Kultur das Unbewußte entwertet wurde, ist es notwendig, das Gleichgewicht wiederherzustellen.

Die Funktion, die unterdrückt ist, wird durch die Anima oder den Animus meist auf den Partner projiziert. Wenn Frauen ganz in Übereinstimmung mit ihren unbewußten Gefühlen leben, symbolisiert durch ihren Mond, dann werden sie ihre innere Macht, symbolisiert durch die Sonne, auf ihre Partner projizieren. Wenn Männer sich nur mit ihrer bewußten, rationalen Seite identifizieren, die ihrer Sonne entspricht, so werden sie ihren Mond auf die Frau projizieren.

Auf persönlicher Ebene ist es wichtig, in Berührung mit seinen unbewußten Bedürfnissen zu sein. Ich hebe noch einmal das Unbewußte hervor, denn es ist viel leichter, mit dieser Seite keine Verbindung zu haben. Und in Berührung mit unserem Unbewußten zu sein, bedeutet, offen zu sein.

Wenn wir offen sind, dann werden wir die Zeichen, die die Natur uns ständig gibt, erkennen. Die Natur hört nie auf, uns zu warnen, wenn wir uns auf dem falschen Weg befinden. Sie hört nie auf, uns wieder auf den richtigen Weg zu bringen. Aber allzuoft lassen wir diese Warnungen außer acht, denn es gelingt uns nicht, ihre Bedeutung zu erkennen. Wir sehen, aber wir erkennen nicht. Dann werden die Warnungen und Zeichen stärker – Unfälle, Krankheit, zerrüttete Ehe – bis wir schließlich die Botschaft verstehen.

Einen dieser Wege stellen unsere Träume dar. Jung, der sehr viel von ihnen hielt, sagte:

»Als Ausdruck eines unfreiwilligen, unbewußten psychischen Vorgangs jenseits der Kontrolle des bewußten Geistes zeigen die Träume die innere Wahrheit und Wirklichkeit des Patienten, wie sie wirklich ist, nicht wie ich es vermute, und nicht, wie er gerne hätte, daß sie ist, sondern *wie sie ist.*«[1]

So, wie der physische Körper bei negativem Feedback in einem Harmonisierungsprozeß automatisch das sucht, was für ihn am besten ist, zum Beispiel durch Kontrolle der Körpertemperatur und Regulation des Blutdrucks, so sucht auch die Psyche automatisch, was für sie am besten ist. Das Unbewußte »weiß«, was für die Psyche am besten ist. Die Manifestationen des Unbewußten stellen spontane Versuche der Selbstregulierung dar und die Korrektur von Irrtümern durch Ereignisse, welche im äußeren Leben oder in den Träumen erscheinen.

Um in Berührung mit dem Unbewußten zu kommen, müssen die bewußten Kräfte eingesetzt werden. Wie ich betont habe, geht es nicht darum, in die Gebärmutter zurückzukehren, in den Urzustand, sondern beide Funktionen zu akzeptieren. Das bewußte Ego muß mit dem Unbewußten in Beziehung treten, um angemessen und gesund funktionieren zu können. Wenn wir nicht bewußt zu unserem Unbewußten Zugang finden, dann werden dessen Mächte ohne unser Zutun hervorbrechen.

Wie Whitmont geschrieben hat:

»Daraus folgt nun, daß das, was uns krank macht, nicht zu unserem Schlechtesten sein muß, es kann auch zu unserem Besten sein. Wenn die Kräfte jedoch nicht zugelassen werden, wenn Türen und Fenster verbarrikadiert sind, wenn sie sich ihren Weg erzwingen müssen, kann dadurch ein ganzes Leben erschüttert werden.«[2]

Um den Prozeß der Einswerdung der Psyche zu verstehen, ist es nützlich, sich den Unterschied zwischen dem sumerischen Mythos und dem der Bibel ins Gedächtnis zu rufen. Das Ziel der Psychologie als Heilungsprozeß besteht darin, die Ganzheit oder Integrität der Persönlichkeit zu finden bzw. zu erkennen. Der Fehler, der häufig gemacht wird, ist zu meinen, daß man beide Hälften zu einer Einheit verbinden muß.

Das ist nicht so. Das Ziel ist, beide Hälften zu akzeptieren. Beide Hälften gleichermaßen zu entwickeln und auf ein Gleichgewicht zwischen den beiden einander entgegengesetzten Kräften hinzuarbeiten. Das Ziel liegt nicht darin, ein solches Gleichgewicht zu erlangen, denn das würde das Prinzip der Dualität zerstören, welches die Grundlage des Lebens ist, so wie wir es kennen. Das Ziel liegt eher im Weg selbst als im Ziel, oder besser noch: Der Weg ist das Ziel.

Dualität ist eine Voraussetzung für Wachstum, und sie muß erhalten werden. Das Ziel ist nicht Vollkommenheit, sondern ein ineinander Enthaltensein, Kompensation durch Getrenntheit. Es geht nicht darum, einen Mittelwert zu bekommen oder Rot und Grün zu einem schmutzigen Grau zu vermischen, sondern die beiden Farben nebeneinander bestehen zu lassen. Das Ziel ist, die entgegengesetzten Energien in einer höheren Synthese zu transformieren. So werden die beiden zu drei – nicht zu eins.

Wie bei der Hochzeit zweier Menschen das Ziel ist, die Persönlichkeit eines jeden für sich selbst zu entwickeln, damit jeder sich selbst und den anderen als individuellen Menschen akzeptieren kann, bis ein drittes Prinzip dazukommt, so ist in der Hochzeit zwischen Bewußtem und Unbewußtem das Prinzip beider weiterhin enthalten, und zwischen den beiden ist ein Dialog hergestellt.

Das Firmament hält Himmel und Erde voneinander getrennt. Wir brauchen den Konflikt und die Spannung, um die dynamische Energie des Lebens hervorzubringen. Wie Jung es ausdrückte:

> »Bewußtes und Unbewußtes bilden kein Ganzes, wenn eines von ihnen unterdrückt und vom anderen verletzt wird. Wenn sie kämpfen müssen, so sollte es zumindest ein fairer Kampf sein, mit gleichen Rechten auf beiden Seiten. Beide sind Aspekte des Lebens. Das Bewußtsein sollte seine Sache verteidigen und sich schützen. Ebenso sollte dem Unbewußten die Möglichkeit gegeben werden, sich auszudrücken – in dem Maße, in dem wir es aushalten. Das bedeutet offenen Konflikt und gleichzeitig offene Kollaboration. Genauso sollte es im Leben des Menschen sein. Es ist das alte Spiel zwischen Hammer und Amboß: Zwischen diesen beiden wird das geduldige Eisen zu einem unzerstörbaren Ganzen gemacht, einem ›Individuum‹. Dies ist, grob umrissen, das, was ich unter Individuationsprozeß verstehe.«[3]

Im Unbewußten liegen die archetypischen Kräfte, und zu diesen stoßen wir vor, wenn wir in Berührung mit ihm sind. Es sind diese archetypischen Kräfte der Natur, die der Urmensch auf die Konstellationen projizierte und welche die Astrologie in ihre Ursymbole faßte.

Die Einswerdung des Menschen – Psychologie als Heilungsprozeß

Sei kein anderer, wenn du du selbst sein kannst. Paracelsus

Das Ziel der psychischen Heilung oder Psychologie ist also, das Ganze zu akzeptieren: Bewußtes und Unbewußtes gleichzeitig. Es ist eher ein ineinander Enthaltensein als eine Vereinigung. Ein Akzeptieren all dessen, was in uns ist, denn alles, was in der Psyche enthalten ist, bildet in seiner Gesamtheit das Selbst.

Wie können wir zur Vollkommenheit gelangen? Es ist nötig, das ineinander Enthaltensein von Vereinigung zu unterscheiden. Vereinigung bedeutet, daß die beiden Gegensätze eins werden. Enthaltensein bedeutet, daß aus den beiden ein dritter Faktor entsteht. Das ist der wesentliche Unterschied. Jung hat dies so formuliert: »Es geht nicht darum, etwas ins Gegenteil umzukehren, sondern darum, frühere Werte unter Anerkennung ihrer Gegensätze weiter aufrechtzuerhalten. Natürlich bedeutet das Konflikt und Teilung des Selbst.«

Der Fehler des Rationalisten ist, daß er Gegensätze oder Paradoxe nicht akzeptieren kann. Er besteht darauf zu glauben, daß es nur eine Wahrheit geben kann und daß etwas nicht zugleich auch etwas anderes sein kann. Der Mystiker weiß, daß das Leben paradox ist. Es ist voller Ambiguität. Dinge verändern sich zu anderen, und in der Einheit ist die Vielfalt enthalten.

Diese unsere Existenz basiert auf Dualität und Gegensätzen. Wir können uns nur in einem Spiegel sehen. Die Reflektion, die zum Bewußtsein gehört, bringt Trennung mit sich. Die meisten von uns lernen ihre Eigenschaften nur dadurch kennen, indem sie sie durch eine Beziehung auf den Partner projizieren.

Als Gott eins war, war Er vollkommen. Aber Er war nicht vollständig. Das eine mußte zu zwei werden, damit sich Gott von Angesicht zu Angesicht sehen konnte. Gott braucht den Menschen ebensosehr, wie der Mensch Gott braucht, denn ohne den Menschen könnte Gott nicht an dem Leben teilnehmen, das Er erschaffen hat.

Das Prinzip der Liebe, der göttlichen oder menschlichen, ist das der Vereinigung. Aber es ist eine Vereinigung durch ein ineinander Enthaltensein. In gewissem Sinne ist es notwendig, sich zu verlieren, einen Teil seines Selbst aufzugeben. Das Verlieren ist jedoch eine Transformation, kein Auslöschen. Die beiden Teile werden beibehalten, transformieren sich aber gegenseitig, so daß eine dritte Kraft entsteht. Wenn zwei Menschen sich lieben, so werden sie nicht in dem Sinne eins, daß sie ihre individuelle Identität verlieren.

Als Gott seine Liebe zur Menschheit zeigte und seinen einzigen geliebten Sohn opferte, verlor er sich nicht selbst. Er schuf eine dritte Kraft, den Heiligen Geist. Venus, der Planet der Liebe, ist die Vereinigung von Sonne und Saturn, dem inneren Selbst und seinem Schatten. Aus diesen beiden, aus Gold und Blei, Christus und Satan, wurde die Liebe geboren.

Die regulierende Funktion der Gegensätze wurde von Heraklit erkannt. Er nannte diese Funktion *enantiodromia*. Früher oder später entwickelt sich alles zu seinem Gegensatz. Unvermeidlich wird der Winter zum Frühling, der Herbst zum Winter. Warum der Winteranfang früher als das Fest der unbesiegbaren Sonne gefeiert wurde, scheint auf den ersten Blick unklar.

Der erste Wintertag ist der kürzeste des Jahres – die dunkelste Zeit, der Tiefstand des Lebens, der Punkt des Todes. Aber eben gerade weil es der kürzeste Tag ist, müssen die Tage wieder länger werden. In den längsten Nächten sind schon wieder die kürzeren enthalten, aus der tiefsten Dunkelheit beginnt bereits die Morgendämmerung hervorzubrechen.

So wurde die Zeit der wiederauferstehenden Sonne als das Fest der Geburt Christi übernommen, und das Frühlingsäquinoktium, der Beginn des Frühlings und neuen Lebens, als der Tod Christi. Geburt und Tod sind als Gegensätze ineinander enthalten.

> Ich habe Geburt und Tod gesehen, aber ich hatte gedacht, sie seien anders; diese Geburt war für uns ein harter und bitterer Todeskampf – wie der Tod, unser Tod.
>
> T. S. Eliot: *Journey of the Magi*

Das gleiche Prinzip findet sich im chinesischen Denken. Kien ist der Himmel, die schöpferische, positive Kraft, und es ist der Tiefpunkt des Tages und des Jahres. Genau vor Mitternacht, vor der Wintersonnwende, wenn alles schwarz ist. Die Chinesen erkannten, daß dies die Zeit war, zu der die Psyche, nachdem sie ihren Tiefpunkt erreicht hatte, mit Hilfe ihres eigenen schöpferischen Bemühens ihre größten Werke hervorbringen konnte.

Kun ist im Gegensatz dazu die Erde. Der Hochsommer, die ruhige, lastende Hitze des Mittags, die fruchtbare Zeit im Zyklus des Tages und des Jahres. Die Zeit der Ernte. In der Fülle des Lebens gibt es keinen Ansporn für Kreativität, aber Frieden und Tod in der langen, heißen Sommersonne.

Deshalb ist es das Ziel, beide Seiten zu akzeptieren. Indem wir Bewußtes und Unbewußtes akzeptieren, die Spannung aushalten, lassen wir die Energie zur Transformation entstehen. Wir stehen die »bittere Agonie« durch, welche uns wie der Tod scheint, wir sinken auf unseren tiefsten Punkt, wissend, daß an jenem Punkt, zur mitternächtlichen Stunde, in der Dunkelheit der Nacht der Wechsel kommen muß. Dann findet die Transformation statt.

Das ist für uns Einswerdung. Die Trennung zwischen Bewußtem und Unbewußtem zu akzeptieren. Der erste Schritt ist die Individualität, der zweite die Individuation – die Einheit der getrennten Teile, der Gegensätze. Wie Whitmont sagte: »Wenn die Spaltung zwischen bewußten und unbewußten Persönlichkeitsanteilen geheilt und auf eine neue Bahn gebracht ist, dann findet Individualität statt. Wir werden wahrhaft wir selbst. Das ist das Ziel der Therapie, und, so sollte es scheinen, auch des Lebens.«[4]

Die Analyse dient dazu, dies herbeizuführen. Wie Whitmont weiter sagt, dient sie dazu:

> »... eine Veränderung der bewußten Haltung hervorzubringen, die Metanoia. Dies ist die unumgängliche Voraussetzung für die Transformation, welche selbst spontan im Unbewußten stattfindet und nicht direkt durch irgendeine vorsätzliche Anstrengung oder einen Willensakt herbeigeführt werden kann, denn bei der Transformation verändert sich die Dynamik selbst und hört auf, uns zu beunruhigen. Sie zeigt nun ihr anderes Gesicht, folgt einem konstruktiven und hilfreichen Impuls.«[5]

Alles zu akzeptieren, was in uns ist, bedeutet, bewußt jene Teile von uns zu akzeptieren, die entweder aus dem einen oder anderen Grund in unser Unbewußtes abgeschoben wurden oder die unser Unbewußtes nie klar artikulieren konnte. Es bedeutet, daß unser Ego, unsere bewußte Natur, das Selbst, unser ganzes Sein akzeptiert, in dem natürlich auch unser Unbewußtes enthalten ist.

Wie Anthony Storr schrieb:

»Die erschreckenden und primitiven Aspekte der Psyche bleiben nur erschreckend und primitiv, solange sie nicht zum Ganzen in Beziehung stehen und deshalb auch nicht zu anderen Menschen. Der Teufel bleibt nur teuflisch, solange er vom Göttlichen abgespalten ist, dem er ursprünglich entstammt.«[6]

Unglücklicherweise fördert die jüdisch-christliche Religion, so wie sie sich etabliert hat, genau diese Spaltung. Anstatt das Ganze zu akzeptieren, hat sich die Kirche von der Natur gelöst, indem sie auf die dunkle Seite Gottes verzichtete. Daß wir daran festhalten zu glauben, Teile von uns seien schlecht an sich, hat uns dazu gebracht, jene Teile abzuspalten, was natürlich bedeutet, vor Aspekten unserer eigenen Natur davonzulaufen.

Jesus legte in seiner ursprünglichen Botschaft großen Wert auf das Akzeptieren des Ganzen. Bis 600 v. Chr. wurden Christus und Satan als ebenbürtige Brüder anerkannt, beide Kinder Gottes. Die Sonne und Saturn sind beides Prinzipien des Ego. Saturn ist der Schatten der Sonne, und aus diesem Grund wurde Saturn bei den Babyloniern als der Herrscher der Sonne anerkannt. Wenn wir Gott als vollkommen ansehen, so verwerfen wir Teile von uns selbst, wenn wir sie für sündig halten. Statt den Schatten als ein unvermeidliches und notwendiges Attribut der Sonne anzuerkennen, projizieren wir ihn auf andere.

Gott sollte sich mit dem Archetypen des Selbst decken. Er sollte alles umfassen, Gut und Böse, alles in der Natur, und somit eher Vollständigkeit als Vollkommenheit sein. Der Schatten, die unentwickelte, mindere, dunkle und »böse« Seite muß anerkannt und akzeptiert werden, denn sie ist Teil des Ganzen, und irgendeinen Teil abzulehnen oder zu zerstören bedeutet, das Ganze zu verletzen.

In vieler Hinsicht sind wir in einer schlechteren Lage als unsere Vorfahren, die die alten Götter verehrten. Denn die archetypischen Kräfte des Unbewußten wurden exteriorisiert und auf die Gestalten von Göttern und Dämonen projiziert, womit die Versuchung wegfiel, sie mit dem eigenen Ego zu identifizieren. Heute nun trifft man sie statt als exteriorisierte Archetypen in unserem Inneren als Schatten oder den Teufel an. Das ist der Grund, warum Astrologie zusammen mit Psychotherapie einen idealen Weg des Heilens darstellt, weil sie sich mit der Natur dieser archetypischen Kräfte beschäftigt und sie gelten läßt.

Das Leben hat seine eigene innere Dynamik. Das Ausmaß der Destruktivität ist proportional zum Ausmaß, in dem die Expansion beschnitten wird. Wir können am Baum des Lebens sehen, wie jede archetypische Kraft durch eine andere im Gleichgewicht gehalten wird. Mars durch Jupiter, Merkur durch Venus. Wenn eine Energieform an ihrem Ausdruck verhindert wird, so wird diese Energie, statt sich auf das Leben zu richten, zerstörerisch. Und je mehr das Leben anerkannt wird, desto weniger Drang besteht zur Zerstörung.

Das Ziel ist, zum Selbst zu gelangen. Jung beschrieb das Selbst folgendermaßen:

> »Ein zentraler Punkt in der Psyche, zu dem alles in Beziehung steht, durch welchen alles geordnet wird und welcher selbst eine Quelle der Energie ist. Die Energie dieses Mittelpunkts manifestiert sich im fast unwiderstehlichen Antrieb und Drang, das zu werden, was man ist, genauso wie jeder Organismus dazu gedrängt wird, die Form anzunehmen, die seiner Natur entspricht, egal unter welchen Umständen.«

Wie erreicht man dieses Ziel? In der ersten Phase des Lebens muß sich das Ego vom Selbst trennen. Ursprünglich ist Ganzheit vorhanden, aber es ist eine unbewußte Ganzheit. Der Mensch ist noch kein Individuum. Er befindet sich noch in der Gebärmutter oder im eingefriedeten Paradiesgarten, glücklich in seliger Unwissenheit.

Im zweiten Stadium des Lebens wird das Ego aufgebaut und bestätigt. Schließlich, wenn das Ego entwickelt ist, kann es bewußt zum Selbst zurückkehren. Dann, als Individuum, kann ein bewußtes Treffen stattfinden. Dann kehren wir zu dem Ort zurück, von dem wir ausgegangen sind und sehen ihn zum ersten Mal.

Wir werden, was wir immer waren. Wir gelangen nirgendwohin auf unserer Reise durch das Leben. Es gibt kein Ziel, sondern nur die Reise. Der Weg und der, der den Weg geht, sind eins. Wie Jung sagte: »Das Ziel der psychischen Entwicklung ist das Selbst. Es gibt keine lineare Entwicklung, es gibt nur ein Umkreisen des Selbst.«[7]

Wir sind unser Selbst, wir können nichts anderes sein. Wenn wir uns selbst erkennen und wir selbst sind, dann können wir Ganzheit erreichen. Das bedeutet nicht, nichts zu tun. Im Gegenteil, es bedeutet, unsere Bedürfnisse herauszufinden, uns mit uns selbst zu konfrontieren, mit den unangenehmen wie den angenehmen Aspekten unserer Natur, und jene Teile, die wir nicht mögen, in positive Aspekte des Ganzen zu transformieren.

Wenn wir nicht wirklich wir selbst sind, dann sind wir im Krieg mit uns, und wir werden unvermeidlich diesen Zwist auf die äußere Welt projizieren. Wird die innere Trennung zu weit getrieben, so kann die Psyche sich spalten. »Ebenso wie ein zu großer Mangel an physiologischem Gleichgewicht zu Unwohlsein, Krankheit und Tod führt«, sagt Anthony Storr, »so führt der Versuch, zu sein, was man nicht ist, oder das Versagen dabei, der zu sein, der man ist, zu innerem Konflikt, Neurose und Gefühlsisolation.«[8]

Der Sinn des Lebens ist, sein eigenes Leben zu führen, und es ist wichtig, dabei die richtige Reihenfolge zu beachten. Ich habe bereits in einem vorigen Kapitel darauf hingewiesen, daß hier sehr oft Fehler gemacht werden. Die meisten Menschen entscheiden zunächst einmal, was sie im Leben tun wollen. Sie stecken sich ein Ziel und versuchen dann, es zu erlangen. Das ist der falsche Weg. Erst müssen wir unser persönliches Ziel finden, unseren individuellen Mythos, dann können wir versuchen, ihn zu erlangen. Und dieser Mythos ist im Geburtshoroskop enthalten.

Dies Ziel zu erreichen, ist nicht so einfach, wie es zunächst erscheint. Wie sehr sie auch das Gegenteil behaupten mögen, die meisten Menschen werden alles tun zu vermeiden, ihr wirkliches Selbst zu erkennen.

Zuerst müssen wir uns von dem entfernen, was wir nicht sind. Wie es in den griechischen Mysterien hieß: »Gib auf, was du hast, dann wirst du empfangen.« Wir müssen die Fassade aufgeben, die wir errichtet haben. Dann müssen wir uns von dem entfernen, was wir »sein sollten«, von den Erwartungen anderer. Erst dann können wir offen sein für unsere eigenen Erfahrungen und beginnen, uns zu akzeptieren.

Wie Carl Rogers schrieb:

> »Das Individuum bewegt sich bewußt und willig auf das Sein zu, auf den Prozeß, der es im Inneren und tatsächlich ist. Es entfernt sich von dem, was es nicht ist, von seiner Fassade. Es versucht nicht, mehr zu sein, als es ist, mit den Begleitgefühlen von Schuld oder Selbstverachtung. Es hört immer mehr auf die innersten Tiefen seines physiologischen und emotionalen Seins und wird immer mehr bereit, mit immer größerer Genauigkeit und Tiefe das Selbst zu sein, das es am wahrhaftigsten ist.«[9]

Jenes Selbst ist unser eigener, individueller Mythos. Jeder von uns ist einzigartig, und aus diesem Grund müssen wir die Reise unternehmen, uns selbst allein zu entdecken. Es kann uns auf unserem Weg geholfen werden, aber letztendlich ist das Tor, in das wir eintreten oder vor dem wir stehen, nur unser eigenes. Deshalb kann das Ziel der Psychotherapie und der Astrologie lediglich sein, dem Menschen zu helfen, sich selbst zu finden.

Wenn man zu sich selbst wird, öffnet sich ein neues Leben. Ein großer Teil der Therapie liegt in der Entdeckung von Elementen unseres Selbst, derer wir uns nicht bewußt sind, Persönlichkeitsaspekten, die wir nicht erkannt haben. Diese Faktoren sind im Geburtshoroskop graphisch dargestellt. Man selbst zu sein, löst nicht nur unsere Probleme. Wir werden wahrer, weil wir unsere Einzigartigkeit erkennen lernen, gleichzeitig sind wir aber auch mehr allein.

Das Ende der Reise wurde von Anthony Storr mit folgenden Worten beschrieben:

> »Ich schlage vor, diese letzte Errungenschaft Selbstverwirklichung zu nennen, womit ich den größtmöglichen Ausdruck des angeborenen Potentials eines Individuums im Leben meine, die Verwirklichung seiner eigenen Einzigartigkeit als Persönlichkeit; ich stelle auch die Hypothese auf, daß, bewußt oder unbewußt, jeder Mensch dies Ziel anstrebt.«[10]

Im Horoskop das Selbst finden

> *Wir werden das lehren, was wir selber sind, nicht aus freiem Entschluß, sondern unfreiwillig.* Emerson

Astrologie ist die ideale Methode, sein Selbst zu entdecken, denn im Horoskop ist das gesamte Selbst enthalten. In graphischer Darstellung finden wir all die Teile vor, welche das Ganze bilden. Im Verständnis jener Faktoren liegt das Versprechen, zur eigenen Ganzheit zu finden. Der Vorteil der Astrologie vor anderen Methoden der Selbsterkenntnis liegt darin, daß sie das einzige System ist, in dem die Psyche eines Individuums auf symbolische Weise dargestellt wird. Kein anderes System ermöglicht einem Therapeuten, den ganzen Menschen auf solche Art zu sehen.

Wie wir gesehen haben, besteht das Ziel der Psychotherapie darin, den Patienten in Berührung mit sich selbst zu bringen. Einfach nur das eigene Geburtshoroskop zu betrachten, wird jedoch niemanden in Berührung mit seinem Selbst bringen. Dem Patienten oder Ratsuchenden muß geholfen werden, seine Komplexe, seine Probleme, seine unterdrückten Energien selbst zu entdecken beziehungsweise zu erfahren.

Oft findet er sich während der Suche selbst. Die Bedeutung und der Zweck eines Problems liegen nicht so sehr in dessen Lösung, sondern darin, ständig an ihm zu arbeiten. Auf diese Weise werden die in ihm enthaltenen Faktoren in dem Sinne erkannt, als man sie verwirklicht.

Der Eigner des Horoskops von Abbildung 2 mußte seine eigene Individualität finden und sich von dem schwachen Vaterbild befreien, das er von seinem eigenen Vater übernommen hatte. Als er unter den Einfluß Freuds gelangte, projizierte er das Bedürfnis nach einer Vaterfigur aufgrund seines Sonne-Neptun-Quadrates auf den älteren Mann. Als Saturn 1913 seinen IC überquerte und Uranus seinen Aszendenten, sah er sich vor die Aufgabe gestellt, sein eigenes Ego zu finden, tatsächlich den Vater in sich selbst, statt in der Außenwelt nach ihm zu suchen. Zu jener Zeit brach Jung mit Freud, gab seinen Posten als Vorsitzender der Psychoanalytischen Gesellschaft auf und erlitt einen Zusammenbruch, der ihn drei Jahre kostete. Er brauchte diese Zeit, um die Bedeutung eben jener Faktoren seiner Psyche zu erfahren.

Nicht noch so viele rationale Erklärungen werden einen Menschen näher zur Selbsterkenntnis bringen. Die Astrologie ist eine symbolische Sprache, und Symbole werden eher vom Unbewußten als vom bewußten Geist verstanden – eher intuitiv als verstandesmäßig. Es gibt einen alten Spruch, der besagt, daß der Lehrer dann erscheint, sobald der Schüler bereit ist.

Ein Mensch wird den Astrologen aufsuchen, weil er unbewußt um seine Probleme weiß. Dann ist er bereit; dann kann der Astrologe die Probleme zunächst erklären und die Inhalte des Unbewußten ins Bewußtsein fördern. Selbst wenn der Ratsuchende zu jener Zeit noch nicht bereit ist, so wird sich die Wahrheit doch durch die Sprache der Symbole in seinem Unterbewußtsein niederlassen. Wenn er dann bereit ist, vielleicht viele Jahre später, wird die Saat aufgehen und in seinem Bewußtsein Früchte tragen. Vielleicht wird er sich dann an die Symbole erinnern und dem Astrologen danken. Vielleicht wird er meinen, daß er selbst die Wahrheit gefunden hat. Das ist gleichgültig. Die Aufgabe des Astrologen wird getan sein.

Astrologie ist auch ein wertvolles Instrument für den Therapeuten, um ihm dabei zu helfen, die Psyche seines Patienten zu verstehen. Wie objektiv ein geübter Therapeut auch sein mag, oft ist es unmöglich, alle Probleme eines Patienten zu verstehen. Jung sagte, daß er hin und wieder sich das Horoskop eines Patienten anschaue, um Probleme zu diagnostizieren, die er andernfalls nicht erkennen könne.

»Astrologie besteht in symbolischen Konfigurationen des kollektiven Unbewußten, welches das Hauptthema der Psychologie ist«, schrieb er: »Die Planeten sind die Götter, Symbole der Mächte des Unbewußten.« Jeder Planet stellt eine archetypische Kraft dar, die in einem jeden von uns wohnt. Beim Betrachten des Geburtshoroskops eines Menschen können wir sehen, wie jener Mensch diese spezifische Kraft einsetzen muß.

Astrologie ermöglicht es dem Menschen, seinen individuellen Mythos zu entdecken. Es ist sein persönlicher Weg. Jedes Geburtshoroskop ist einzigartig, ebenso wie jeder Mensch einzigartig ist. Wie wir gesehen haben, ermöglicht es die Kabbala in Kombination mit dem Tarotspiel, den universellen Mythos zu verstehen. Der Baum des Lebens ist der Universalmensch, Adam Kadmon.

Ehe er einen ganz bestimmten Patienten untersucht, muß der Arzt oder Chirurg ein allgemeines Wissen von Anatomie besitzen. Er muß wissen, wie der Mensch insgesamt funktioniert. Er muß von der Verbindung zwischen der Leber und der Milz, von Herz und Arterien wissen. Auch der Astrologe muß den individuellen Menschen mit dem universellen Urbild in Beziehung bringen.

Daß dies für viele Astrologen nicht von allererster Bedeutung ist, geht aus dem hervor, was die meisten von ihnen konkret sagen. Nehmen wir den Mond als Beispiel. Die Sonne-Mond-Polarität stellt die wichtigsten Yang-Yin-Kräfte innerhalb der Psyche dar, Bewußtes und Unbewußtes. Jeder dieser beiden Faktoren ist ebenso wichtig wie der andere. Sie bilden eine Achse, und in früheren Zeiten wurden sie als die beiden Gesichter desselben Gottes anerkannt.

Statt diese lebenswichtige Wahrheit anzuerkennen, haben Astrologen zur Abwertung der unbewußten weiblichen Seite der Psyche und damit der Yin-Faktoren in unserer Kultur beigetragen. Immer wieder wird gesagt, daß der Mond nur die frühen

Umweltfaktoren darstellt und daß der Mensch, sobald er älter wird, diesen Teil seiner Natur hinter sich läßt.

Aus dem, was wir bereits gesagt haben, sollte klar sein, daß eine solche Behauptung völlig irreführend ist. Der Mond stellt das Unbewußte dar und ist als solcher ein Symbol für unsere innersten Bedürfnisse. Die Sonne stellt das Bewußte dar und unseren Willen. Unsere wahren Bedürfnisse mit kindischen Launen zu vergleichen, ist psychisch gefährlich, denn es führt zur Unterdrückung dieser Bedürfnisse und somit zu den Problemen, über die wir bereits gesprochen haben.

Wenn wir unsere unbewußten Bedürfnisse nicht anerkennen, dann projizieren wir sie auf andere, insbesondere auf unsere Partner. Deshalb stellt der Mond die Anima dar, und deshalb projizieren viele Männer unbewußt ihre emotionale Seite auf die Frauen, mit denen sie zu tun haben.

Es ist tatsächlich behauptet worden, daß der Mond die Frau eines Mannes darstelle, und die Sonne den Mann einer Frau. Wenn wir die Prinzipien betrachten, die hinter diesen Faktoren liegen, können wir erkennen, wie es zu dieser Ansicht kam. Der Mond symbolisiert unsere weibliche Seite, und wenn wir diesen lebenswichtigen Teil unserer Psyche nicht ausleben, werden wir ihn auf den Partner projizieren. Insofern ein Mann eine Frau durch diesen Teil seiner selbst anzieht, wird der Mond tatsächlich seine Frau darstellen.

Das gleiche gilt für die Sonne. Die Sonne stellt die innere Kraft des Bewußtseins dar, das Ego. Wenn eine Frau nicht ihrem eigenen Potential gemäß lebt, dann kann sie dies wiederum auf einen Mann projizieren, was natürlich noch viel mehr in Zeiten der Fall war, wo Frauen wenig Gelegenheit hatten, ihr eigenes Potential einzusetzen.

Das Selbst ist das gesamte Geburtshoroskop, und wenn der Astrologe einem Menschen hilft, jeden einzelnen Teil dieses Horoskops zu akzeptieren, kann er ihm helfen, ein ganzer Mensch zu werden. Automatisch neigt man dazu, sich nur mit einem bestimmten Teil seines Horoskops in Verbindung zu bringen, ebenso wie man dazu neigt, sich nur mit einem bestimmten Teil seiner Psyche in Verbindung zu bringen. »Ich mag diesen Mars im Krebs im Quadrat zu Neptun nicht besonders«, aber »das ist ein schönes Trigon zwischen deiner Sonne im Löwen und deinem Mond im Schützen.« Diese Methode ist recht geläufig, wenn auch wenige es bewußt zugeben. Es ist die falsche Methode.

Zunächst einmal muß alles im Horoskop akzeptiert werden. Zum zweiten gibt es nichts Gutes oder Schlechtes an irgendeinem Faktor eines Horoskops. Wichtig ist, wie man damit umgeht. Drittens kann man von den Faktoren seines Horoskops nicht loskommen. Wenn wir jene Teile, die wir für schlecht halten, unterdrücken, dann werden sie, wie wir gesehen haben, im Unterbewußtsein eher mächtiger als weniger.

Gewiß werden einige Bereiche des Horoskops schwieriger sein als andere. Niemand sollte behaupten, daß Mars im Löwen im Quadrat zu Pluto einfach ist. Wenn dies jedoch Teil eines Horoskops ist, dann muß man es verstehen und damit fertig werden. Es ist ein Teil des Wesens jenes Menschen, und die einzige Wahl, die er hat, ist zu versuchen, es entweder in einer bestimmten Richtung auszuleben oder es zu transformieren und zu akzeptieren. Er kann jedoch sicher sein, daß seine Konstellationen ihn hartnäckig und umbarmherzig verfolgen werden, bis er sie akzeptiert oder sich zumindest damit konfrontiert.

Man kann seinem Selbst nicht entfliehen. Wenn man sich weigert, seinen eigenen Schatten anzunehmen, wird man ihm auf Schritt und Tritt begegnen, auf der Straße, in Träumen, in geheimen Ängsten. Schließlich erkennen wir, daß das, wovor wir am meisten Angst haben, unser größter Freund ist. Wenn wir uns dazu überwinden können, den Frosch auf den Mund zu küssen, werden wir seine Häßlichkeit in Schönheit transformieren, und seine Erscheinung wird uns nicht länger Schwierigkeiten machen.

Wir sind an unser Geburtshoroskop ebenso gebunden, wie Ixion es an seine Tretmühle war. Wir sind damit geboren. Wir werden damit sterben. Worum geht es also? Es geht darum, daß unser Geburtshoroskop einem jeden von uns zu einem ganz bestimmten Zweck gegeben ist. Es besteht ein gewaltiger Unterschied zwischen dem Besitz eines Horoskops und seiner Verwirklichung. Zur letzteren gehört das bewußte Akzeptieren dessen, was wir sind.

Der Unterschied zwischen Individualität und Individuation liegt in der Transformation. Am Ende der Reise sind wir derselbe Mensch wie am Anfang – jedoch auf einer anderen Ebene. Wir sind geistig wiedergeboren. Wir können unser Horoskop nicht verändern, aber wir können es auf einer höheren Ebene leben. Wenn wir das Persönlichkeitszentrum vom Ego zum Selbst verschieben, können wir eine höhere Schwingungsebene erreichen.

Dies läßt sich symbolisch im Horoskop erkennen. Das Ego ist

durch die Sonne dargestellt, dem Kreis mit dem Punkt in der Mitte. Auch das Selbst ist durch einen Kreis mit dem Punkt in der Mitte dargestellt – es ist jedoch hier das gesamte Geburtshoroskop. Das Symbol ist dasselbe, aber letzteres umfaßt ersteres und enthält all die Faktoren, aus denen unsere Psyche besteht.

Das Geburtshoroskop wird manchmal eine Landkarte genannt. Ehe man seinen Weg beschreitet, muß man ihn kennen. Man muß sich erst kennen, ehe man sich selbst sein kann. »Erkenne dich selbst«, stand am Eingang zum Apollotempel geschrieben. Zu versuchen, uns und andere zu manipulieren, ist das Gegenteil davon.

Indem die Astrologie den Menschen seinen individuellen Mythos erkennen läßt, gibt sie seinem Leben einen Sinn. Indem sie das Allgemeine mit dem Besonderen verbindet, bringt sie einen dritten Faktor mit ins Spiel. Sie verbindet Bewußtes und Unbewußtes. Die Sonne als Apoll ist der heilende Gott, dessen Macht darin besteht, seine mütterliche Quelle, den Mond, neu zu beleben. Der Mond seinerseits enthält und regeneriert die Potenz und das Licht der Sonne.

Kapitel 8

Die fünfte Dimension

Was ist die fünfte Dimension?

Wie weiß der Astrologe, auf welcher Ebene sich der Faktor eines Horoskops manifestieren wird? Eine Frau hat Mars im siebten Haus, was bedeutet das? Wird sie einen gewalttätigen Mann haben? Ist sie selbst anmaßend in ihren Beziehungen? Oder muß sie sich mehr selbst behaupten und braucht sie auch die Herausforderung eines starken Partners, um sich diesen Mangel an Gleichgewicht in ihrem Wesen bewußt zu machen?

Wie kommt es zur Manifestation auf den unterschiedlichen Ebenen? Wie können wir uns dieser Ebenen bewußt werden und mit ihnen in Bewegung kommen? Der Astrologe kann die Bedeutung der Faktoren eines Horoskops nur verstehen, wenn er sich selbst der verschiedenen Wirklichkeitsebenen bewußt ist und mit ihnen in Berührung steht. Um sich dieser Ebenen bewußt zu werden, muß er lernen, in der fünften Dimension zu sehen.

Ich habe die vier Existenzebenen bereits in Kapitel 3 beschrieben. Um die Sache zu vereinfachen, werde ich jetzt nur auf zwei Ebenen zurückkommen. Wie ich gezeigt habe, können wir die spirituelle Ebene während unserer Inkarnation auf Erden nicht erreichen. Was ich bequemlichkeitshalber die spirituelle Ebene nenne, ist in Wirklichkeit die höhere Mental- oder Astralebene. Die materielle Ebene bleibt bestehen.

Was meine ich nun damit, in der fünften Dimension zu sehen? Ich sollte hier eine kurze Warnung geben, denn es ist allzu leicht, diesen Begriff mißzuverstehen. Tatsächlich möchte ich so weit gehen zu behaupten, daß einer der Hauptgründe dafür, daß die Wirklichkeit im allgemeinen wie die Astrologie im besonderen nicht verstanden werden, in diesem Mißverständnis liegt.

Was ich mit der fünften Dimension meine, ist, zu erkennen, daß das Ganze und die Teile gleichzeitig existieren. Ich meine damit, daß sich beide als eins und zugleich als getrennt erkennen lassen. Daß in der fünften Dimension eins und eins drei gibt. Lassen Sie mich zur Erklärung ein Modell benutzen, denn neu zu sehen ist nicht einfach.

Mein Modell ist der Berg Anki, den ich bereits in Kapitel 1 erwähnte. An der Spitze des Berges herrscht Einheit. Dies ist die spirituelle Ebene. Dies ist der Aufenthaltsort der Götter – der Himmel. Auf dem Lebensbaum entspricht dieser Bereich Kether. Am Fuß des Berges herrscht Trennung. Es ist die materielle Welt, die Welt der Sterblichen – die Erde. Am Baum des Lebens entspricht dies Malcut.

An der Spitze des Berges ist die Ewigkeit, am Fuß die Zeit. An der Spitze das Ganze, am Fuß die Teile. An der Spitze das Feld, die Wellen, die Struktur, am Fuß die getrennten Teilchen. An der Spitze die Kraft, am Fuß die Form.

Zusätzlich zu diesen beiden existiert der Berg als Ganzes. Das ist der entscheidende Punkt. Deshalb sagte ich, daß eins und eins drei ergibt. Die Wirklichkeit als ein Ganzes zu sehen, bedeutet nicht, das Ganze nur als die Spitze des Berges zu sehen. Das ist der grundlegende, so oft gemachte Irrtum. Die Wirklichkeit als ein Ganzes zu sehen bedeutet, oben und unten gleichzeitig zu sehen.

Der häufige Fehler ist zu glauben, daß die Wirklichkeit entweder in den Teilen oder im Ganzen sei, als ob die beiden einander ausschließen würden. Wir fragen, ob sich ein Faktor oder eine Direktion im Geburtshoroskop auf der spirituellen, psychologischen oder weltlichen Ebene manifestieren wird. Wir fragen, ob es irgendeine wesentliche Bedeutung in den getrennten Faktoren des Horoskops gibt, ob der Mond im Stier irgend etwas an sich selbst bedeutet oder ob nur die Beziehung der Faktoren untereinander von Bedeutung ist. Wir fragen, ob die wechselseitige Beziehung zwischen Himmelskörpern und Ereignissen auf der Erde auf Kausalzusammenhängen oder Synchronizität beruht.

Es geht hier nicht um entweder/oder. Dies behaupten jene, die nur ein Ding auf einmal sehen können. Bertrand Russels Identitätsgesetz basiert auf diesem Prinzip.

Es ist einfach zu denken, daß alles im Ganzen enthalten ist, denn es stimmt tatsächlich, daß alles im Ganzen enthalten ist. Von der Spitze des Berges aus kann man alles sehen. Aber ebensogut können wir alles in den Teilen sehen. Worum es geht, ist zu erkennen, daß oben und unten gleichermaßen gültig und wirklich sind. Und zweitens, daß beide gleich und unterschiedlich in einem sind.

Himmel und Erde sind dasselbe. Sie sind zwei Aspekte ein und desselben Prinzips. Gott und der Mensch sind dasselbe. Beide haben sich in Christus verkörpert. Im Sohn Gottes manifestierte sich die göttliche Gegenwart. Im Menschensohn wurde seine menschliche Seite offenbar. Auch wir sind zugleich menschlich und göttlich. Wenn wir in Verbindung mit unserer spirituellen Natur sind, berühren wir göttlichen Boden. Wenn wir uns mit unserer menschlichen Natur verbinden, sind wir auf der physischen Ebene tätig. Wenn wir beide umfassen, sind wir im Tao, in einem Zustand der Gnade.

Der Himmel hat seinen irdischen Aspekt und die Erde ihren göttlichen. Wir können das Kether von Malcut finden und das Malcut von Kether. Jeder Aspekt des Lebens enthält etwas Göttliches – würden wir es nur erkennen. Und ebenso hat alles im Himmel einen physischen Aspekt.

Im Horoskop von Jung (Abbildung 2) ist ein genaues Quadrat zwischen Sonne und Neptun vorhanden. Auf der spirituellen oder archetypischen Ebene gibt es nur Potentielles, eine innere Kraft, die sich auf der weltlichen Ebene nach vielen verschiedenen Richtungen hin materialisieren kann.

Es kann sich hier um ein großes spirituelles Verständnis handeln, schöpferische und künstlerische Fähigkeiten, hohes menschliches Einfühlungsvermögen. Oder es ist das Bild eines alten Mannes, der betrunken am Wegrand liegt. So wie die Sonne gefährdet ist, ist auch er es. Es kann sein, daß sein Ego von mystischen Visionen überflutet wird, ehe er sich in einen Elfenbeinturm flüchtet – ein einsamer alter Herr.

Im Symbol des Horoskops ist das Potential sowie dessen Manifestation enthalten. Die verschiedenen Ebenen gehen ineinander über, werden dabei aber nicht ausgelöscht. Wenn wir unseren freien Willen benutzen, um Entscheidungen zu treffen, vereinen sich die verschiedenen Manifestationen eines Potentials. Dennoch warten nach dieser Entscheidung immer noch die einzelnen Elemente auf ihre Verwirklichung.

Wie also können wir zu dieser fünfdimensionalen Sehweise gelangen? Zunächst sind zwei Schritte nötig. Wir müssen lernen, uns von der alten Sehweise zu befreien, ehe wir die neue erkennen können. Wir müssen zu einem Zustand des Nicht-Wissens gelangen, wo wir nicht mehr von unseren vorgefaßten Begriffen und alten Konditionierungen beherrscht sind. Wir müssen uns selbst der verschiedenen Ebenen bewußt sein, um sie sowohl zu erkennen als auch in uns zu integrieren.

Aber wir können nicht einfach neu sehen. Teils sehen wir aufgrund unserer angeborenen Struktur und teils, weil man uns ge-

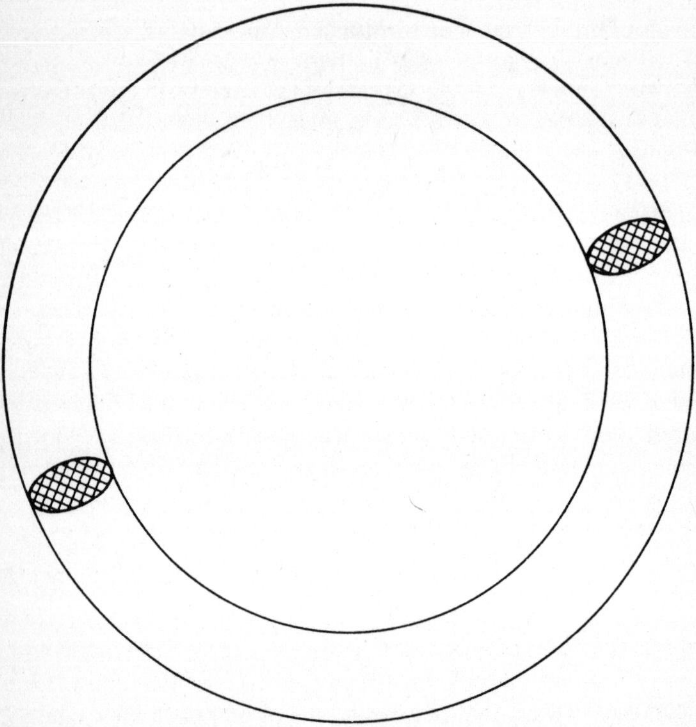

Abbildung 7: Ein zweidimensionales Lebewesen wird die beiden schraffierten Flächen als voneinander getrennt sehen.

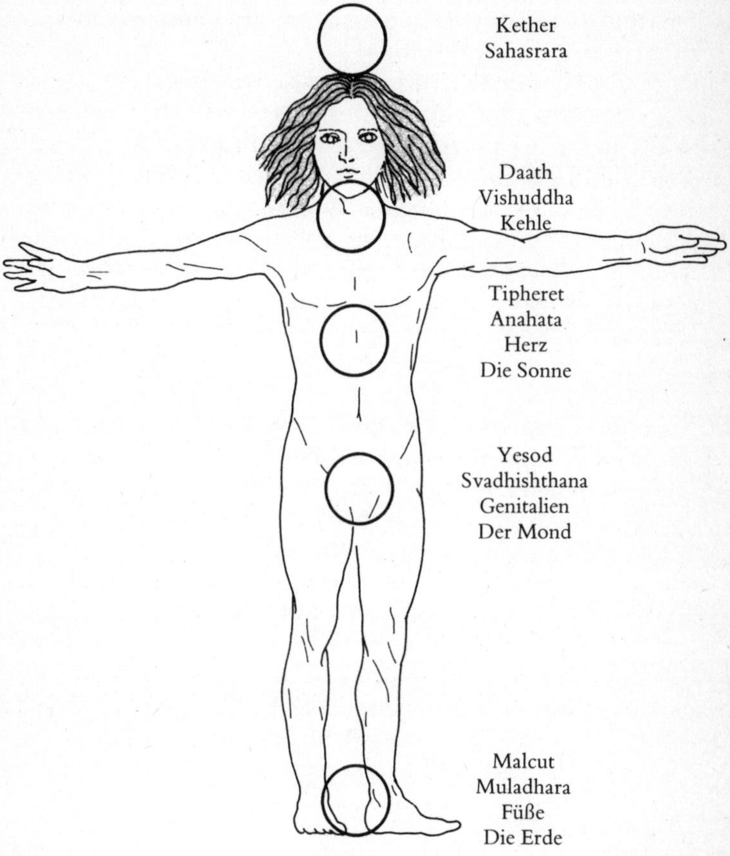

Abbildung 8: Die fünf Chakras am Baum des Lebens.

lehrt hat, auf eine bestimmte Weise zu sehen. Die Beziehung zwischen unserem Geist und dem, was wir wahrnehmen, wird von einem komplizierten Feedback-System beherrscht.

Es hieß, daß die Dinge paradox erscheinen, weil wir vierdimensionale Erscheinungen auf unsere dreidimensionalen Sinne projiziert sehen. »Wenn wir die vierdimensionale Raum-Zeit-Wirklichkeit visualisieren könnten«, meinte Capra, »dann wäre überhaupt nichts mehr paradox.«[1]

Dies stimmt zum Teil, ist jedoch auch irreführend, wenn man es allzu wörtlich nimmt. Zunächst einmal ist das, was die Wissenschaftler als vierte Dimension bezeichnen, nicht dasselbe, was ich mit der fünften Dimension meine. Wie ich in Kapitel 4 gezeigt habe, umfaßt die Vorstellung des Wissenschaftlers von der vierten Dimension keine Ebenen, die höher sind als die materielle. Sie fügt dem Raum nur die Zeit hinzu, um das zu schaffen, was den Eindruck einer linearen Raum-Zeit-Kombination macht oder den eines Kontinuums.

Zweitens liegt der Grund, warum wir die höheren Dimensionen nicht erkennen, darin, daß wir uns auf die materielle Ebene begrenzen. Wenn wir nur mit unseren physischen Sinnen sehen, können wir nur innerhalb von drei Dimensionen tätig sein. Ein zweidimensionales Wesen wird nicht fähig sein, die drei Dimensionen zu erkennen, die in Abbildung 8 existieren. Die weitere Dimension ist jenseits seiner begrenzten Fähigkeiten.

Für uns gilt jedoch nicht das gleiche. Die höheren Ebenen sind in einem jeden von uns gegenwärtig. Ich habe in Abbildung 9 die fünf Chakras im Modell des Lebensbaums eingezeichnet. Diese Chakras spiegeln sich im Sephiroth auf dem mittleren Pfeiler wider. Das vierte, das auf der Ebene des Halses liegt, entspricht dem unsichtbaren Sephiroth namens Daath, über das wir in dieser Inkarnation nicht hinauskommen können. Dennoch ist in uns der spirituelle Mittelpunkt enthalten, auch wenn wir ihn nicht direkt erreichen können.

So spiegeln sich die höheren Dimensionen des Universums in unseren inneren Zentren wider. Die niedrigste Ebene, die materielle, befindet sich dort, wo wir normalerweise in drei Dimensionen tätig sind. Je mehr wir auf die höheren Zentren eingestimmt sind, desto mehr werden wir mit den höheren Ebenen des Universums, von denen wir ein Teil sind, in Einklang stehen.

Der Welt allmächtiger Geist

Gott will ich preisen, den allmächtigen Geist der Welt,
der in allem ist und in dem alles ist,
der die Teile lenkt und mit gerechter Hand
das Ganze erhält, und dem ich freudig gehorche:
wie alles übereinstimmt, und die Teile sich eng
verbunden haben, hilfreich einander stützend, wie
alles sich durch Vernunft bewegt, weil eine Seele in den
Teilen lebt und das Ganze durchdringt. Marcus Manilius

Einstein revolutionierte die Wissenschaft, indem er Materie mit Energie gleichsetzte. Derzeit wird unser Verständnis von Energie gerade dadurch revolutioniert, daß Materie mit Geist gleichgesetzt wird. Nicht nur die beiden Seiten der Gleichung sind jedoch von Bedeutung, die Natur der Gleichung selbst ist es.

In Einsteins berühmter Formel $E = mc^2$ hieß es, daß Materie in Energie verwandelt werden kann und Energie in Materie. Im wesentlichen ging diese Gleichwertigkeit jedoch davon aus, daß Materie und Energie voneinander getrennt sind. Was wir erkennen müssen, ist, daß Materie und Energie dasselbe sind, und ebenso Materie und Geist. Das eine wird in das andere verwandelt, weil beide auf verschiedenen Ebenen das gleiche sind. Eines der Probleme des wissenschaftlichen Denkens liegt darin, daß kein Modell vorhanden ist, die verschiedenen im Universum existierenden Ebenen einzuordnen. Aus diesem Grunde ist es den Wissenschaftlern bis jetzt nicht gelungen, die materielle Ebene und die Quantenebene unter einen Hut zu bringen.

Die Astrologie schließt im Symbol des Horoskops beide Ebenen mit ein. Ehe es nicht richtig wahrgenommen wird, wird das Symbol seine innere Wahrheit jedoch nicht preisgeben. Wenn wir in der fünften Dimension sehen, sehen wir die beiden Ebenen gleichzeitig, als eins und auch als zwei. Wir sehen das Ganze, und wir sehen die Teile.

Im Mittelpunkt herrschen Einheit und Ruhe. Auf der Peripherie Bewegung, Dualität und Veränderung. Aber auch auf der Peripherie herrscht Einheit. Der Kreis in seiner Gesamtheit ist ewig. Er währt immerfort, ohne Anfang oder Ende. Was er für uns bedeutet, hängt davon ab, wie wir uns ihm nähern.

Wir können ihn in seiner Bewegung anhalten und Ausschnitte von ihm untersuchen, oder wir können selbst zu einem Teil von ihm werden und uns mit seiner Gesamtheit vereinigen.

Die Beziehung zwischen den Teilen und dem Ganzen, zwischen Zeit und Ewigkeit, zwischen Geist, Materie und Energie ist aus zwei Gründen besonders wichtig, wenn man die Prinzipien der Astrologie verstehen will. Zunächst einmal aufgrund der Kontroversen, die in bezug auf die verschiedenen Faktoren des Horoskops herrschen. Dann, um uns die Entscheidung zu ermöglichen, ob die Beziehung zwischen den Planetenkörpern und den Ereignissen auf der Erde auf Kausalzusammenhängen oder auf Synchronizität beruht.

Wir haben gesehen, daß die Astrologen unterschiedlicher Ansicht sind, was die wirkliche Bedeutung der verschiedenen Faktoren eines Horoskops angeht. Bedeutet die Stellung des Mondes im Stier von Abbildung 1 irgend etwas an sich? Oder bekommt sie dann erst einen Wert, wenn man sie in Beziehung zu den anderen Faktoren des Horoskops sieht?

Wenn wir in drei Dimensionen sehen, sehen wir die Teile, die materielle Manifestation. Wir sehen den Mond im Stier, wir sehen Jupiter im Löwen. Wir messen den Abstand zwischen den beiden Faktoren und nennen es ein Quadrat.

Wir sehen Uranus »da draußen« als einen Himmelskörper. 1913 stand er auf 2 Grad Wassermann, am selben Punkt wie der Aszendent von Abbildung 2. Was für eine Situation haben wir nun in den beiden Fällen vor uns? Sind Mond und Jupiter getrennte Körper, oder sind sie zwei Teile eines einheitlichen Ganzen? Ist Uranus vom Aszendenten in Abbildung 2 getrennt?

Nachdem in der Vergangenheit nur die getrennten Teile akzeptiert wurden, neigt man heute dazu, ins andere Extrem zu verfallen und lediglich das Ganze erfassen zu wollen und die Teile abzulehnen. Als natürliche Reaktion auf den wissenschaftlichen Materialismus das Pendel in die andere Richtung ausschlagen zu lassen, ist jedoch ebenso falsch.

An sich ist es völlig richtig, die Wirklichkeit des Ganzen anzuerkennen. Auch ist dies nichts Neues. Im letzten Jahrhundert stellte Hegel fest: »Letztlich ist nichts außer dem Ganzen vollkommen wirklich.«

In neuerer Zeit schrieb David Bohm:

> »Man sieht, daß die Teile in direkter Verbindung zueinander stehen, in der ihre dynamischen Beziehungen auf irreduzible

Weise vom Zustand des gesamten Systems abhängen (und tatsächlich von dem der größeren Systeme, in denen sie enthalten sind und die sich letztlich und im Prinzip bis auf das gesamte Universum erstrecken). So kommt man zu einem neuen Begriff *ungebrochener Ganzheit*, welcher die klassische Idee der Analysierbarkeit der Welt in getrennte und unabhängig voneinander existierende Teile verwirft.«[2]

Karl Pribrams und David Bohms holographische Theorie von Geist und Materie sagt aus, daß jeder Teil das Ganze widerspiegelt und enthält. Soweit ist die Theorie recht einleuchtend. Es ist wichtig, das Ganze in den Teilen zu sehen, und das ist genau das, was der Astrologe tut oder tun sollte, wenn er das Zeitmoment betrachtet, welches im Horoskop symbolisiert ist.

In gewissem Sinne ist es unumgänglich, daß ein Teil ein Ganzes enthält. Definitionsgemäß muß ein Teil Bestand von etwas Größerem als er selbst sein, andernfalls wäre er selbst ein Ganzes. Daß sie Elemente von etwas anderem sind und daß dies andere wirklich ist, bedeutet jedoch nicht, daß die Teile selbst nicht wirklich sind. Diese Schlußfolgerung wird leicht und zu Unrecht gemacht.

Der andere Irrtum dieser holographischen Theorie besteht darin, daß sie auf den Determinismus aufbaut. Zu sehen, daß alle Teile miteinander verbunden sind, die Wirklichkeit des Ganzen zu sehen, ist sowohl richtig als auch nützlich. In dies Ganze jedoch eine makellose Struktur mit einzubeziehen, so ästhetisch ansprechend sie auch sein mag, ist logisch weder notwendig noch richtig.

Es ist die Beziehung zwischen den Teilen und dem Ganzen, welche die Lösung für das Sieb der Wirklichkeit darstellt. Betrachten wir das E-P-R-Paradox noch einmal unter diesem Aspekt. Oberflächlich gesehen schien dieser Versuch zu zeigen, daß ein Teilchen spontan mit einem anderen in Verbindung treten kann, egal wie weit beide voneinander entfernt sind. Bells Theorem schien dies Ergebnis zu bestätigen.

Nach Einstein ist eine Kommunikation, welche über die Lichtgeschwindigkeit hinausgeht, unmöglich, da sie gegen die Gesetze der Relativität verstößt. Es gibt jedoch Telepathie. Es gibt Vorausahnung. Der Okkultist findet nichts Seltsames an Telepathie oder Vorausahnung, weil er weiß, daß auf der Astralebene die Gesetze von Raum und Zeit anders sind, als sie auf der materiellen Ebene wirken.

Auch der Wissenschaftler weiß, wenn er die Quantenebene akzeptiert, daß deren Gesetze anders sind als die der materiellen Ebene. Die Teilchen trotzen hier den Gesetzen der Relativität, sie erscheinen aus dem Nichts und verschwinden wieder ins Nichts. Auf der Quantenebene wird die Lichtgeschwindigkeit erreicht und überschritten, ebenso auf der Astralebene, denn Quantenebene und Astralebene sind zwei Begriffe für dasselbe Phänomen.

Die materielle und die subatomare Ebene existieren gleichzeitig. Jede ist in der anderen enthalten. Ebenso existieren die physische und die astrale Ebene gleichzeitig, und eine jede ist in der anderen enthalten. Auf der materiellen Ebene gibt es Vielfalt, es gibt die Teile. Auf der subatomaren und der astralen Ebene gibt es das Ganze.

An ihre Grenzen gebracht, löst sich die physische Welt auf. Alles verkehrt sich in sein Gegenteil. Wenn die physische Welt sich auflöst, wird die Quantenebene erreicht, wo jede getrennte Einheit ein Teil des Gesamtprozesses ist. Da der wissenschaftliche Geist jedoch unfähig ist, die Auflösung der Gegensätze zu akzeptieren, gelingt es ihm nicht, die Beziehung zwischen beiden zu erkennen.

Dadurch, daß die Wissenschaftler das E-P-R-Paradox nicht verstanden haben, blieben sie bei den Teilen stecken, und es gelang ihnen nicht, das Ganze zu sehen. Es wird behauptet, daß es zwei getrennte Teilchen gibt und daß deshalb eines dem anderen ein konkretes Zeichen geben muß. Auf ähnliche Weise wird bei dem Doppel-Spalt-Experiment angenommen, daß aufgrund der Tatsache, daß die Teilchen immer ein Muster bilden, eines von ihnen den anderen irgendwie mitteilen muß, wohin es geht.

Das Muster jedoch, das die Teilchen in dem Doppel-Spalt-Experiment bilden, die Wiederausrichtung, die bei den Teilchen im E-P-R-Paradox stattfindet, ist nichts von den Teilchen selbst Getrenntes. Eher geht es darum, denselben Sachverhalt auf verschiedene Weise zu betrachten, in der fünften Dimension zu sehen statt in der dritten.

Dies sollte klar sein, wenn wir zum Beispiel ein schwarzes Loch betrachten. Wir können dies Phänomen auf eine von zwei Arten sehen: Im Mittelpunkt ist alles Ruhe. In der Mitte des schwarzen Lochs hört die Zeit auf, die Lichtgeschwindigkeit ist erreicht. An jenem Punkt herrscht Grenzenlosigkeit, Unendlichkeit, Ewigkeit. So erscheint es demjenigen, der den Mittelpunkt von der Peripherie aus betrachtet. Für denjenigen aber, der den Mittelpunkt erreicht hat, gibt es keine Veränderung. Er bleibt ein Teil des Stroms der Zeit und des Lebens.

So ist auch das Paradox des Lichts zu lösen. Das Licht ist paradox, wie wir gesehen haben, denn Lichtwellen reisen mit einer konstanten Geschwindigkeit von 300 000 km/sec – dies ist die Geschwindigkeit des elektromagnetischen Spektrums, welches die dem Universum zugrundeliegende Struktur bildet. Obwohl die Wellen sich jedoch mit dieser konstanten Geschwindigkeit fortbewegen, durchdringen sie das Universum als ein Ganzes, und auf der subatomaren oder astralen Ebene scheint die Geschwindigkeit der Wellen überschritten zu werden.

Wir können diese Lichtwellen auf zweierlei Art betrachten. Wir können sie getrennt voneinander oder zusammen sehen. Wir können die Teilchen, die Photonen, betrachten, welche die Wellen bilden, und sehen, wie sie sich mit einer Geschwindigkeit von 300 000 km/sec fortbewegen. Auf der Suche nach dem Ur-Baustein des Universums finden wir eine elektrische Welle, die aus abwechselnd positiver und negativer Energie besteht.

Wenn wir andererseits die Wellen als ein Ganzes betrachten, erkennen wir keine Bewegung mehr. Wir sehen das Universum nur noch als eine einheitliche Struktur, in der alles gleichzeitig existiert. Beide Arten, das Universum zu sehen, sind richtig. Wenn wir das wechselseitige Durchdringen der Wellen als ein Ganzes sehen, die einheitliche Struktur, erkennen wir die astrale oder subatomare Ebene. Wenn wir die getrennten Wellen oder Teilchen betrachten, sehen wir die materielle Ebene. Jede ist genauso wirklich wie die andere, und jede ist in der anderen enthalten.

Teilchen und Wellen, Zeit und Ewigkeit sind nicht voneinander getrennt. Die Wellen sind die Struktur der Teilchen, die Ewigkeit ist die Struktur der Zeit. So löst sich Dualität in Einheit auf. Der Unterschied zwischen Ewigkeit und Zeit, zwischen Einheit und Dualität ist Bewegung oder scheinbare Bewegung.

Einstein hatte bereits in seiner Relativitätstheorie gezeigt, daß (mit den Worten Capras): »die Aktivität der Materie die Essenz ihres Seins selbst ist.« Die Welt, wie wir sie auf der materiellen Ebene kennen, besteht aus Aktivität und Bewegung. Wenn es keine Bewegung gäbe, würde die materielle Welt verschwinden. Ob sie aufhören würde zu sein oder nur nicht mehr manifestiert wäre, ist etwas anderes. Wiederum eine Frage des Standpunkts.

Auf der subatomaren oder astralen Ebene herrscht Einheit. Die Teilchen im E-P-R-Paradox und dem Doppel-Spalt-Experiment, welche getrennt zu sein scheinen, sind Teil derselben Gesamtheit, sie sind Aspekte desselben Vorgangs. Sie bewegen sich nicht. Die Lichtgeschwindigkeit wird nicht überschritten. Lediglich die ständige Wiederkehr der Wellen selbst ruft die Illusion oder, kausal gesehen, die Wirkung der Bewegung hervor. Wir sind es, die die Einheit in Dualität aufspalten. Wir erschaffen die Bewegung, ebenso wie wir unsere Welt erschaffen haben. Dies bedeutet wiederum nicht, daß Dualität in absolutem Sinne eine Illusion ist. Wir zerbrechen die Einheit und teilen die Welt, weil wir selbst geteilt sind. Was wir in der Außenwelt sehen, ist eine Widerspiegelung unserer selbst. Die Kraft von Raum und Zeit ist eine Einheit. Auf dieser Ebene *ist* das Universum einfach nur. Es ruht und wartet darauf, daß wir den Begriff der Bewegung, der Trennung und Aktivität hineinbringen. Die Formen sind unterschiedlich. Obwohl die Geschwindigkeit der Wellen konstant ist, variiert ihre Frequenz. Jede Art von Materie entspricht nur einer ganz bestimmten Frequenz, je nach Struktur der Atome, aus denen sie besteht, oder je nach ihrem Quantenwert. Mit anderen Worten, je nach dem Zahlenwert ihres individuellen Energiemusters.

Das Prinzip der Kausalität basiert auf Trennung. Ein Ding hat eine direkte Wirkung auf ein anderes. Ein Teilchen bewirkt, daß das andere seine Richtung verändert. Ein anderes sagt dem nächsten, lieber durch das zweite als durch das erste Loch zu gehen. Ein sterbender Mann bringt einen Schwarm von Vögeln dazu, sich auf seinem Fensterbrett niederzulassen. Der Mond im Stier macht einen Menschen langsam im Denken und pedantisch. Geht Uranus über seinen Aszendenten, so bricht sein Geist zusammen und trennt die Gegenwart von seiner Vergangenheit.

Im Prinzip der Synchronizität ist die Einheit enthalten. Ereignisse finden statt, weil alle Dinge Aspekte des Ganzen sind. Die Teilchen geben einander keine Signale. Sie sind engstens miteinander verbunden. Für den Zwilling, sei es ein Teilchen oder ein menschliches Wesen, ist es nicht nötig, seinem Partner eine konkrete Botschaft in der Zeit zu senden. Zwischen den beiden herrscht eine unmittelbare Verbindung, welche Raum und Zeit überschreitet.

Es ist nicht der Sterbende selbst, der die Vögel veranlaßt, zu ihm zu fliegen. Er und die Vögel sind zwei Formen derselben Kraft, die zu jenem Zeitpunkt im Universum wirkt. Der Mensch mit Mond im Stier ist ein Kind seiner Zeit, die Kraft des Mondes existiert in ihm und außerhalb von ihm. 1913 träumte er von einer Welt in Flammen, in der Millionen von Menschen im Brand des Krieges ihr Leben lassen – und Uranus befand sich im Transit.

Nehmen wir einen Autounfall. Ein Mann verläßt sein Haus,

gibt seiner Frau einen Abschiedskuß, fährt langsam den Weg zu seiner Arbeit. Ein ganz gewöhnlicher Tag. Auf seinem Weg übers Land spielt ein Mädchen im Garten mit ihrer Schwester. Der Mann fährt durch die Stadt, in Richtung auf den Landweg. Das Mädchen wirft den Ball spielerisch über den Kopf ihrer Schwester. Er fällt auf die Straße. Ahnungslos kommt der Mann um die Ecke gefahren. Das Mädchen rennt auf die Straße.

Plötzlich kollidieren in diesem Augenblick zwei Welten. Zwei voneinander getrennte Leben konvergieren, vereinigen sich in einem Punkt. Bis zu diesem »Unfall« sind die Leben der beiden getrennt. Es gibt keine offensichtliche Verbindung zwischen dem Mann und dem Mädchen. Ebenso wie es für ein zweidimensionales Wesen keine offensichtliche Verbindung zwischen den beiden schraffierten Flächen von Abbildung 8 gibt.

Wir fragen uns, ob hier ein Kausalzusammenhang besteht oder Synchronizität am Werk ist. Wurde dieser Zusammenstoß von dem Mann oder von dem Mädchen verursacht? War es einfach nur ein Unfall, etwas, das einfach nur passierte? Ich habe bereits früher in diesem Buch gezeigt, daß man, um die richtige Antwort zu bekommen, zunächst einmal die richtige Frage stellen muß. Was also fragen wir hier?

Wir können ein und dieselbe Situation als Beispiel für einen Kausalzusammenhang oder für Synchronizität sehen. Wenn wir eine Situation im materiellen Sinn erklären wollen, um herauszufinden, wie es zu einem Ereignis kommt, können wir nach einer Ursache Ausschau halten. Wenn wir wissen wollen, warum etwas passiert, wenn wir die Bedeutung hinter der irdischen Erscheinung erkennen wollen, müssen wir nach einem Synchronizitätselement Ausschau halten.

Unsere wirkliche Frage lautet: Was für eine Art von Verbindung besteht zwischen den beiden offenbar getrennten Komponenten? Wie wir in Kapitel 5 gesehen haben, »passieren« uns Dinge in der Außenwelt, weil wir uns unserer inneren Bedürfnisse nicht klar bewußt sind. Was außen geschieht, wird von dem zu uns herangezogen, was in unserem Innersten ist.

Es ist klar, daß weder der Mann noch das Mädchen den Zusammenstoß durch irgendeine bewußte Handlung bewirkt haben. Kann man jedoch sagen, daß der Mann den Unfall als direkte Folge von etwas verursacht hat, was in ihm war, wenn auch in seinem Unterbewußtsein? Oder zog das Mädchen die Situation an, weil sie ein ungelöstes Bedürfnis hatte, das sich nicht manifestieren konnte?

Jean Bolen erzählt eine Geschichte[3] von einer Frau, deren Hund von einem Auto angefahren wurde. Dieser Unfall geschah kurz nachdem sie sich von ihrem damaligen Lebensgefährten getrennt hatte. Nur einmal zuvor hatte sie einen Hund besessen, und jener Hund wurde sofort gestohlen, nachdem sie sich entschieden hatte, den Mann, mit dem sie zu jener Zeit lebte, nicht zu heiraten.

Beim ersten Mal fand man den Hund nie wieder, und die Beziehung endete. Beim zweiten Mal waren sowohl die Beziehung als auch der Hund noch am Leben. Zunächst war es nicht sicher, ob der Hund überleben würde, da sein Rücken verletzt worden war, aber es stellte sich heraus, daß die Wirbelsäule nicht beschädigt war. Schließlich überlebten sowohl der Hund als auch die Beziehung.

Jean Bolen beschreibt diese Geschehnisse als Beispiel für Synchronizität. Wenn man nach einer physikalischen Erklärung für das Geschehene sucht, ist es vollkommen richtig zu fragen, was diese Unfälle verursachte. Wenn man nach einem Sinn sucht, wenn man wissen will, warum diese Dinge geschahen, dann ist nicht das Ereignis selbst von Bedeutung, sondern das Erkennen der Hintergründe, des Sinns, der darin lag. Ebenso, wie bei einem Symbol nicht die äußere Form wichtig ist, sondern seine innere Wahrheit.

Die zugrundeliegende Einheit oder das Tao verbindet alles zum gegebenen Zeitpunkt. Es verbindet das subjektive Element des Geistes mit dem physischen Universum. Da ist die dreidimensionale Welt von Ursache und Wirkung, wo der Mann und das Mädchen, die Frau und der Hund getrennt voneinander existieren. Und die fünfte Dimension, wo Geist und Körper, innen und außen miteinander verbunden sind. Beide Dimensionen sind wirklich. Beide sind in uns enthalten. Die Frage ist, welche Art von Wirklichkeit wir wollen.

Wie Jung sagte:

»Die entscheidende Frage für den Menschen ist: Sind wir mit etwas Unendlichem verbunden oder nicht? Das ist das Kriterium unseres Lebens ... Nur indem wir uns mit Hilfe des Selbst unserer Beschränkungen bewußt werden, kann die Verbindung zur Unendlichkeit des Unbewußten hergestellt werden. In diesem Bewußtsein erfahren wir uns gleichzeitig als begrenzt und ewig, als das eine und das andere. Indem wir wissen, daß wir in unserer persönlichen Kombination einzigartig sind – das heißt letztlich begrenzt – besitzen wir auch die Fähigkeit, uns des Unbegrenzten, Unendlichen bewußt zu werden.«[4]

Die Flügel des Morgens – 5-D-Astrologie

Wohin könnte ich fliegen vor deinem Geist,
wohin mich vor deinem Angesicht flüchten?
Steige ich hinauf in den Himmel, so bist du dort;
bette ich mich in der Unterwelt, bist zu zugegen.
Nehme ich die Flügel des Morgenrots
und lasse mich nieder am äußersten Meer,
auch dort wird deine Hand mich ergreifen
und deine Rechte mich fassen. Psalm 139.7-10

Sehen wir die Astrologie in der fünften Dimension. Versuchen wir, die beiden Ebenen von Geist und Materie, Himmel und Erde zu vereinigen und so die Essenz der Verbindung zwischen den Planeten und unserem Leben auf Erden zu verstehen.

Wenn wir das Universum von der Spitze des Berges oder vom Mittelpunkt des Kreises aus betrachten, *ist* es. Seine Gesamtheit ist in einem einheitlichen Raum-Zeit-Kontinuum enthalten. Vergangenheit, Gegenwart und Zukunft existieren potentiell. Dies ist das Universum in seinem spirituellen Zustand, auf der Atziluth- oder archetypischen Ebene.

Wenn wir das Universum vom Fuß des Berges aus betrachten oder von der Peripherie des Kreises, beginnt es zu leben. Dinge geschehen. Ereignisse treten ein. Wir haben die Wahl, das Drama als passiver Zuschauer zu betrachten oder an ihm teilzunehmen, wenn wir in den Ereignissen, die uns widerfahren, einen Sinn sehen. Letztlich ist die Frage, vor der wir stehen, ob wir die Bedeutung der Dinge erkennen, die in unserer Zeit geschehen.

Worum es in der Astrologie geht, ist, in Berührung mit der inneren Bedeutung der Zeit zu kommen. Das Universum beschreibt sich selbst in seinen Teilen. So betrachteten die Alten den Flug der Vögel oder die Eingeweide eines Ochsen, da sie erkannten, daß jeder Augenblick für sich eine Bedeutung hatte und sie durch Betrachtung der Erscheinungen der Welt um sie herum eine Verbindung zur Struktur des Universums herstellen konnten.

Alles, was im Universum passiert, reflektiert es zu einem bestimmten Zeitmoment. Wir können die Qualität dieses Augenblicks einfach dadurch erkennen, indem wir uns in Übereinstimmung mit dem Universum befinden, im Tao sind. Wir brauchen die Astrologie ebensowenig, wie wir eine Brille brauchen, um zu sehen. Die Astrologie kann uns jedoch helfen, und tut es, die Bedeutung des Universums zu verstehen, ebenso wie eine Brille helfen kann, besser zu sehen.

Die meisten von uns können diese Bedeutung nicht direkt erfahren, und wir müssen uns daher auf die Phänomene verlassen, in denen sie widergespiegelt wird. Die kann uns die Astrologie sehr gut darstellen. Die Eigenschaften des Universums spiegeln sich ständig in den Planetenzyklen wider, und wir können in ihnen den Sinn des Universums entdecken.

Die Frage ist nur, wie wir die Zyklen wahrnehmen. Davon hängt ab, ob wir eine Beziehung zwischen den Bahnen der Himmelskörper und unserem Leben auf Erden erkennen können. Astrologie ist deskriptiv. Sie ist eine hochentwickeltere Methode der Beschreibung als die Interpretation des Fluges von Vögeln zum Beispiel, denn die Bahnen der Planeten können ganz genau für die Zukunft bestimmt werden. Man muß sich jedoch immer bewußt bleiben, daß die Planetenzyklen an sich auch nicht mehr Bedeutung haben als der Flug von Vögeln an sich. Beide sind gleichermaßen nur die Manifestation eines inneren Prinzips.

Durch das direkte Beobachten der Bewegungen der Himmelskörper können die archetypischen Prinzipien erkannt werden. Diese Prinzipien werden in ihrer Manifestation auf der Erde ans Licht gebracht, in den täglichen Ereignissen unseres Lebens auf der weltlichen Ebene. Um die verschiedenen Ebenen der Existenz zu integrieren, müssen wir die deskriptive Natur des Universums erkennen.

So ist es wichtig, die Planeten als Teil eines Seinszustandes zu sehen, wie auch als getrennte Entitäten, die sich durch den Raum bewegen. Normalerweise denken wir, daß Mars mit einer gewissen Geschwindigkeit durch den Himmel reist und für einen Umlauf um die Sonne etwa zwei Jahre braucht. Wir können unseren Bezugsrahmen ändern und Mars nicht als Himmelskörper betrachten, sondern sagen, daß er ganz einfach das Raum-Zeit-Kontinuum stört bzw. selbst eine Störung des Raum-Zeit-Kontinuums darstellt.

Darüber hinaus können wir Mars entweder als einen physischen Gegenstand wahrnehmen, der sich durch einen bestimmten Himmelsbereich bewegt, den wir Jungfrau nennen. Oder aber wir sehen, daß Mars in der Jungfrau ist. Sehen wir Mars, wie er sich durch die Jungfrau bewegt, befinden wir uns in der linearen Zeit. Sehen wir Mars in der Jungfrau, sind wir in Berührung mit der Ewigkeit.

Was ist mit der Frau, die Mars in ihrem siebten Haus hat? Was bedeutet ein solcher Faktor im Horoskop dieses Menschen? Sagen wir, wenn wir diese Dame nach einem Zwischenfall mit ihrem gewalttätigen Ehemann sehen, daß sie nicht mit der richtigen Ebene in Berührung ist? Daß sie sich ihres eigenen Bedürfnisses, in Beziehungen aggressiv zu sein, nicht bewußt ist? Oder daß sie einen gewalttätigen Mann braucht?

Können wir sagen, daß sie die Gewalt, mit der sie konfrontiert wurde, selbst verursacht hat? Oder daß ein Prinzip ihrer Psyche mit einem Teil des materiellen Universums, in dem sich ihr Bedürfnis widerspiegelte, synchron ging? Oder daß Mars in ihrem Horoskop gleichzeitig ihr Bedürfnis und dessen Manifestation symbolisiert?

Es gibt hier kein Entweder-Oder. Nicht das eine oder das andere. Diese Dame hat Mars in einem bestimmten Bereich des Himmels. Die Stellung von Mars beschreibt gleichzeitig ein Prinzip im Universum zu jener Zeit und in ihr selbst als Kind dieser Zeit.

Sie muß jenes Prinzip erfahren. Das Prinzip an sich hat seine Berechtigung. Es ist ein Faktor ihrer Psyche ebenso wie des Universums. Es ist auch ein Teil ihres gesamten Seins und muß im Gesamtzusammenhang ihres Horoskops gesehen werden, ebenso wie es ein Teil der Gesamtstruktur des Universums war, so wie es sich zum Zeitpunkt ihrer Geburt darstellte.

Wenn sie nicht bewußt in Berührung mit dem Prinzip ist, das durch Mars symbolisiert wird, dann wird es ihr ganz von alleine in den Ereignissen ihres Lebens entgegentreten. Wenn sie die Energie, die in jenem Faktor enthalten ist, nicht ausdrückt, dann wird diese auf die Außenwelt projiziert und von ihr widergespiegelt.

Es geht um das Verstehen des Prinzips. Soviel ist klar. Was wirklich von Bedeutung ist, ist die Frage, wie man dies erreichen kann. Allzuoft wird angenommen, daß infolge der Suche nach der Essenz oder der spirituellen Ebene die materielle Ebene keine Bedeutung mehr hat.

Das ist ein Irrtum. Worum es in der Astrologie wie im Leben insgesamt geht, ist, die innere Bedeutung eines Prinzips durch dessen materielle Manifestation zu verstehen. Darin liegt die Bedeutung von Symbolen – mit Hilfe irdischer Ereignisse die spirituelle Ebene zu erfahren. Es geht auch nicht darum, die Materialisation eines Prinzips zu durchschauen und dann wegzuwerfen wie einen ausgeleierten Schuh.

Worum es wirklich geht und was häufig nicht erkannt wird, ist, daß wir, um die spirituelle Ebene zu erlangen, ihre Manifestation auf der physischen Ebene erfahren müssen, denn es ist die physische Ebene an sich, in der sich der Geist manifestiert. Die physische Ebene selbst ist spirituell. Es ist nichts Getrenntes. Geist und Materie sind ein und dasselbe. Jesus war in seiner menschlichen Form genauso göttlich wie als der Sohn Gottes. Tatsächlich waren der Menschensohn und der Sohn Gottes identisch. Es gab nur einen Jesus – Gott und Mensch zugleich. Dasselbe gilt für uns und jede Form des Lebens im Universum. Wir sprechen von Ebenen, wir suchen nach dem Geist, ohne zu erkennen, daß er ständig in unserer Reichweite ist. Teilhard de Chardin formulierte dies sehr treffend in »Le Milieu Divin«: »Gott ist ebenso überall vorhanden und wahrnehmbar wie die Atmosphäre, die uns umhüllt. Er umfaßt uns von allen Seiten, wie die Welt selbst. Was hindert euch dann daran, Ihn in die Arme zu schließen? Nur eines: eure Unfähigkeit, *ihn zu erkennen.*«[5]

Chardin stellte in seinen Schriften so überzeugend fest, daß es der Boden selbst ist, der göttlich ist. Gott ist nicht »da draußen«, die Wahrheit ist nicht »da draußen«. Sie ist in all den Ereignissen enthalten, die uns ständig im Leben widerfahren, und in den Menschen, die wir immer wieder anziehen. Da wir in dieser Inkarnation auf der materiellen Ebene existieren, ist es unvermeidlich, daß wir zu einer Verwirklichung der Prinzipien unserer Psyche durch weltliche Ereignisse kommen müssen.

Einige werden die Wahrheit in einem leuchtenden Lichtblitz erkennen. Der Mystiker mag zu Höhen der Ekstase gelangen. Der Rest von uns muß den Trampelweg beschreiten. Sogar der heilige Paulus litt drei Tage lang unter physischer Blindheit, bevor er die Erleuchtung erlangte. Die Aufgabe des Astrologen ist es, den Menschen zu helfen, den Boden, auf dem sie stehen, zu lieben und die Faktoren ihres Horoskops zu sehen und anzuerkennen.

Die Planeten sind ebenso symbolisch wie der Vogelflug und die Eingeweide des Ochsen und alles andere im Universum. Symbolik ist jedoch nicht getrennt von Synchronizität oder Kausalzusammenhängen. Es ist eine Art der Wahrnehmung. Weil Mars eine gewisse Energie im Universum und in der Psyche einer Dame symbolisiert, beeinträchtigt er deshalb jedoch nicht die synchronistische oder kausale Natur der Ereignisse, die sich als Wirkung jener Energie manifestieren. Der Vogelschwarm, der sich auf dem Fensterbrett niederließ, symbolisiert den Tod. Er ging synchron mit einem Element in der Psyche des sterbenden Mannes. Er wurde von ihm angezogen, von einem Faktor seines Unterbewußtseins verursacht, wenn man in kausalen Begriffen denken will.

Die Dame mit Mars im siebten Haus führt möglicherweise ein glückliches und erfülltes Leben. Vielleicht kämpft sie um die Prinzipien von Gerechtigkeit und Gleichheit für ihre Mitmenschen. Möglicherweise ist sie eine treibende Kraft für das Gute in dieser Welt, hilft den Unterdrückten und denen, die zu schwach oder unfähig sind, sich selbst zu helfen. Oder vielleicht wütet sie innerlich gegen diejenigen, die sich ihr widersetzten, und zieht ständig Feindschaft und Aggression auf sich.

Es ist einfach anzunehmen, ersteres sei ein »positiver« Ausdruck des zugrundeliegenden Prinzips, letzteres hingegen ein »negativer« Ausdruck desselben. In gewissem Sinne stimmt das. Aber, wie die meisten Wahrheiten, ist es übertrieben vereinfacht. Ein gewalttätiger Ehemann ist ebensowenig als negative Manifestation jenes Prinzips zu betrachten wie die Kreuzigung Christi als negative Manifestation seines Lebenswerks.

Jene Frau mag einen gewalttätigen Ehemann ebenso notwendig haben, wie Christus es nötig hatte, gekreuzigt zu werden. Oder auch nicht. Als Jung mit Freud brach, brach auch sein Geist zusammen. Dann, in Jahren einsamer Agonie, wurde er zu sich selbst. Er fand den Vater, den er im Außen gesucht hatte, in sich selbst. Er mußte das Vaterprinzip selbst erfahren, indem er es in seinem Innern zu einem Teil seiner selbst machte.

Unser Ziel sollte sein, die innere Bedeutung materieller Phänomene zu erkennen, seien es die Planetenstellungen, ein Vogelflug, ein Autounfall, der Diebstahl eines Hundes oder ein gewalttätiger Ehemann. Wir können das Weltliche und das Spirituelle in ein und demselben Faktor des Horoskops erkennen. Sonne im Quadrat zu Neptun kann ebenso den Alkoholiker wie den spirituellen Menschen bedeuten. Und noch einmal geht es hier nicht um entweder/oder. Der Whisky-Priester mag ein hoffnungsloser Trunkenbold sein, aber auch ein tiefgläubiger Mensch.

Beide Ebenen finden im selben Faktor und durch dasselbe Phänomen statt. Es geht nicht darum, den Geist zu finden. Wir können seiner Gegenwart nicht entfliehen. Den Geist, das Prinzip, das unserem Leben einen Sinn gibt, können wir finden, indem wir erkennen und erfahren, daß in allem, was um uns herum und im Universum geschieht, eine spirituelle Essenz vorhanden ist.

Kapitel 9

Zahlen – die Struktur hinter der Wirklichkeit

Alle Dinge sind Zahlen. Pythagoras

Daß Zahlen im Universum eine entscheidende Rolle spielen, ist mehr oder weniger seit Jahrtausenden bekannt. Die Wechselbeziehungen zwischen Astronomie, Musik und Mathematik, welche auf Zahlen beruhen, wurden von Pythagoras, Grosseteste, Kepler und Newton erkannt, um nur einige wenige zu nennen. Weder das volle Ausmaß der Rolle von Zahlen noch die Bedeutung der Zahlen an sich ist jedoch ausreichend erkannt worden.

Was an den wissenschaftlichen Entdeckungen dieses Jahrhunderts am aufregendsten ist und was letztendlich dazu beitragen wird, Geist und Materie miteinander zu vereinen, ist die Erkenntnis, daß Zahlen die physische Grundlage des uns bekannten Universums sind. Was bisher eine intuitive Einsicht von seiten der früheren Wissenschaftler wie auch der Mystiker war, ist nun zu einem Eckpfeiler der Quantenrevolution geworden.

Im ersten Abschnitt dieses Kapitels werden wir die Zahlen in der physischen Welt betrachten. Wir werden dabei erkennen, daß sie das Prinzip darstellen, welches zugleich die einzelnen physischen Wirklichkeiten voneinander trennt, sowie die verschiedenen Ebenen von Geist und Materie, Himmel und Erde.

Die Struktur, die wir Universum nennen, wird von reinen Zahlen gebildet. Sie sind Teil ihres Gewebes und können in den Planetenzyklen erkannt werden, welche die Struktur der Wirklichkeit widerspiegeln, so wie wir sie wahrnehmen. Zum Zeitpunkt der Geburt wird ein Muster geschaffen, das dem numerischen Wert des Universums zu jenem Augenblick entspricht.

Darin besteht die eine Rolle der Zahlen. Eine symbolische Rolle, denn sie beschreibt die Qualität von Raum und Zeit. Die andere Rolle, und diese ist bisher nicht entsprechend anerkannt worden, ist ihre schöpferische Funktion. Zahlen sind nicht nur Struktur und Mittel zur Differenzierung. Sie sind auch das, was jene Struktur, die wir Leben nennen, überhaupt an erster Stelle erschafft.

> *Zwischen Himmel und Erde besteht nichts außer Gesetz und Energie. Die Energie führt das Gesetz mit sich und das Gesetz lenkt die Energie. Das Gesetz manifestiert sich nicht selbst, nur durch Energie gibt das Bild die Zahlen preis.* Wang Fu-Chih

Was Wang Fu-Chih das Gesetz nannte, ist das Muster oder die Struktur, welche im Universum existiert. Die Wissenschaft hat die Welt in Materie oder Masse und Energie aufgelöst, und sie hat entdeckt, daß beide dasselbe sind. Es ist diese Energie-Masse, welche sich in ein vorherbestimmtes Muster formt. Was nun ist die Basis dieses Musters?

Die Antwort ist: Zahlen. Das Muster selbst, das Gesetz, das zwischen Himmel und Erde herrscht, ist in kabbalistischer Terminologie die Ebene von Yetzirah, die Welt der Bildekräfte, das unsichtbare Kräftesystem hinter den physischen Erscheinungen auf der Assiah-Ebene. In wissenschaftlicher Terminologie ist dies das elektromagnetische Spektrum, das ständig wiederkehrende Wellenmuster, das die Gestalt der physischen Materie hervorbringt.

Wie wir in Kapitel 2 gesehen haben, hat das, was als Quantenrevolution bezeichnet wurde, zwei bedeutende Einsichten in die Natur des physischen Universums gebracht. Zunächst führte es den Begriff der Freiheit der Materie auf der Teilchenebene ein. Dann zeigte es, daß die Natur nur in Entsprechung zum Wert ganzer Zahlen verfährt.

So ist der einzige Unterschied zwischen einer Art von Materie und der anderen, sei es ein chemisches Element, eine Farbe, ein Baum, ein Stein oder Sie oder ich, ein zahlenmäßiger Unterschied. So wird die Welt in Form von Zahlen erschaffen. Dies Prinzip erweist sich als richtig, egal ob man der Ansicht ist, daß die Materie aus Teilchen oder Wellen besteht.

Im ersteren Fall ist der Umlauf der Elektronen innerhalb des Atoms durch Einheiten ganzer Zahlen festgelegt, und sie können nur in Entsprechung zum Wert dieser Zahlen von einer Umlaufbahn auf die andere springen. So sah das »quantisierte« Modell des Atoms aus, wie Niels Bohr es entwarf.

Im zweiten Fall können die Wellen, welche das elektromagnetische Spektrum bilden, nur entsprechend dem Wert ganzer Zahlen existieren. Die Wellen selbst bewegen sich alle mit derselben Geschwindigkeit. Was die Art der Manifestation bestimmt, ist der Betrag an Energie innerhalb dieser Wellen. Und umgekehrt ist der Betrag an Energie abhängig von der Frequenz oder dem numerischen Wert der Wellen.[1]

So ist es die Schwingungsrate oder Frequenz, welche den Unterschied zwischen einer Art von Manifestation und der anderen festlegt. Die Schwingungsrate bestimmt auch die jeweiligen Ebenen der Manifestation. Hierin liegt auch der Unterschied zwischen Masse und Energie. Je höher die Frequenz oder je größer die Schwingungsrate der Wellen, desto mehr Energie wird produziert und desto weniger Masse. In Entsprechung dazu wird, je niedriger die Frequenz oder Schwingung ist, desto mehr Masse produziert und um so weniger Energie. Radioenergie mit einer besonders niedrigen Frequenz zum Beispiel schwingt nur wenige Male pro Sekunde, während Gammastrahlen eine Frequenz haben, die billionenmal größer ist als die des sichtbaren Lichts.[2]

Daher besteht die materielle Welt aus relativ bewegungsloser Energie, während sich auf subatomarer Ebene, wo eine höhere Schwingung erreicht wird, die materielle Welt auflöst. Es ist die Schwingungsrate, welche Atome und Moleküle zusammenhält. Verändert sich diese Rate, so verändert sich auch die Substanz. Wie Capra festgestellt hat: »In der Atomstruktur erscheinen bestimmte Muster, die sich durch eine Reihe von ›integralen‹ Quantenzahlen kennzeichnen und die Schwingungsmuster der Elektronen-Wellen in den Umlaufbahnen ihrer Atome widerspiegeln.«[3]

Hier können wir sehen, wie sich das zugrundeliegende Muster physikalisch manifestiert. Das innere Muster ist in den Reaktionskanälen enthalten, und die Manifestation hängt von dem Betrag der hervorgebrachten Energie ab. Die Resonanz oder Schwingungseinheit bestimmt die Energie der kollidierenden Hadronen, welche in Beziehung steht zur Frequenz der entsprechenden Wahrscheinlichkeitswelle.

Wenn die Energie oder Frequenz einen gewissen Wert oder eine Zahl erreicht, beginnt der Kanal mitzuschwingen, und dann wird das darunterliegende Muster sichtbar oder hörbar ins Dasein gebracht. Auf diese Weise findet ein Kontakt mit der zugrundeliegenden Struktur statt. Indem die Schwingungsrate verändert wird, verändert sich die Manifestationsebene.

Wir haben in Kapitel 2 gesehen, daß Werner Heisenberg für seine Matrizentheorie mit dem Nobelpreis ausgezeichnet wurde. In ihr wurden Teilchen wie auch die Wellen auf das Prinzip von

Zahlen zurückgeführt. Die Mathematiker, welche eine reinere oder abstraktere Form der Wissenschaft als die Physiker vertreten, neigten dazu, die Wirklichkeit von Zahlen weitaus bereitwilliger zu akzeptieren als die Physiker.

Es sollte unter diesen Umständen also nicht erstaunen, daß Heisenbergs Erkenntnis von seinen Kollegen nicht mit offenen Armen akzeptiert wurde. Teilchen und Wellen sind praktische Modelle für das, was innerhalb des Atoms und der Welt insgesamt geschieht, und in diesem Sinne sind sie symbolisiert. Was nicht außer acht gelassen werden darf, ist, daß das, was beide symbolisiert und bestimmt, Zahlen sind.

Wenn die Schwingungsrate höher wird, löst sich die materielle Welt auf. An diesem Punkt können wir die Welt des Wissenschaftlers, des Okkultisten und des Psychologen zusammenbringen und sehen, daß ihre jeweiligen Modelle alle dieselbe zugrundeliegende Wirklichkeit beschreiben. Das Energiefeld des Wissenschaftlers oder das gesamte elektronische Spektrum entspricht der Astralebene des Okkultisten und dem kollektiven Unterbewußtsein des Psychologen.

Je höher die Frequenz wird, desto mehr nähern wir uns der spirituellen Ebene. Auf dieser Ebene herrscht reine Energie. Hier, wo das Universum einfach nur *ist*, herrscht völlige Freiheit und absoluter Determinismus, totales Chaos und das vollkommene Gesetz, denn hier befindet sich alles im potentiellen Zustand: alle Möglichkeiten sind hier in ihrer Einheit enthalten.

Je niedriger die Ebene, desto weniger Freiheit existiert, und desto mehr ist es darum nötig, Veränderungen herbeizuführen. Auf der niedrigsten, der materiellen Ebene, sind wir von unserem physischen Körper und den relativ starren Gesetzen der materiellen Existenz gefesselt. Auf der Zwischenebene des Subatomaren und Astralen, in der Bilderwelt der Vorstellungen und Träume, steht uns mehr Freiheit zur Verfügung.

Die Trennung zwischen der subatomaren und der materiellen Ebene findet automatisch statt. In der Quantenphysik erscheinen Hadronen aus der Leere und verschwinden wieder. Die Trennung zwischen dem Astralen und Physischen sowie dem Unbewußten und Bewußten kann entweder spontan oder absichtlich stattfinden. In allen drei Fällen bleibt das zugrundeliegende Muster bestehen. Was sich verändert, ist nur die Schwingungsrate.

Der Okkultist benutzt die Macht der Schwingung anhand der Resonanz von Tönen, um die Ebenen zu verändern und vom Astralen ins Physische herabzubringen. Das ist die Grundlage der

Macht des Wortes in der Magie und den Schöpfungsmythen, durch die die Welt entstand.

Auch hier sehen wir die Zahlen in ihrer zweifachen Rolle, der schöpferischen und der geschaffenen. Die Evolution oder Schöpfung besteht in der spontanen Bildung von Zahlen aus ihrer eigenen Quelle. Ich werde diese beiden Rollen der Zahlen im nächsten Abschnitt dieses Kapitels behandeln.

Hier muß klarwerden, daß Form das Ergebnis einer Kombination von Schwingungsfrequenzen und der jeweiligen Materie ist, die in Schwingung versetzt wird, und daß der Unterschied zwischen den beiden vom Wert der zugrundeliegenden Zahlen abhängt.

Die Schwingung hat zunächst Einfluß auf die Zwischenebene, die Astralebene, das elektromagnetische Spektrum oder Energiefeld. Anschließend wird sie auf die materielle Ebene reflektiert. Die Beziehung zwischen der materiellen Gestalt und der Schwingungsrate ist zuallererst von einem deutschen Physiker des 18. Jahrhunderts entdeckt worden. Bei den Klängen einer Geige, so fand er heraus, bildeten sich im Sand Muster. Man bezeichnet dies heute als die Chladni-Figuren.

Später wurde diese Entdeckung von Hans Jenny ausgearbeitet, dessen »Cymatics«-Theorie auf der Erfindung eines Tonoskops beruhte, das die Schwingungen der menschlichen Stimme in Formen umwandelte. So bringt die Resonanz, die in der Schwingung enthalten ist, eine Kraft hervor, die ihrerseits Formen erschafft oder verändert.

Die Doppelrolle der Zahlen

Es gibt eine geheimnisvolle Verbindung zwischen den Göttern und den Zahlen. Pythagoras

Wenn es um Zahlen geht, kann sogar ein Materialist wie Bertrand Russell lyrisch werden: »Mathematische Gegenstände, wie zum Beispiel Zahlen, sind, wenn überhaupt wirklich, dann ewig, und nicht in der Zeit. Solche ewigen Gegenstände kann man als die Gedanken Gottes auffassen.«

Zahlen sind symbolisch. Daraus aber zu folgern, daß sie keine Wirklichkeit besitzen, würde heißen, nicht zu erkennen, daß das Universum, in dem wir leben, selbst symbolisch ist. In diesem

Abschnitt werde ich die Doppelrolle der Zahlen untersuchen, die gleichzeitig schöpferisch und erschaffen sind, sowie den Sinn hinter den Zahlen, der seinerseits nur richtig verstanden werden kann, wenn beide Funktionen anerkannt werden.

Wir haben Zahlen als Veränderung gesehen, als Unterscheidung der Existenzebenen und als Unterschied zwischen einem Gegenstand und dem anderen. Das Muster des Universums, auf welcher Ebene auch immer, besteht in Zahlen, ob wir die Anzahl der Elektronen in einem Atom zählen oder ihre Wertverhältnisse, ob wir die Schwingungen in Wellen betrachten oder auf den endlosen Rhythmus hören, der die Harmonie der Sphären bildet.

Was war der Ursprung dieses Musters? Auch hier liegt die Antwort in den Zahlen. Das Leben, wie wir es heute kennen, als vielfältiges, unglaublich kompliziertes Muster von Zahlen, brachte sich selbst aus seinem eigenen Ursprung hervor.

Sobald sich die Eins in die Zwei teilt, wird allein dadurch eine Beziehung hergestellt, daß es nun zwei sind statt eins. Wenn aus den zwei die Drei entsteht, dann wird eine neue Struktur gebildet. Die Struktur, die jetzt das Universum bildet, ist in den Zahlen selbst enthalten und durch sie hervorgebracht.

Zahlen sind zugleich quantitativ und qualitativ. Das heißt, sie sind zugleich Potential oder Prinzipien und relativ. Dies sind die beiden Rollen der Zahlen, und es ist von großer Bedeutung, sie zu unterscheiden.

Einerseits stellen sie also universelle Prinzipien dar, und in diesem Sinne sind sie Archetypen. Andererseits sind sie Teil eines Vorgangs, der von der Einheit zur Vielheit geht, von der Eins zu den vielen. In diesem Sinne sind sie relativ und erhalten ihre Bedeutung durch ihre Beziehungen.

Dies alles sollte helfen, die Verwirrung zu verstehen, welche über die Bedeutung von Zahlen entstanden ist. Zunächst einmal geschah dies, weil man zuviel Wert auf ihre relative Natur legte. Die 5 zum Beispiel wird für nichts weiter als eine Kombination von 2 und 3 gehalten oder von 4 und 1. Dies ist bis zu einem gewissen Punkt richtig. Zusätzlich zu ihrer relativen Bedeutung stellt die 5 jedoch auch ein Prinzip an sich dar.

Weiterhin kann es einfach deshalb keine absolute Bedeutung der Zahlen geben, weil sie relativ sind. All die niedrigeren Zahlen erhalten ihre Bedeutung durch die höheren, und sie müssen in Beziehung zu den ihnen vorangehenden verstanden werden. Ein paradoxes Element kommt schließlich mit ins Spiel, wenn die

Bedeutung der Zahlen entsprechend ihren unterschiedlichen Ebenen umgekehrt wird.

Das Prinzip der Kraft zum Beispiel kann in der 2 gesehen werden und das der Form in der 3. In diesem Sinne ist Form ein Muster, aber keine manifestierte Form in Gestalt eines greifbaren Gegenstands. So ist Form als Muster 3, und die greifbare Manifestation jenes abstrakten Musters ist die 4.

Es ist besonders wichtig, in der Astrologie die beiden unterschiedlichen Anwendungen der Zahlen zu unterscheiden. Der erste Gebrauch oder die erste Reihenfolge, die wir aus praktischen Gründen die »Primärzahlen« nennen, verkörpert das Urprinzip der Zahlen. Die »Sekundärzahlen« beschreiben das wechselnde Fließen positiver und negativer Kraft und damit die Beziehung zur »primären« Reihe.

Diese beiden Funktionen der Zahlen sind im Sephiroth des Lebens enthalten. Jedes Sephiroth, entsprechend den Zahlen von 1 bis 10, ist ein Potential oder Prinzip an sich. Jede Zahl bringt die nächste hervor, womit diese aus der ersten hervorfließt und an ihrem Wesen teilnimmt.

Dies ist nicht Kreativität im bewußten Sinne, sondern ein Prinzip, das im Wesen des Schöpfers selbst vorhanden ist. Schöpfung ist Evolution in dem Sinn, als es ein ständiger Prozeß ist. Wenn es zwei gibt, dann wird sich aus diesen zwei eine dritte Kraft entwickeln: Liebe bei zwei Menschen, ein Buch oder Kunstwerk bei einem Einzelmenschen und seinem Ausdrucksmedium.

Die Schöpfung selbst ist ein Prozeß und ein Paradox. Russel stellte als Materialist fest, daß Zahlen ewig und nicht in der Zeit sind. In gewisser Hinsicht ist das richtig. Meister Eckehart sagte: »In der Ewigkeit gibt es keine Zahlen, in ihr sind die Zahlen transzendiert.«[4] Das ist richtig, aber in ihr werden auch Zahlen geschaffen.

Wie es im Tao Te King heißt: Das Tao brachte das Eine hervor, das Eine brachte die zwei hervor, und die zwei brachten die drei hervor, und die drei die Vielheit der Dinge.«

Die Ewigkeit ist die Null – das Nichts, der Kreis. Wie wir jedoch den Kreis sehen, das hängt von uns ab. Wie bereits gesagt. Er ist nichts und alles. Er enthält alles in sich. Er ist Potential. Als das Unmanifestierte ist er nichts. Als Geist ist er alles. Wenn wir auf ihm herumreisen, ist er die Peripherie, das Rad des Lebens, das alle Sterblichen durchreisen müssen. Dann bewegt er sich, und wir bewegen uns mit ihm. Wenn wir ihn als ein Ganzes sehen, ist er ewig, und wir nehmen an seinem Geist teil.

Aus der Null, der Leere, wird der Schöpfer geboren, die Eins, der Mittelpunkt des Kreises. Das ist Gott, der Absolute, Kether, geschaffen aus Ain Soph, endlich in Anbetracht einer negativen Existenz, unendlich in Anbetracht einer positiven.

Wenn der Mittelpunkt, als Gott der Schöpfer, sich bewegt, kommt es zu Tat und Zeit. Wenn Er ruht, ist es die Nicht-Bewegung, das Absolute, das auch die Zeit in sich schließt. Das ist das Paradox, das Russell, der sein Denken auf das sogenannte Identitätsgesetz gründete, nicht anerkennen konnte.

Es ist auch das Paradox des Lichts. Licht bewegt sich mit einer konstanten Geschwindigkeit. Wenn man sich aber mit dieser Geschwindigkeit bewegt, dann bewegt man sich nicht. Darin liegt auch der Ursprung des Lichts als schöpferisches Prinzip, der Ursprung Gottes als des Geistes von Licht und Leben. Die Eins ist also der Punkt, die Ewigkeit, die Bewegungslosigkeit. Die Zwei ist die Linie, das Prinzip der Unterscheidung, der Dualität. Die 1 ist Gott selbst, die 2 ist Gott, der sich selbst betrachtet und sich seines eigenen Wesens, seiner Reflektion bewußt wird. Das dynamische Prinzip, das Zepter oder der Stab der Macht, das der Magier – selbst die Zahl 1 – als Kanal der Kraft in Händen hält und das zu Himmel und Erde gleichzeitig zeigt.

In psychologischer Hinsicht bedeutet die Eins den Anfang von Beziehungen, die Gelegenheit, durch Beziehung zu einem anderen mehr zu einem Individuum zu werden. Mit den Worten Martin Bubers: »Durch das Du wird der Mensch zum Ich.«[5]

Die Drei ist das Urmuster, die Ordnung, die Form, die im Dreieck enthalten ist. Festigkeit, die Disziplin der Kraft. Vier ist, wie wir gesehen haben, die Form auf greifbarer Ebene. Die ersten drei Zahlen bilden das obere Dreieck am Baum des Lebens. Diese können wir in der derzeitigen Inkarnation nicht erreichen, sie sind die Wohnstatt des Geistes.

Erst bei der Zahl 4 kommen wir zur Manifestation auf physischer Ebene, wenn diese auch noch weit von unserer irdischen Ebene entfernt ist, die wir erst vollkommen mit der Zahl 10 erreichen. Die 4 ist also die Konkretisierung der abstrakten Idee, und als solche lassen sich in den vier Richtungen des Kreuzes die vier Elemente im Gleichgewicht erkennen.

In der 5 haben wir dann die Freisetzung der Kraft durch die

Aktivität und somit den Menschen vor uns. Dies waren die Urprinzipien der Zahlen im Zusammenhang mit der Astrologie.

Die Zahlen der Sterne – Zahlen in der Astrologie

Er kennt die Zahlen der Sterne und ruft sie alle bei ihrem Namen. Psalm 147.1

Wir haben gesehen, daß das Prinzip der Zahlen auf zweierlei Art wirkt. Die Kraft, die die Struktur hervorbringt, die wir Universum nennen, ist Zahl, und die Schöpfung, die die Struktur des Universums ist, ist auch Zahl. Die schöpferische Kraft ist in den Planeten selbst enthalten. Sie sind das Potential, das das Gewebe des Lebens und der Welt wirkt. Jenes Leben und die Welt, die es enthält, geht von der Beziehung aus, die die Planetenkräfte bilden. Durch deren Konstellationen zum Zeitpunkt der Geburt sowie später gelangt es ins Dasein, in die Differenzierung der Manifestation.

Die Planeten selbst erhalten ihren Sinn als Potenzen oder Götter aus der Zahl ihrer Sphären beim Umkreisen der Erde. Dies ist natürlich von unserem Standpunkt aus gesehen, da es der Standpunkt ist, der uns und unserer Wirklichkeit einen Sinn gibt.

So gesehen ist es gleichgültig, ob die Planeten konkret als Körper existieren oder nicht. Sie sind symbolisch, wie alles Leben symbolisch ist. Allein ihre Bewegung im Raum-Zeit-Kontinuum oder ihre Existenz als Teil des Raum-Zeit-Kontinuums ist von Bedeutung.

Da die Planeten ihre Bedeutung durch ihre Umläufe erhalten, hängen ihre Zahlen notwendigerweise von diesen Umläufen ab. So können wir auf Abbildung 10 sehen, wie die Zahlen den Planeten entsprechen. Dies ist auch die Anordnung der Planeten auf dem Baum des Lebens und in den Planetenzeiten, wie man sie von der Erde aus wahrnimmt.

An dieser Stelle lohnt es sich, die Aufmerksamkeit darauf zu richten, daß, obwohl die Bedeutung der Zahlen allgemein akzeptiert wird, eines der konkreten Hauptprobleme der Astrologie und Numerologie in deren Entsprechung zu den Planetenkräften liegt. Wenn man akzeptiert, daß die Umlaufbahnen der Planeten es sind, so wie man sie von der Erde aus sieht, die ihnen eine Bedeutung geben, dann kann man die wahre Grundlage der Wechselbeziehung verstehen.

Die Macht der Planeten hängt von ihrem Zahlenwert ab. Die Planeten, die weiter entfernt sind, sind mächtiger in ihrer Wirkung, während diejenigen, die näher sind, mächtiger an sich, als archetypische Prinzipien sind. Die kleineren Zahlen stellen die Grundprinzipien dar, die im Universum tätig sind. Wenn wir uns von der Einheit zur Vielheit fortentwickeln, lassen wir die Grundprinzipien hinter uns und beginnen, uns zu komplizierteren Lebensformen zu verwandeln.

Indem die Planeten sich immer weiter auf ihren Umlaufbahnen bewegen, verschiedene Bereiche des Raum-Zeit-Kontinuums durchschreiten, beschreiben sie immer kompliziertere Strukturen. Ihre Beziehungen mit den Zeichen, die Himmelsbereiche, durch die sie kommen und von denen sie ein Teil sind, die Häuser, ihre Interaktion mit der Erdumdrehung und den Aspekten, ihre Beziehung untereinander, all das beschreibt die Strukturen, die nach und nach in jedem Augenblick ins Dasein gelangen.

In ihrer Interaktion, als einfache Folge ihrer Bewegung, die wiederum selbst ein wesentlicher Bestandteil ihres Seins ist, erkennen wir die zweite Rolle der Zahlen. Die erste Rolle ist die Zahl innerhalb des Planeten selbst, wie auf Abbildung 9. Dies ist die Qualität oder der deskriptive Wert der Zahl und entspricht den »Primärzahlen«, von denen ich in Abschnitt 2 dieses Kapitels sprach.

Die zweite Rolle ist der Zahlenwert innerhalb der Aspekte oder Beziehungen der Planeten zueinander. So ist die Konjunktion 1 oder Einheit, die Opposition 2 oder Dualität, das Trigon 3, das Quadrat 4, das Quintil 5, das Sextil 6 und so weiter, entsprechend der Aufteilung des Kreises.

Wie wir festgestellt haben, ist es die zweite Funktion der Zahlen, welche allgemein in der Astrologie anerkannt wird, zum Nachteil der ersten. Dies kann an der derzeitigen Tendenz abgelesen werden, die Aspekte allein als Darstellung der Zahlenprinzipien zu betrachten. Dies hat in gewissen Fällen tatsächlich so weit geführt, daß die innere Bedeutung der Zeichen und Häuser fast verlorengegangen ist.

Die Bereiche des Raum-Zeit-Kontinuums, die wir Zeichen nennen, und die Aufteilung der Erdbewegung, die wir Häuser nennen, sind jedoch selbst in Übereinstimmung mit dem Eigenwert der Zahlenfrequenzen geschaffen worden – die der menschliche Geist den Planetenschwingungen zuschrieb.

Das Energiefeld des Physikers ist gleichzusetzen mit der Aura,

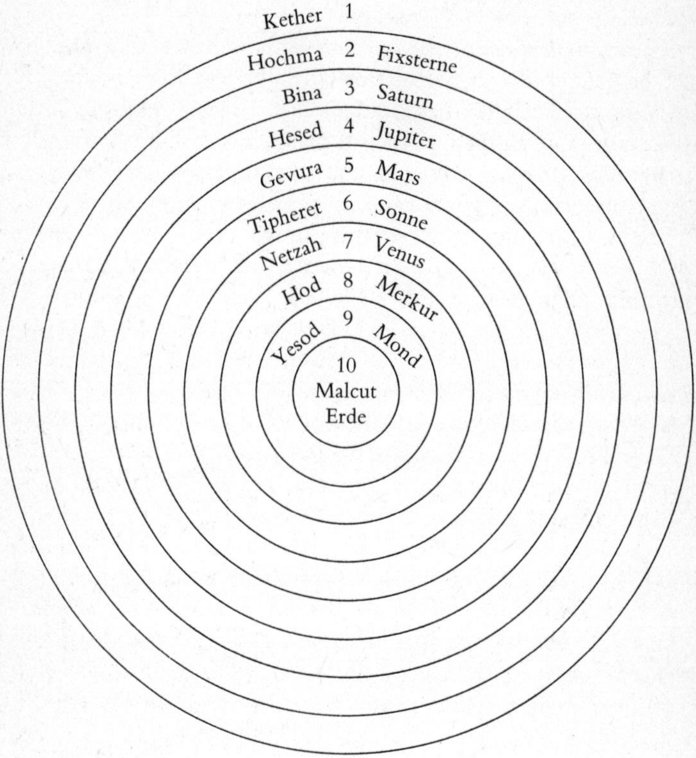

Abbildung 9: Die sieben Stufen der Einweihung und ihre Beziehung zu Planeten und Zahlen.

die alle lebenden Organismen umgibt. Der Grund, warum bestimmte Himmelsbereiche bestimmte Eigenschaften haben und die Tierkreiszeichen wirklich sind, liegt darin, daß ihr Energiefeld beziehungsweise ihre Aura im Laufe der Zeiten durch Projektionen des Gruppengeistes mit den Eigenschaften der jeweiligen archetypischen Mythen angereichert wurde.

Der Grund, warum wir zwei verschiedene Tierkreise haben, den tropischen und den siderischen, liegt darin, daß zwei verschiedene Kulturen ihre eigenen telesmatischen Bilder auf denselben Himmelsbereich projizierten. So haben beide ihre Bedeutung, je nach Fähigkeit des einzelnen, sich mit den jeweiligen Urprinzipien in Einklang zu bringen.

Wir sollten jetzt in der Lage sein, ein Horoskop im Sinne einer grundlegenden Wirklichkeit einfach in Form von Zahlen zu sehen. Da das Universum in Entsprechung zu bestimmten Zahlenwerten schwingt, wird es in jedem Augenblick ein ganz bestimmtes Zahlenmuster darstellen. Das besondere Zeitmoment, das in einem Horoskop bei der Geburt eines Lebewesens symbolisiert wird, ist deshalb die Zahlenstruktur, die zu jenem Zeitpunkt dargestellt oder erschaffen wird.

Deshalb bezeichnet das Horoskop ein Zeitmoment. Der Mensch, der zu jenem Zeitpunkt geboren ist, wird immer in Entsprechung zum Resonanzmuster schwingen, welches jenen Augenblick bestimmte. So ist unser individuelles Raum-Zeit-Gefüge das Raum-Zeit-Gefüge des Universums zu jenem besonderen Augenblick. Es gibt nur *ein* Universum, und wir sind Teil von ihm.

Die Geburtsplaneten im Horoskop eines Individuums werden deshalb immer und für alle Zeiten eine Störung im Raum-Zeit-Kontinuum darstellen. Da die Himmelsfaktoren zum Zeitpunkt der Geburt des Menschen seine besondere Struktur oder Schwingung darstellen, können wir sehen, daß er sowohl vor wie auch nach seiner Geburt immer dieser Schwingung entsprechen wird. So ist die Zukunft für alle Zeiten zum Zeitpunkt der Geburt festgelegt, und alle Zeit ist ewig gegenwärtig.

Wenn wir die Planeten und das Leben als ein Ganzes im Sinne von Zahlen sehen, können wir zum ersten Mal verstehen, wie zukünftige Direktionen wirken. Man hat unterschieden zwischen Transiten, welche für einen bestimmten Zeitpunkt die aktuellen Planetenpositionen in bezug auf das Horoskop darstellen, und den sogenannten »symbolischen« Direktionen, zum Beispiel sekundäre Progressionen und die »Ein-Grad«-Methode, welche auf dem Prinzip basiert, daß ein Tag einem Jahr entspricht.[6] Wir können heute auch erkennen, daß diese beiden anscheinend unterschiedlichen Arten von Direktionen auf demselben Prinzip beruhen.

Werfen wir zunächst einen Blick auf die Transite. Der Mensch zum Beispiel, dessen Horoskop in Abbildung 1 dargestellt ist, wurde zu einem Zeitpunkt geboren, wo die Sonne in dem Himmelsbereich stand, den wir als 22 Grad Krebs bezeichnen. Er wird immer auf irgendeine Weise dadurch beeinflußt werden, wenn ein anderer Planet entweder an diesen Grad der Ekliptik vorbeikommt oder in einem ganz bestimmten Abstand dazu steht, auch wenn seine Geburtssonne selbst sich nicht mehr an jener Stelle befindet.

Daraus wird klar, daß es nicht die Sonne des Menschen selbst ist, welche beeinflußt wird, sondern der Bereich des Himmels, in dem sie zum Zeitpunkt seiner Geburt stand. Wie nun die im Transit befindlichen Planeten jenen Bereich des Himmels beeinflussen, das hängt von den zwei unterschiedlichen Arten ab, wie Zahlen funktionieren.

Das Geburtshoroskop hat eine spezifische, natürliche Schwingung, welche sich aus der Stellung der Geburtsplaneten und deren Zahlenschwingung im Verhältnis zu den Primärzahlen erkennen läßt. Auf diese Planetenschwingungen oder Zahlen wirken dann die wechselnden Kräfte der Transite ein, in Übereinstimmung mit der natürlichen Frequenz, welche im Geburtshoroskop des Menschen enthalten ist.

Genau auf diese Weise gelangt die Form auf der physischen Ebene zur Manifestation: durch Interaktion mit einer Schwingungsströmung in der Urmaterie, wie wir bereits an anderer Stelle in diesem Kapitel gesehen haben.

So manifestiert sich die Bedeutung einer bestimmten Zahl, zum Beispiel die Zahl 4 als Quadrat. Die Tatsache, daß sich die Geburtsplaneten zu jedem Zeitpunkt nicht in ihrer Ausgangsposition am Himmel befinden, ist gleichgültig, denn es geht hier um die Beziehung zwischen dem Planeten-Transit und einer Schwingung im Menschen selbst.

Aufgrund der Planetenpositionen im Geburtshoroskop schwingt jeder Mensch mit einer ganz bestimmten Frequenz, er befindet sich auf einer gewissen Wellenlänge. Dies ist das individuelle Muster, auf das sich der Planet im Transit gemäß seiner eigenen Schwingung beziehungsweise seinem eigenen Zahlenwert einstimmt.

Nehmen wir zum Beispiel einen Saturn-Transit über die Geburts-Venus eines Menschen. Wenn sich Saturn im Januar 1991 bei 27 Grad Steinbock befindet, wird er mit dem Besitzer des Horoskops von Abbildung 1 entsprechend der Qualität seiner eigenen Zahl, nämlich der 3, und in Entsprechung zur Qualität seines Aspekts, der Zahl 2, schwingen.

Den »symbolischen« Direktionen zufolge ist ein Tag oder ein Grad gleichbedeutend mit einem Jahr oder manchmal einem Monat. Was passiert in solchen Fällen tatsächlich? Zu diesem Zweck wollen wir die Sekundärprogressionen betrachten, wo die augenblicklichen Planetenstellungen soundsoviele Tage nach der Geburt denen in ebensovielen Jahren nach der Geburt entsprechen. Ebenso wollen wir die »Ein-Grad«-Methode zu Hilfe ziehen, wo jeder Grad einem Jahr im Leben des Menschen entspricht.

Auch hier finden wir die Antwort wieder im Wert der Zahlen. In all diesen Fällen ist es ein ganz besonderer Teil des Raum-Zeit-Kontinuums, mit dem in Verbindung getreten wird. Ein Tag, ein Monat und ein Jahr entsprechen sich, denn beim Kreisen von Erde, Mond und Sonne entsprechend ihrer jeweiligen Umdrehungen an einem Tag, in einem Monat oder einem Jahr treten sie stets mit demselben Teil des Raum-Zeit-Kontinuums in Verbindung.

Wenn wir die sichtbare Bewegung der Sonne auf der Ekliptik betrachten und sie mit der der Erde vergleichen, können wir erkennen, daß die Sonne in einem Jahr genau dieselben Teile der Ekliptik durchläuft wie die Erde an einem Tag und der Mond in einem Monat. Wenn im Geburtshoroskop Saturn bei 1 Grad Skorpion steht und die Sonne bei 8 Grad, wird die Sonne in sieben Jahren siebenmal über Saturn und die Sonne gelaufen sein. Der Mond wird über diese Stellungen in sieben Monaten siebenmal gelaufen sein, während die Erde diese Grade in sieben Tagen siebenmal durchlaufen haben wird.

Im »Ein-Grad«-System wird die Sonne so viele Male über die bestimmten Bereiche gehen, wie es jeweils Grade gibt. Zeit ist zyklisch, und die Muster erscheinen immer wieder und decken sich. Jeder spätere Planetenkontakt deckt sich mit dem ursprünglichen Muster, mit dessen Resonanz, um so Harmonie der Sphären hervorzubringen. Transite, Progressionen und die anderen Direktionen beschreiben also alle unsere astrologischen Ausgangsbedingungen im Verhältnis zu den jeweiligen Zeitqualitäten der Zukunft.

Wenn wir in Berührung mit unserem innersten Wesen sein wollen, den Eigenschaften, die in unserem Horoskop symbolisiert sind, müssen wir lernen, auf die Planetenschwingungen zu antworten, welche die archetypischen Kräfte sowohl im Universum als auch in uns selbst reflektieren. Wie können wir die Bedeutung dieser Kräfte in uns aufnehmen?

Wir bestehen, wie der Rest des Universums, von dem wir ein Teil sind, aus archetypischen Energien, die in der Symbolik der Zahlen enthalten sind. Ebenso wie sich die verschiedenen Ebenen bereits durch die Chakras in uns manifestieren, tun sie es in den Planetenenergien, welche in ihrer Urform am Baum des Lebens zu erkennen sind, in ihrer individuellen Ausrichtung im Horoskop. Auch hier können wir sehen, warum es so wichtig ist, Astrologie und Kabbala als wesentliche Bestandteile ein und desselben Systems zu erkennen.

Im alten Mithra-Kult mußten die Novizen eine Einweihungszeremonie durchlaufen, deren Ziel darin bestand, die verschiedenen Planetenenergien in sich aufzunehmen. Die Umlaufbahnen von Sonne und Mond und die fünf Planeten wurden als Schichten um die Erde betrachtet, durch die die Seele herabstieg, wenn sie geboren werden sollte.

Diese sieben Schichten entsprechen den sieben Strahlen, welche die menschliche Aura bilden. Nach der Geburt mußte der Mensch jeden Planetenstrahl oder jede Planetenzone in sich assi-

Die sieben Stufen der Einweihung von Mithra		Planeten	Zahlen
Corax	Rabe	Saturn	3
Cryphius	Okkultes	Jupiter	4
Miles	Soldat	Mars	5
Leo	Löwe	Sonne	6
Perses	Perser	Venus	7
Heliodromus	Sonnenläufer	Merkur	8
Pater	Vater	Mond	9

Die sieben Stufen der Einweihung und ihre Wechselbeziehungen mit den Planeten und Zahlen.

milieren, um schließlich einen uneingeschränkten, vollkommenen Zustand zu erreichen, in dem er auf allen Ebenen tätig sein konnte. So wurden alle verschiedenen Arten von Raum-Zeit-Rastern zu einem Teil seiner selbst.

In der Tabelle auf Seite 193 sind die sieben Stufen der Einweihung dargestellt. Wenn wir diese mit den Planetenenergien und den ihnen entsprechenden Zahlen vergleichen, können wir bei den Planeten die gleiche Reihenfolge der Zahlenwerte erkennen.

Sobald wir diese Planetenschwingungen in uns aufgenommen haben, bekommen wir die Macht, die jeweilige Ebene unseres Lebens bewußt zu verändern. Wir können zum Einklang mit uns selbst gelangen, mit unseren verschiedenen Energiezentren, und wir können in Einklang mit dem Universum und der gesamten übrigen Natur kommen und uns deren Macht anschließen.

Daß dies es ist, wonach wir streben, geht aus einer alten kabbalistischen Geschichte hervor, in der erzählt wird, wie das Kind von Gott geformt und in die Welt gesandt wird. Gott sagt zur Seele des Kindes:

> »Die Welt, in die ich dich sende, ist besser als die Welt, in der du warst; und als ich dich formte, formte ich dich für dies irdische Schicksal.« Anschließend befiehlt Gott dem Engel, der sich mit den Seelen im Jenseits beschäftigt, die Seele dieses Kindes in alle Geheimnisse der anderen Welt einzuweihen, Paradies und Hölle mit einbegriffen. So erfährt die Seele alle Geheimnisse des Jenseits. Zum Zeitpunkt der Geburt jedoch, wenn die Seele auf die Erde kommt, löscht der Engel das über ihm leuchtende Licht des Wissens aus, und die Seele betritt diese Welt, eingeschlossen in ihrer irdischen Hülle, ihrer erhabenen Weisheit nicht mehr bewußt, aber stets auf der Suche, sie wiederzugewinnen.[7]

Kapitel 10

Die Vereinigung von Himmel und Erde

Das Zentrum des Kreises – die Wechselbeziehung zwischen innen und außen

Der Strom von Schöpfung und Auflösung hört nie auf. . . . Alle Dinge entstehen aus dem Einen, und das Eine entsteht aus allen Dingen. Heraklit

Wir sind um den Kreis herumgereist, auf der Suche nach Erklärung und Sinn. Jetzt kehren wir zu unserem Ausgangspunkt zurück. Worin besteht die Wechselbeziehung zwischen den Himmelskörpern, den Planeten am Himmel »da oben« auf der einen Seite und den Ereignissen auf der Erde und in der menschlichen Psyche auf der anderen? Und was bedeutet diese Wechselbeziehung?

Der Grund für die Wechselbeziehung zwischen außen und innen ist sehr einfach. Beides ist das gleiche. Der Grund, warum wir nicht fähig sind, dies zu erkennen, ist ebenso einfach. Wir sind geteilt. Gezwungenermaßen sehen wir deshalb auch die Welt als geteilt. Wir sehen, wie sich die Planeten »da oben« am Himmel bewegen, und sehen, wie auf der Erde Dinge geschehen.

Unglücklicherweise hört die Einfachheit da auf. Die Wahrheit ist nach ihrem Wesen selbst einfach. Die Wahrheit zu verstehen ist im Gegensatz dazu allerdings alles andere als einfach. Die Wahrheit ist das Ganze, und das Problem, dem wir gegenüberstehen, ist, wie wir, als Teil jener Ganzheit, die Einheit erkennen können, in der wir enthalten sind. Wir sind sozusagen innerhalb des Kreises und suchen nach einem Aussichtspunkt, von wo aus wir hineinblicken können.

Aus diesem Grund ist die direkte Erfahrung wie zum Beispiel anhand von Gleichnissen oder Dichtung oft leichter als durch die Verbalspekulationen der Philosophie. Recht passend formulierte dies Sir Philip Sidney in seiner *Apology for Poetry*:

»Der Philosoph lehrt, aber er lehrt unklar, so daß nur die Erfahrenen ihn verstehen können. Mit anderen Worten, er lehrt diejenigen, die bereits belehrt worden sind. Der Dichter hingegen ist der wahre Philosoph des Volkes. Er gibt dem Geist ein Bild von dem, was der Philosoph nur mit Worten beschreibt und was deshalb die Seele in keiner Weise trifft oder in sie eindringt oder sie fasziniert, wie das Bild des Dichters es tut.«[1]

Unsere Suche nach der Wirklichkeit besteht konkret darin, immer wieder Türen aufzustoßen. Wir beginnen bei der materiellen Ebene, wir beobachten die Welt »da draußen«, dann forschen wir weiter bis zur Quanten- oder Astralebene. Im nächsten Stadium gelangen wir zum eigentlichen Kräftesystem der Welt, dem Energiefeld, dem elektromagnetischen Spektrum, der Struktur hinter der Welt der Form. Diese Struktur lösen wir in ein noch einfacheres Prinzip auf – in das der Zahlen.

Selbst in diesem Stadium sind wir noch nicht am Ende unserer Reise angekommen. Wir haben noch einen letzten Schritt vor uns, ehe wir das Absolute erreichen. Jenen Schritt werden wir jetzt tun. Bevor wir ihn jedoch tun, müssen wir erkennen, was wir im Grunde bei unserer Suche nach der Wahrheit zu finden versuchen.

Wenn wir die Wahrheit finden wollen, dann ist es richtig und notwendig, die Türen zum Absoluten immer wieder aufzustoßen. Der Irrtum jedoch ist zu glauben, daß die Wahrheit mehr im Absoluten als in den jeweiligen Zwischenstadien liege.

In jedem Schritt des Weges ist die Wahrheit enthalten. Unsere Reise führt uns um den Kreis herum. Jeder Teil dieses Kreises besitzt Wirklichkeit. Am Ende der Reise gelangen wir wieder zu unserem Ausgangspunkt zurück. Wir bewegen uns in Kreisen. Uns in Kreisen zu bewegen, bedeutet jedoch nicht, daß wir nichts lernen. Ob wir auf unserem Weg etwas lernen oder nicht, hängt von uns ab. Die Sache ist die, daß der Sinn in der Reise selbst liegt. Das Ziel ist in der Reise selbst enthalten. Es ist die Erfahrung all dessen, was uns auf unserer Suche begegnet, nicht nur dessen, was wir am Ende unserer Reise erfahren.

Die Täuschung besteht darin zu glauben, daß, je reiner die Wahrheit ist, desto wirklicher sie auch sei. Im Gegenteil, wenn wir das Absolute erreichen, ist die Wahrheit einfach nur reiner. Nicht mehr, nicht weniger. Sie ist nicht wahrer. Alle Ebenen sind wirklich. Sie bestehen alle nebeneinander – die materielle, die astrale, die höhere mentale, die spirituelle. Oder, mit den Worten der Wissenschaft, die physische, die Quantenebene, das elektromagnetische Spektrum, das Raum-Zeit-Kontinuum.

Wir müssen das Absolute erreichen, aber wir müssen auch erkennen, daß das Absolute der Anfang der Reise ist, nicht das Ende. Wir kommen hier zur Leere. An diesem Punkt verschwindet die materielle Welt jedoch nicht. Sie ist keine Illusion, wie viele Wissenschaftler meinen. Im Gegenteil, in der Leere, im Absoluten, ist alles enthalten. Wir beginnen mit der materiellen Ebene, bei Malcut, der Zahl 10. Indem wir zu immer größerer Reinheit und Einheit fortschreiten, erreichen wir schließlich die Null. Dann sollte der ganze Baum, all die Zahlen, die die archetypischen Energien des Daseins symbolisieren, in uns integriert sein. Dann sollten alle Ebenen der Wirklichkeit gleichzeitig in unserem Wesen vorhanden sein.

Es ist allzu leicht zu denken, daß dies das Ende sei. Was haben wir nach unserer Reise um den Kreis gewonnen? Nichts. Nichts als der Kreis ist uns geblieben – der selbst die Null symbolisiert. Aber gerade darum geht es. Mit den Worten Buddhas: »Ich habe nicht das Geringste durch unübertroffenes, vollkommenes Erwachen erreicht, und genau aus diesem Grunde heißt es ›unübertroffenes, vollkommenes Erwachen‹.«

Wir müssen zur Ebene der Einheit gelangen, um zu erkennen, daß das Universum ein Ganzes ist. Das Universum *ist* einfach nur. Weil wir in uns selbst geteilt sind, teilen wir diese Einheit in das, was wir als materielle Welt wahrnehmen. Wir trennen Innen von Außen. In Entsprechung zu unserer eigenen Natur schaffen wir Teile.

Die Teile und die materielle Welt, aus denen sie geformt sind, haben jedoch dadurch, daß wir sie erschaffen, nicht weniger Wirklichkeit. Zunächst einmal sind sie nicht aus dem Nichts erschaffen. Sie sind ebenso entstanden wie wir. Zweitens haben sie einfach deshalb für uns Wirklichkeit, weil wir es sind, die sie erschaffen haben.

Wir haben das Stadium erreicht, wo es Struktur wie auch Chaos, Ordnung wie auch Veränderung gibt. Auf der materiellen Ebene scheint es Strukturen zu geben. Wir können die Vergangenheit betrachten und mit ziemlicher Sicherheit die Zukunft voraussagen. Wir können sehen, daß bestimmte Ereignisse als Ergebnisse bestimmter Handlungen eintreten.

Auf den niederen Ebenen scheint Chaos zu herrschen. Wir können nicht sagen, wie sich ein einzelnes subatomares Teilchen jeweils verhalten wird. Wir können nicht sagen, was Frau Schmidt machen wird, wenn der Uranus-Transit in Opposition zu ihrer Venus stehen wird, und dennoch können wir, wenn wir jedes Einzelwesen als eine Gesamtheit betrachten, eine Struktur erkennen. Wir können sehen, daß sich die jeweiligen Teilchen oder Menschen bei allem individuellen Verhalten nach einer vorherbestimmten Struktur zu entwickeln scheinen.

Wir haben gesehen, daß dies Muster oder diese Grundstruktur des Universums auf Zahlen beruht. Die ganze Welt und die Gesamtheit des uns bekannten Lebens ist nach dem Prinzip von Zahlen geordnet. Die Planetenbewegungen, der Unterschied zwischen einer Lebensform und der anderen, die archetypischen Energien, welche die Reaktionen auf unsere Umwelt bedingen, all das basiert grundsätzlich auf Zahlen.

Nachdem dies klar scheint und wir offenbar das Prinzip einer Struktur im Universum anerkennen – was uns eine gewisse Sicherheit und Ordnung verspricht –, müssen wir uns nun den eigenen Boden unter den Füßen wegziehen. Insofern jede Ebene wirklich ist und insofern auf der materiellen Ebene eine Struktur herrscht, ist diese Struktur wirklich. Sie ist jedoch nicht wirklich in einem absoluten Sinn, denn wir haben das Absolute noch nicht erreicht. Worin besteht diese Struktur, die mir anscheinend klar ist und die so viele Theoretiker freudig aber blind in ihre Systeme miteinbeziehen? Warum ist sie erst die vorletzte Stufe?

Der Grund ist der, daß diese scheinbare Struktur nur die Art und Weise ist, wie wir als Menschen auf das Chaos oder die Leere reagieren und wie wir sie wahrnehmen. Die letzte Ebene ist die Leere, das Tao, es gibt nichts anderes. Das ist das Absolute. So wurde die Welt aus dem Chaos erschaffen und bleibt auf ihrer ursprünglichsten Ebene einfach weiterhin als Chaos bestehen.

Dieser Schluß ist nicht so leicht zu akzeptieren, denn in ihm ist enthalten, daß wir nicht existieren. Und deshalb leuchtet es ein, nach etwas Sicherem zu suchen, etwas, woran man sich halten kann, nach einer Struktur und einer Ordnung im Universum – damit wir nicht in den Abgrund fallen. Aber genau das müssen wir, denn erst wenn wir diese letzte Ebene erreichen, können wir beginnen, die Wirklichkeit einer jeden Ebene an sich zu erkennen. Nur so, indem wir den Mut haben, uns zu verlieren, können wir die Angst vor der Angst selbst verlieren.

Wenn wir das Chaos als letzte Ebene akzeptieren, so bedeutet das nicht, daß es im Universum keine Struktur gibt. Lediglich weil wir es sind, die diese Struktur schaffen, wird sie deshalb nicht weniger wirklich. Ich habe gesagt, daß das Leben, »wie wir es kennen«, auf dem Prinzip von Zahlen beruht. Darin liegt der Schlüssel. Es ist unser Leben und unsere Welt, die für uns wirklich sind.

Die Materialisten denken, daß, weil wir die Welt durch unseren Geist erschaffen, sie keine Wirklichkeit haben kann. Aus diesem Grund sind heute viele Wissenschaftler zu dem Ergebnis gekommen, daß das Universum eine Illusion ist – Maya. Der Fehler an diesem Standpunkt ist, daß wir die Welt nicht aus dem Nichts erschaffen. Wir selbst sind auf gewisse Weise erschaffen.

Das ist es, worum es wirklich geht. Wir sind selbst ein Teil des Chaos oder des Zufalls, welches das Universum auf seiner absoluten Ebene darstellt. Wir sind jedoch derselbe Teil von jenem Chaos, wie die Welt, die wir wahrnehmen. Die Ordnung, die wir sehen oder erschaffen, ist die Folge oder die Widerspiegelung des spezifischen Chaos, welches in uns selbst enthalten ist.

So entsteht die Ordnung aus dem Chaos. Auf einer rein physikalischen Ebene ist Evolution eine Sache des Zufalls. Der Prozeß beginnt mit einer Reihe von Zufallsereignissen oder Mutationen. Aus diesen wird eine ganz bestimmte ausgewählt und weiterentwickelt. So entsteht auf makroskopischer Ebene vielleicht eine neue Struktur. Mit den Worten von Chuang Tzu: »Das Universum und ich sind gemeinsam entstanden, und ich und alles ist darin eins.«

Das Universum entwickelt sich auf dem Weg des geringsten Widerstands. Nachdem einmal eine Veränderung stattgefunden hat, besteht es relativ unaktiv weiter, bis es zur nächsten Entwicklung im genetischen Gesamt-Make-up und der DNS-Struktur kommt, welche Rupert Sheldrake im Prinzip der »morphischen Resonanz« ausdrückt sieht.[2]

Wir und die Welt »da draußen« haben uns gegenseitig erschaffen. Beide sind zusammen entstanden, und deshalb sind beide eins – und zugleich zwei. Beide sind das Ergebnis des Zufalls, aber desselben Zufalls. Unser Chaos und das Chaos, das die Welt darstellt, ist dasselbe. Die Ordnung, die wir in dem Chaos annehmen, ist die Ordnung, die gleichzeitig in der Außenwelt und in uns selbst besteht.

Aus diesem Grunde gibt es eine Einheit. Aus diesem Grunde reflektieren sich innen und außen unvermeidlich, wird das Universum als Ganzes in jedem Augenblick und zu jeder

Zeit in seinen Teilen beschrieben, in den Planetenbewegungen, dem Flug der Vögel, den Ereignissen, die uns im Laufe unseres Lebens widerfahren und den Menschen, die wir immer wieder anziehen.

Dies ist auch der Grund, warum es keine Trennung gibt. Denn nur durch Widerspiegelung können wir erkennen. Bewußtsein bedeutet, daß wir reflektieren, und dazu brauchen wir etwas, das wir reflektieren können. Auf einer Ebene *sind* wir einfach – wie das Universum. Wenn wir in diesem Zustand der Ganzheit sind, dann sind wir uns der Qualität des Universums um uns herum bewußt. Dann brauchen wir nicht die Astrologie, um uns den Weg zu weisen, und wir müssen nicht länger durch Ereignisse lernen. Dann *wissen* wir einfach.

Wenn wir uns in unserem normalen menschlichen Zustand befinden, brauchen wir die Trennung, die das Bewußtsein mit sich bringt. Wir müssen ebensosehr handeln wie sein. Wir müssen die Dualität erfahren, die unser Leben auf Erden bestimmt. Wenn wir die Prinzipien und Ereignisse verstehen, welche sich in den Planetenbewegungen widerspiegeln, kommen wir dem Zustand der Einheit näher.

Auf diese Weise können wir die Teile mit dem Ganzen versöhnen und lernen, in Übereinstimmung mit unserer materiellen und spirituellen Natur zugleich zu leben. Jeder Teil des Raum-Zeit-Kontinuums hat seine eigenen, besonderen Eigenschaften. Jeder getrennte Teil, die Planeten, Zeichen, Häuser und Aspekte sind erfüllt von ihrem eigenen Sinn, ihrer archetypischen Bedeutung.

Wenn wir betrachten, was wirklich passiert, wenn die Planeten sich auf ihren Bahnen bewegen, so sehen wir, daß ein bestimmter Bereich des Raum-Zeit-Kontinuums in Entsprechung zum Wert einer bestimmten Schwingung gestört wird. Jene Schwingung wird jeden anderen Teil des Universums beeinflussen, in Abhängigkeit vom jeweiligen inneren Schwingungsmuster, das zum Zeitpunkt der Geburt bestand beziehungsweise entstand.

Keine zwei Muster, die zu irgendeinem Zeitpunkt beschrieben wurden, werden sich jemals gleichen, denn die Beziehung zwischen den einzelnen Teilen wird immer anders sein. Dies gilt ebenso für die Struktur, welche bei der Geburt gebildet wird, und die Struktur, die anschließend ihre Resonanz im Universum findet, indem sie sich mit dem Horoskop harmonisiert.

Darin besteht die Einzigartigkeit eines jeden von uns. Jeder von uns hat seinen Weg, dem er folgen muß in Übereinstimmung mit dem Stern, unter dem er geboren wurde und der unser persönliches Horoskop darstellt. Jeder von uns ist gleichermaßen ein Teil des Ganzen, denn wir alle sind als ein Teil desselben Universums ins Dasein gelangt – durch dieselbe göttliche Ordnung und als ein Element von ihr.

Der Spiegel Gottes – ein Mythos für den modernen Menschen

> *Weder für Aufstieg noch Abstieg gibt es eine feste Regel, außer, daß man kein Böses tun soll. Beim Voranschreiten oder beim Rückzug nützt keine Ausdauer, man darf sich nur nicht von seiner eigenen Natur entfernen. Der Edle pflegt seinen Charakter und arbeitet an seiner Aufgabe, um alles zum richtigen Zeitpunkt zu tun. Deshalb macht er keinen Fehler.* Konfuzius

In *Mysterium Conjunctionis* erzählt Jung die Geschichte eines Regenmachers. In einer chinesischen Provinz herrschte große Dürre. Verzweifelt riefen die Einwohner der Gegend nach einem Regenmacher aus einem anderen Teil des Landes. Als dieser kam, schloß er sich tagelang in eine kleine Hütte ein, und am vierten Tag kam der Regen. Als man den Regenmacher fragte, wie er dies Wunder vollbracht habe, lehnte er die Verantwortung dafür ab. »Aber was habt Ihr denn in diesen drei Tagen gemacht?« fragte man ihn. »Oh, ich kann es nicht erklären. Ich komme aus einer anderen Gegend, wo die Dinge in Ordnung sind. Hier sind sie nicht in Ordnung, sie sind nicht, wie sie sein sollten, in Übereinstimmung mit den Gesetzen des Himmels. Deshalb ist das ganze Land nicht im Tao, und auch ich befinde mich nicht in der natürlichen Ordnung der Dinge, weil ich in einem gestörten Land bin. So mußte ich drei Tage warten, bis ich wieder im Tao war, und dann kam der Regen ganz von allein.«[3]

Dies Gleichnis veranschaulicht recht eindrucksvoll, daß wir erst mit unserer eigenen Natur in Einklang sein müssen, ehe die Verbindung zwischen innen und außen Früchte tragen kann. Die Botschaft ist klar. Um die Welt in Ordnung zu bringen, müssen wir uns selbst erst in Ordnung bringen. Das bedeutet, unserem ganzen Wesen gemäß zu leben, in Entsprechung zu unserem Selbst, welches in seiner Vollständigkeit das Horoskop symbolisiert.

Wir haben uns die Welt angeschaut. Wir haben den Himmel betrachtet, die Planeten, die sich durch Raum und Zeit bewegen. Wir haben die Wechselbeziehung zwischen diesen Himmelskörpern und unserem eigenen Leben beobachtet. Wir haben gefragt: »Wie?« und »Warum?«

Die Zeit, Fragen zu stellen, ist fast vorüber. Es ist an der Zeit, die Antworten zu erfahren, sie zu einem Teil unserer selbst zu machen, zu erkennen, wie stark die Antworten von den Fragen selbst abhängen. Wir fragen nach dem Zweck der Astrologie. Er liegt darin, dem Menschen zu helfen, sich selbst zu verstehen und das Universum, von dem er ein Teil ist.

Wir fragen nach der Bedeutung der Astrologie. Sie liegt darin, die Verbindung zwischen innen und außen zu erkennen. Und mit »erkennen« meine ich erfahren im Sinne von »verwirklichen«. »Nötig ist nicht, die Wahrheit zu ›wissen‹,«, sagte Jung, »sondern sie zu erfahren.« Wir können fragen, warum es eine Wechselbeziehung zwischen den Himmelskörpern und den Ereignissen auf der Erde gibt und antworten, daß das Universum auf seiner höchsten Ebene ein Ganzes ist.

Wir können es als ein Ganzes erfahren sowie in seinen Bestandteilen, denn das Ganze spiegelt sich in jedem Teil wider. Das, was der Astrologie ihren Sinn verleiht, ist, zu verstehen oder zu verwirklichen, wie die einzelnen Teile – das Zeitmoment, die Umlaufbahn von Mars, die Geburt eines Lebewesens oder Ereignisses – mit dem Ganzen in Verbindung stehen.

Der Philosoph wird fragen: »Warum?«. Um dem Menschen unseres Zeitalters einen Sinn, einen Mythos zu verschaffen, müssen wir in Berührung mit uns selbst und mit dem Universum sein. Das ist es, was uns die Astrologie ihrem Wesen nach zu geben hat.

Nicht noch so viele intellektuelle Erwägungen können uns dieser Wahrheit näherbringen. »Ich glaube, um zu verstehen«, sagte Anselm. Wir können sehen, daß sich unser Leben auf Erden in den Bewegungen der Planeten widerspiegelt und tatsächlich in allem um uns herum.

Es ist völlig richtig, nach einer Erklärung für diese Verbindung zu suchen. Es ist völlig natürlich zu fragen, warum dies so sein sollte. Wir sind geschaffen worden, um Fragen zu stellen – seit die Schlange der Weisheit Eva zum ersten Mal in Versuchung führte, vom Baum der Erkenntnis zu essen. Aber Fragen zu stellen ist nicht genug.

Wenn wir nur Fragen stellen, kommen wir in Gefahr, durch

die Blindheit unseres Wissens selbst an der offen vor uns liegenden Wahrheit vorbeizusehen. Adam und Eva hätten vom Baum des Lebens essen können, der genau in der Mitte des Gartens stand. Sie hätten nur ihre Hände ausstrecken müssen, um davon zu essen und für immer zu leben. Gott hatte ihnen nicht verboten, von diesem Baum zu essen. Er stellte ihn nur ganz genau vor sie hin, wo sie ihn offensichtlich nicht verfehlen konnten, und sorgte genau dadurch dafür, daß sie ihn nicht sahen.

Wenn wir »Warum?« und »Wie?« fragen, können wir die ganz entscheidende Tatsache außer acht lassen, daß es zwischen den Himmelskörpern und uns selbst eine Wechselbeziehung gibt. Wir können so damit beschäftigt sein, herauszufinden, worin diese Beziehung besteht, daß es uns nicht mehr gelingt, sie auch tatsächlich zu erfahren. Das Universum läßt sich in seinen Teilen erkennen. Alles, was »da draußen« passiert, ist ein Teil des Ganzen, und wenn man die Bedeutung davon versteht, sollte es einen diesem Ganzen näherbringen.

Die Bedeutung liegt in der Vereinigung von innen und außen, in der Erkenntnis, daß sie dasselbe sind. Indem man die beiden zusammenbringt, so daß wir und das Universum zu einem lebendigen Vorgang werden. Die Gefahr liegt darin, genau das Gegenteil zu tun und innen und außen zu trennen. Wir können entweder erkennen, daß wir und die Himmelskörper einheitliche Bestandteile ein und desselben Systems sind – oder wir können die Planeten »da draußen« einfach betrachten und in ihnen Kräfte sehen, die mit uns nichts zu tun haben.

Daß dies von entscheidender Bedeutung wie auch zunehmend gefährlich für die heutige Menschheit ist, sollte klar sein. Wir leben in einer Zeit, in der wir frei sind, unsere Zukunft selbst zu bestimmen, da wir uns am Übergang von einem großen Zeitalter ins nächste befinden. Einige haben dieser Zeit mit Angst und Beben entgegengeblickt. Genau das Jahr, in dem das vorliegende Buch entstand, 1984, hat sich unserem Geist durch George Orwells erschreckende Zukunftsvision eingeprägt.

Selbst die Wissenschaftler hatten ihre Vorahnungen. 1970 versammelte sich eine Gruppe von ihnen im »Ames Research Centre« der NASA, um darüber zu diskutieren, ob es extraterrestrische Intelligenzen gäbe und wie man mit solchen Wesen in Verbindung treten könne.

Ausgehend von der Anzahl der Sterne im Universum beschloß man, daß die wahrscheinliche Geschwindigkeit, mit der sich andere technische Gemeinschaften bildeten, die miteinander in Verbindung stehen, etwa bei einer Neubildung alle zehn Jahre liegen müßte.

Unter diesen Umständen mußte es so aussehen, als ob es viele Millionen ähnlicher Gemeinschaften gibt. Diese optimistische Annahme unterlag jedoch einer fatalen Bedingung. Bis solche intelligenten Lebensformen das Stadium der Kommunikationsfähigkeit erreicht hätten, wäre die wahrscheinliche Zeit ihrer Überlebensdauer drastisch geschrumpft. Die Zeit, welche die Ames-Gruppe vorschlug, betrug genau zehn Jahre – genausoviel, wie solche Gemeinschaften brauchen, um sich zu bilden.

Wieder andere haben eifrig auf das Erscheinen des Wassermann-Zeitalters als einer Zeit der Erfüllung und neuer Hoffnungen gewartet, einer Zeit des Verstehens, in der die Menschheit endlich zu sich selbst kommt. Zweifellos befinden wir uns in der kritischsten Zeit, die die Weltgeschichte bis jetzt erlebt hat.

Ich glaube, daß die Menschheit heute ein neues Stadium ihrer Evolution erreicht hat. Wir werden in der Lage sein, unsere Kräfte wie nie zuvor zur Erweiterung unseres Verständnisses einzusetzen. Ob wir diese Kräfte benutzen, der Menschheit und dem übrigen Leben zu helfen oder sie zu zerstören, hängt vom Erkennen unserer Rolle und unseres Platzes im Universum ab.

Was wir tun müssen, um der Menschheit den Sinn zu zeigen, nach dem sie sucht, ist, die Einheit des Individuums mit dem Ganzen herzustellen. Der Weg dazu stellt ein Paradox dar. Denn, wie die Geschichte des Regenmachers gezeigt hat, müssen wir, um Harmonie in der Welt herzustellen, zunächst Harmonie in uns selbst herstellen. Die Astrologie macht uns dazu fähig, denn in der Symbolik des Horoskops können wir das Selbst erkennen und erfahren, zu dem wir werden müssen. Das Paradox ist, daß das Horoskop den Augenblick unserer Geburt darstellt, und als solches ist es das Muster, welches zu jenem Augenblick und zu keinem anderen existiert.

Nie wieder wird das Universum dasselbe sein, sobald dieser Augenblick vorüber ist. Man könnte daher denken, daß wir, um uns dem Universum zu einem bestimmten Zeitpunkt anzuschließen, eher in Übereinstimmung mit eben dieser Zeit handeln sollten, als mit dem Zeitpunkt unserer Geburt.

Das ist jedoch nicht so, denn wenn wir unsere Handlungen von unserem Selbst trennen, entfremden wir uns sowohl unserer Natur als auch dem Universum. In der Tat ist es das, was in unserer Zivilisation geschehen ist. Wir sind nicht länger ein Teil unserer selbst. Indem wir innen und außen getrennt haben, haben wir uns von unserer eigenen Quelle und damit auch von allen anderen entfernt, sind uns fremd geworden.

Die Situation scheint paradox, weil wir unser persönliches Horoskop nach der Struktur des Universums ausrichten, welches sich in jedem Augenblick, ja tatsächlich ständig verändert. Anders ausgedrückt, wir bringen Kronos und Kairos in Verbindung. Das Paradox löst sich, sobald wir erkennen, daß wir ein Teil des Ganzen sind und daß der Augenblick unserer Geburt nicht nur ein getrenntes Zeitmoment ist, sondern daß er ein Teil des Ganzen ist und daß sich das Ganze in ihm, wie in allen anderen Teilen auch, widerspiegelt. Wie ich betont habe, bedeutet dies, neu sehen zu lernen, auf eine Weise, die ich fünfdimensional genannt habe. Dann erkennen wir das Individuelle, Einzigartige unseres Lebens, in dem die Trennung mitenthalten ist, zusammen mit der Einheit allen Lebens. Die Fähigkeit, so zu sehen, uns in der fünften Dimension zu erfahren, ist der Beitrag, den die Astrologie der Menschheit beim Eintritt ins Wassermann-Zeitalter zu liefern hat.

Individualität und Getrenntheit beinhalten Zeit und Veränderung. Vereinigung beinhaltet Ewigkeit und ein ineinander Enthaltensein. Das eine schließt das andere in sich ein, wie wir im Symbol das Tao sehen, dem Kreis, in dem sich die Gegensätze von Yang und Yin vereinen, welche wiederum in sich selbst die Essenz beider enthalten. Wie Heraklit sagte: »Gut und Böse sind eins. Gott ist Tag und Nacht, Sommer und Winter, Krieg und Frieden, Übersättigung und Hunger.«

Wenn wir unserer Individualität gemäß leben, die im Horoskop symbolisiert ist, dann sind wir ein Teil der Veränderung, die in der Zeit existiert. Wenn wir jener Individualität gemäß leben, die in ihrer Ganzheit das Selbst ist; dann sind wir ein Teil der Einheit, welche das Universum darstellt; dann werden Zeit und Ewigkeit zu Aspekten eines lebenden Prozesses; dann werden wir dadurch, daß wir sind. Deshalb dauerte es drei Tage, bis der Regen kam. Der Regenmacher mußte wieder eins mit sich selbst werden, eins mit aller Zeit; dann fiel am vierten Tag der allgemeine Strom der Zeit mit seinem Zeitmoment zusammen. Und es regnete. Zum richtigen Zeitpunkt fand die Überschneidung des Zeitlosen mit der Zeit statt.

Was tun wir, um innen und außen zusammenzubringen, um im Tao zu sein? Es ist leicht zu denken, daß wir nichts tun. Den Regenmacher zu beobachten und festzustellen, daß er von sich aus nichts tut. Den Menschen zu verspotten, der betet, statt sein Schwert zu ergreifen und um den Frieden zu kämpfen. Der Regenmacher brachte jedoch den Regen. Er vereinte den Himmel mit der Erde und versöhnte die beiden.

In gewisser Hinsicht tat er nichts. Es gibt nichts zu tun, als wir selbst zu sein. Søren Kierkegaard sagte, daß der Sinn des Lebens darin besteht, »das Selbst zu sein, das man wirklich ist.« Und Montaigne: »Das größte Ding in der Welt ist zu wissen, wie wir uns selbst gehören.«[4] Wenn wir uns unserem wahren Selbst anschließen, dann wird, wenn die Zeit reif ist, die Vereinigung stattfinden. Dies geschieht im Gebet. Wir kommen in Berührung mit dem Ganzen, indem wir unsere Struktur ihm anschließen. Irgendwann in der Zukunft werden unsere Gebete erhört. Auch in der Psychologie geschieht so etwas – wir akzeptieren die gegensätzlichen Seiten unseres Wesens, die Getrenntheit, wir ertragen die Spannung. Dann, wenn die Zeit reif ist, findet der Heilungsprozeß statt.

Yun-Men wurde gefragt: »Was ist das Tao?« Er antwortete: »Geh weiter.« Das Tao ist der Weg. Wir können nur auf ihm gehen. Aber wir sind auch selbst der Weg. Jesus sagte: »Ich bin der Weg, die Wahrheit und das Leben.«[5] Jeder von uns hat seinen eigenen Weg. Unsere Taten bestehen darin, ihn zu beschreiten und zu erfahren. »Auf welchem Weg auch immer ein menschliches Wesen mich suchen wird«, sagte Krishna zu Arjuna, »auf jedem Weg kann er mich finden. Der Wege sind viele, aber letztendlich führen sie alle zu mir.«

Man mag denken, daß es einfach ist, nur immer weiterzugehen. Aber die Versuchungen, vom rechten Weg abzukommen und den eines anderen einzuschlagen, sind zahlreich. Wie schwierig es ist, können wir daran erkennen, wie wenige es gibt, die mit sich und der Welt in Frieden sind. Wir können den Unterschied darin sehen, daß die einen sich von jedem vorübergehenden Transit, der lediglich versucht, das sich selbst entfremdete Individuum zurück auf seine Bahn zu bringen, zerschmettern lassen, und die anderen, die im Einklang mit dem Tanz der Planeten sind, ihrem zeitlosen Rhythmus in Übereinstimmung mit der Harmonie der Sphären zu folgen.

Der Magier als der archetypische Mensch, als die Zahl 1 in den Arkanen des Tarot, tut nichts. Er steht zwischen Himmel und Erde. Er *ist.* Der Astrologe als Magier, als archetypischer Mensch, als Adam Kadmon, versucht, er selbst zu sein, all das, was im Rad seines Horoskops enthalten ist.

Die Welt ist unsere Welt. Seneca formulierte: »Es kann in der Welt kein Exil geben, denn nichts in der Welt ist dem Menschen fremd.« Diese Welt ist im Kreis des Horoskops enthalten. Entscheidend ist, von welchem Standpunkt aus wir sie betrachten. Zu Beginn unserer Reise ist sie Null, der Narr. Voller Versprechen und Hoffnungen winkt er uns zu. Unschuldig und gläubig machen wir den Schritt in den Abgrund, wissend, daß Gott uns halten wird.

Auf halbem Weg unserer Reise, als die 10, ist es das Rad des Schicksals. In diesem Stadium sind wir an unsere materielle Existenz gefesselt, sind wir wie Ixion, der draußen ist und nicht in der Lage, sich loszumachen. Die Dinge widerfahren uns. Wir sind vom Zentrum abgeschnitten.

Am Ende unserer Reise treffen wir wieder auf das Rad. Die letzte Karte ist das Universum. Hier sind wir in der Welt, im Zentrum, frei, eins mit unserem Ursprung. Nun ist es unsere Welt, und wir sind durch unsere Liebe mit ihr verbunden.

Wenn wir mit uns selbst in Berührung sind, wenn wir uns selbst erfahren, dann sind wir in Harmonie; dann kennen und lieben wir uns. In den Worten von Clemens von Alexandrien: »Derjenige, der sich selbst kennt, kennt Gott.« Dann stellen wir die Beziehung zwischen uns und dem übrigen Universum her; dann wird das Universum, wenn die Zeit reif ist, antworten; dann werden wir, wie der Regenmacher, an unsere innere Natur angeschlossen sein, dann werden wir weder das Universum noch das Leben, das Gott uns gewährt hat, zerstören; dann werden wir leben, und in jedem Augenblick leben; dann werden wir die Bedeutung der Zeit erkennen und begreifen, daß, wenn wir wirklich jeden Augenblick der Zeit leben und erfahren, wir ewig leben werden, denn jeder Augenblick wird für uns Ewigkeit sein.

In der Welt herrscht auf der physischen wie auch der spirituellen Ebene Harmonie. In der physischen Welt erschaffen wir Harmonie durch unsere Sinne, durch die Art unserer Wahlen und Entscheidungen. In der spirituellen Welt erschaffen wir Harmonie, indem wir in Übereinstimmung mit unserem Horoskop leben.

Wenn wir wirklich in Berührung mit unserer spirituellen Natur sind, mit Gott und dem Christus in uns, erschaffen wir von uns aus die göttliche Ordnung des Universums, die Göttlichkeit, die sich in uns widerspiegelt; dann spiegeln außen und innen einander wider – die Hochzeit von Himmel und Erde ist vollzogen.

So erfahren wir den Mythos, der im Horoskop enthalten ist. Statt die Astrologie zu benutzen, werden wir gelernt haben, sie zu leben. Indem wir lernen, sie zu leben, werden wir der Menschheit dabei helfen, gelassen den nächsten Schritt zu tun, den unsere Evolution verlangt; dann wird uns eine lebendige Astrologie, die das Spirituelle und Menschliche verbindet, in ein neues Zeitalter führen.

»Um mit Mars in Verbindung zu stehen, mit Geistern zu verkehren ... Horoskope zu interpretieren, aus Eingeweiden der Tiere zu wahrsagen oder aus Kristallkugeln Krankheiten in ihren Vorzeichen zu erkennen, das Leben des Menschen aus den Linien der Hand zu lesen und die Tragödie aus den Fingern ... all dies ist bekannter Zeitvertreib und Droge ... den Schnittpunkt des Zeitlosen mit der Zeit zu erfassen jedoch ist eine Beschäftigung für den Heiligen ... Für die meisten von uns gibt es nur den unerwarteten Augenblick, den Augenblick in und aus der Zeit, die Laune der Zerstreuung, verloren in einem Sonnenstrahl, dem ungesehenen wilden Thymian oder dem Blitz im Winter, dem Wasserfall oder der Musik, die so tief innen gehört wird, daß sie überhaupt nicht gehört wird, sondern wir die Musik selbst sind, während sie andauert.« T. S. Eliot: *The Dry Salvages*

Anmerkungen

Für Buchtitel, die in Deutsch erschienen sind, werden die deutschen Verlage genannt.

Kapitel 1

Was ist Wahrheit? – Auf der Suche nach dem Sinn

1 R. Tomaschek: »Tradition und Fortschritt der klassischen Astrologie« in: *Astrological Journal*, Juni 1962.
2 C. G. Jung: *Erinnerungen, Träume, Gedanken*, Walter Verlag.
3 B. Russell: *Probleme der Philosophie*. Edition Suhrkamp.
4 Russell, op. cit.

Kapitel 2

Die Beschaffenheit der physischen Wirklichkeit

1 Michel Gauquelin ist Diplompsychologe und Statistiker und hat sehr viel über die Wechselbeziehungen zwischen den Planetenzyklen und dem Leben auf der Erde geforscht. Er ist u. a. der Verfasser von *Die Wahrheit der Astrologie*, Aurum Verlag.
Geoffrey Dean ist Chemiker, wissenschaftlicher Publizist und Astrologe. Er hat *Recent Advances in Natal Astrology* zusammengestellt.
2 R. Jones: *Physics as Metaphor*. London, Abacus.
3 B. Russell: *Probleme der Philosophie*.
4 Jones, op. cit.
5 Aus M. Capek: *The philosophical impact of contemporary physics*. Princeton, D. van Nostrand.
6 Aus L. Cooper: *An introduction to the meaning and structure of physics*. New York, Harper & Row.
7 J. Lindsay: *Origins of astrology*. London. F. Muller.
8 Aus Capek, op. cit.
9 N. Calder: *Einsteins Universum*. Umschau Verlag.
10 W. Heisenberg: *Gesammelte Werke*. Piper Verlag.
11 H. P. Stapp: »S-Matrix Interpretation of Quantum Theory« in: *Physical Review*. Bd. D3, 15. März 1971.
12 Aus M. Gardner: *The ambidextrous universe*. Penguin Books.
13 Artikel in: *Nature*. Bd. 310, 12. Juli 1984.
14 Aus Talbot, op. cit.
15 P. Davies: *Mehrfachwelten*. Diederichs Verlag.

16 R. Sheldrake: *Das schöpferische Universum*. Herbig Verlag
17 D. Bohm und B. Hiley.

Kapitel 3

Himmel und Erde – Die Welt des Magiers

1 Matthäus 18.20
2 Johannes 14.9
3 M. Eckehart: *Deutsche Predigten und Traktate.* Hanser Verlag.
4 Ich möchte klarstellen, daß das Zitieren von Bibelstellen in diesem Buch nichts mit dem Glauben ans Christentum im Gegensatz zu anderen Religionen zu tun hat, eher mit einer besonderen Vertrautheit der Bibel.
5 Genesis 2.9
6 Genesis 3.22
7 D. Conway: *Magic – An occult primer.* London. J. Cape.
8 M. Eckehart, op. cit.
9 Johannes 3.13
10 Johannes 7.34
11 D. Fortune, *Die mystische Kabbala.* Bauer Verlag.
12 Johannes 1.1
13 M. Planck: *The philosophy of physics.* New York, Norton.
14 I. Regardie: *Das magische System des Golden Dawn.* Bauer Verlag.
15 R. Jones: *Physics as metaphor*, op. cit.
16 G. Knight: *Experience of the inner worlds*, Cheltenham, Helios
17 D. Fortune. *Aspects of occultism*, Wellingborough, The Aquarian press.
18 Korinther I/13.11
19 E. C. Whitmont: *The symbolic quest.* Princeton University Press.
20 D. Fortune: *Die mystische Kabbala.* op. cit.
21 Ibid.

Kapitel 4

Das Geheimnis der Zeit

1 M. Shallis: *On time.* London, Burnett.
2 Aus P. A. Shilpp (Hrsg.): *Albert Einstein: Philosopher-Scientist*, Evanston, The Library of Living Philosophers, 1949.
3 M. Eckehart: *Deutsche Predigten und Traktate.* Hanser Verlag.
4 Ibid.
5 Shallis, op. cit.
6 E. C. Whitmont: *The symbolic quest.* Princeton University Press.
7 Eckehart, op. cit.
8 Ekklesiates 3.14–15
9 Offenbarung 21.4
10 Aus A. Storr: *The dynamics of creation*, Pelican Books.
11 Shallis, op. cit.
12 J. S. Bolen: *The Tao of psychology.* London, Wildwood House.

13 Ich kombiniere hier die astrale und höhere mentale Ebene aus Bequemlichkeitsgründen zu einer einzigen.
14 Eckehart, op. cit.
15 Bolen, op. cit.
16 Ekklesiastes 3.1–8
17 Matthäus 26.18
18 Aus J. Lindsay: *Origins of astrology*, London, F. Muller

Kapitel 5

Ein Blick in die Zukunft – Vorsehung und freier Wille

1 Dies ist eine hypothetische Zahl, um das Prinzip zu veranschaulichen.
2 Matthäus 11.25
3 I. Regardie: *Das magische System des Golden Dawn*, Bauer Verlag.
4 Markus 13.31–2
5 Apostelgeschichte 1.7
6 F. Kafka: *Das Urteil*, Fischer Tb.
7 C. R. Rogers: *On becoming a person.* London, Constable.
8 E. C. Whitmont: *The symbolic quest.* Princeton University Press.
9 Ibid.
10 A. Storr: *The integrity of the personality.* Penguin Books.
11 C. G. Jung: *Grundwerk*, Walter Verlag.
12 Matthäus 11.29–30
13 Whitmont, op. cit.
14 Ich benutze den Begriff »Direktionen« hier stellvertretend für alle Prognosetechniken.

Kapitel 6

Das Firmament – Wirklichkeit und Wahrnehmung

1 G. Zukav: *Die tanzenden Wu-Li Meister*, rororo Tb.
2 Das »Superhologramm der Realität« ist ein von Charles Muses und Arthur M. Young gebildeter Begriff. Aus: *Consciousness and reality.* New York, Outerbridge & Lazard.
3 E. C. Whitmont: *The symbolic quest*, Princeton University Press.

Kapitel 7

Die Jakobsleiter

1 C. G. Jung: Grundwerk, Walter Verlag.
2 Whitmont, op. cit.
3 C. G. Jung: *Die Archetypen und das kollektive Unbewußte*, Walter Verlag.
4 Whitmont, op. cit.
5 Ibid.

6 A. Storr: *The integrity of the personality*, Penguin Books.
7 C. G. Jung: *Erinnerungen, Träume, Gedanken.* Walter Verlag.
8 Storr, op. cit.
9 C. R. Rogers: *On becoming a person.* London. Constable.
10 Storr, op. cit.

Kapitel 8

Die fünfte Dimension

1 F. Capra: *Das Tao der Physik.* Scherz Verlag.
2 D. Bohm und B. Hiley: *On the intuitive understanding of nonlocality as implied by quantum theory.* Foundations of physics.
3 J. S. Bolen: *The Tao of psychology.* London, Wildwood House.
4 C. G. Jung: *Erinnerungen, Träume, Gedanken*, Walter Verlag.
5 Aus F. C. Happold: *Religious faith & 20th century man.* London, Darton, Longman and Todd.

Kapitel 9

Zahlen – Die Struktur hinter der Wirklichkeit

1 Frequenz ist die Anzahl der Wellenberge, die man als Beobachter von einem festen Ort aus pro Sekunde wahrnehmen kann. Die Wellenlänge ist der Abstand zum nachfolgenden Wellenberg. Die Geschwindigkeit ist Wellenlänge (λ) $\times$ Frequenz (f).
2 Die Frequenz des sichtbaren Lichts beträgt etwa $3{,}75 \cdot 10^{14} - 7{,}5 \cdot 10^{14}$ Hertz pro Sekunde
3 F. Capra: *Das Tao der Physik*, Scherz Verlag.
4 M. Eckehart: *Deutsche Predigten und Traktate*: Hanser Verlag.
5 M. Buber: *Ich und Du.* H. Schneider.
6 Bei Sekundärprogressionen entspricht ein Tag einem Jahr; bei der »Ein-Grad-Methode« entspricht ein Grad einem Jahr. Ein Grad entspricht in etwa dem Bereich der Ekliptik, den die Sonne an einem Tag durchreist.
7 Aus. G. Adler: *Studies in analytical psychology.* New York, C. G. Jung Foundation.

Kapitel 10

Die Vereinigung von Himmel und Erde

1 Aus. H. Blamires: *A short history of English literature.* London, Methuen & Co.
2 Dieser Begriff wird von R. Sheldrake formuliert in *Das schöpferische Universum*, Herbig Verlag.
3 C. G. Jung, *Mystische Coniunctionis*, Walter Verlag.
4 Montaigne, *Essais*, Mannesse Verlag.
5 Johannes 14.6

Register

Rickie Moore

Die Göttin in dir

Sieben Stufen zum inneren Frieden

184 Seiten, kart. ISBN 3-7626-9503-2

Rickie Moore erzählt die Odyssee ihrer Lebensreise von der bürgerlichen Hausfrau zur Göttin in ihr selbst. Dabei wird sich die Autorin dessen bewußt, daß sie selbst verantwortlich ist für den Frieden in sich und in ihrer Umgebung. Sie zeigt an praktischen Beispielen die Möglichkeiten, zu einem Stück mehr inneren Frieden zu gelangen.
Das Buch holt die Leserinnen und Leser dort ab, wo sie sich auskennen: bei ihren alltäglichen Erfahrungen und Kümmernissen. Deswegen macht es Mut, diesen Weg trotz aller Stolpersteine immer wieder neu in Angriff zu nehmen und sich selbst zu entdecken.

Ralph Metzner

Hineingehen

Wegmarken für die Transformation

300 Seiten, kart. ISBN 3-7626-9501-4

In einem großangelegten interkulturellen Vergleich wird ein Überblick über die wichtigsten Symbole für Transformation geliefert. Das Auftauchen der gleichen Bilder in allen kulturellen Traditionen beweist, daß Transformationssymbole ein gemeinsames Erbe der Menschheit von unschätzbarer Bedeutung sind.
Der Überblick über die transformatorischen Kräfte von Symbolen ist eine Aufforderung an Menschen, die sich selbst in einem Transformationsprozeß befinden, diesen besser zu verstehen und Mut zu schöpfen für den weiteren Weg. Das Buch ist eine Einladung dazu, immer weiter hineinzugehen in die eigene Mitte, im Vertrauen darauf, daß dieser Prozeß sinnvoll ist und zu einem erfüllteren, bewußteren Leben führt.

Edition Phönix im Verlag Hermann Bauer

Edition Phönix im Verlag Hermann Bauer